PLAY, LEARNING
AND THE EARLY
CHILDHOOD
CURRICULUM

游戏、学习与早期教育课程

[英]伊丽莎白·伍德（Elizabeth Wood）◎著

李敏谊　杨智君　郭宴欢　许婧怡
秦国浩　李青颖　张语麟 ◎译

教育科学出版社
·北京·

亲爱的读者朋友，你一定发现了，这是一本有点不太一样的书：这本书中有很多二维码！

这些二维码要怎么用呢？

很简单，打开您的微信，找到"扫一扫"，扫描二维码，然后关注"教科云创"，就会直接跳转到二维码中的内容。

二维码中有哪些内容呢？

全书主要内容解读：以音频加文字的方式，用十几分钟的时间，让您快速了解全书的主要内容和核心观点。除此之外，还免费赠送书中涉及的 21 个重要概念解析以及全书的思维导图。

各章内容解读：如果您觉得"全书主要内容解读"还不够详细，还想了解更多，可以听一听"各章内容解读"，我们以音频加文字的方式，让您详细了解每一章的主要观点。

译者序
从国际视野反思游戏、学习与课程的关系

　　根据《国际教育标准分类法》(ISCED 2011)，幼儿教育（early childhood education）或学前教育（pre-primary education）是指提供有目的的教育内容的课程项目，针对的是进入初等教育之前的儿童，旨在为儿童后续进入学校和社会培养必需的认知、身体、社会性、情感领域的综合能力。[①]而游戏（play）是普世存在的现象，更是学前教育领域普世话语的核心组成部分之一。实际上，所有的学前教育工作者（和其他很多人）几乎都支持游戏是儿童神圣的权利，游戏是幼儿重要的学习方式这种观点，也认为游戏是幼儿学习成为快乐的、精神健康的人类的主要途径。儿童是有能力的、有能量的和强大的学习者。

　　但是在现实版本中，游戏在世界各国的命运却是历经波折。无论是《被催促长大的儿童》(*The Hurried Child*)，还是《错误的教育》(*Miseducation*)，都展现了儿童面对的生活的日益被挤压、游戏的消失与童年的消逝。不少学者都呼吁，游戏是童年最基本的人权。2017年，中国学前教育宣传月将主题确定为"游戏——点亮快乐童年"，正是要引导社会充

---

① OECD. ISCED 2011 Operational Manual–Guidelines for Classifying National Education Programmes and Related Qualifications[R]. OECD Publishing, 2015:19–24.

分认识游戏是幼儿的天性，是幼儿特有的生活和学习方式，也是幼儿的基本权利。从这个意义上说，卢梭的话至今仍有启示意义："大自然希望儿童在成人之前就要像儿童的样子，否则我们将造就一批年纪轻轻的博士和老态龙钟的儿童。"

一、到底什么是游戏？游戏从哪里来？要往哪里去？

游戏的理论与实践起源于西方世界，最初强调活动最大程度上由儿童自己发起、自由选择、以个人为导向，以及过程中的愉悦性。从根本上说，很多时候，游戏特指自由游戏（free play）。在这个过程中，成年人几乎不参与。儿童仅仅在"参与自己选择的游戏或活动时"与教师有联系，因为主流观点认为，成年人的介入会潜在地打扰自由游戏的自主性和独立性。[1]

一直以来，这种自由游戏的传统在西方学前教育理论界与实践界都占据了支配的地位。直到 20 世纪末期，脑科学取得了重大发展，各国政府开始重视学前教育，新自由主义经济学以及新治理体系建立，这些因素促使了从政府到家长开始反思自由游戏的传统，倡导所谓"教育性游戏"（educational play）。当游戏被视为一种有价值的儿童学习和发展的手段时，政策趋势便偏向于"教育性游戏"所带来的人力资源增长部分的回报，有计划和有目的的游戏因而得到重视。但是，很多专业工作者还在非常坚定地捍卫自由游戏的浪漫主义传统，拒绝被政策"招安"。本书的作者伊丽莎白·伍德（Elizabeth Wood）教授作为一名资深的学前教育研究者，一方面保持着自己对游戏价值的深刻信仰，支持实践工作者团结起来形成一个与政策相对抗的、倡导游戏的核心群体，积极地反抗与幼儿学习步调不一致的政策导向。但另一个方面，伍德教授作为一个后建构主义和后现代理论的支持者，对于游戏的本质及功能持有更具批判性和更开放的态度，并尝试从多个视角剖析游戏的本质。这正是本书最有价值的地方。

游戏到底是什么？游戏作为一种社会和文化实践存在潜在的变异性和复

---

[1] PRAMLING S I, JOHANSSON E. Why do children involve teachers in their play and learning？[J]. European Early Childhood Education Research Journal，2009，17(1)：77–94.

杂性，极难定义。正如本书作者所言：游戏可以是非常严肃认真的、有目的的活动，也可以是琐碎的、毫无目的的活动。游戏可以是以高水平的动机、创造性和学习为特点的活动，也可以是无目的的"胡闹"。游戏是复杂的、多样的和矛盾的，并且总是取决于它开展的环境。游戏有时是有秩序的、有规则的和受到外界约束的，有时是自由和自发的；有时游戏会很混乱，但随着时间的推移，游戏中也会出现规则和模式。游戏的目的和目标经常会发生改变，儿童通过操作进入游戏或非游戏情境，因为他们清楚地知道一些游戏允许有不同的行为，但其他游戏，如追逐打闹游戏和打斗游戏是不被允许的。游戏不会凭空发生：儿童玩的每件物体、和谁一起玩都深受社会、历史和文化因素的影响。因此，理解游戏是什么并学会如何游戏，本身就是一个扎根于文化和环境的过程。

二、非左即右，还是中庸之道？

随着童年越来越深入地进入国民教育体系，游戏所扎根的文化与历史经历了一系列的冲突与妥协。不管是老牌的英美，还是亚太的新经济体，针对游戏在学前教育中的地位与作用，在游戏话语走遍全球的过程中都做出了自己本土的选择。

（一）非左即右的历史钟摆

美国幼儿教育协会（NAEYC）代表的是自由派的美国，"发展适宜性实践"（DAP）从一开始代表的是支持游戏论的美国，但是在后续多次的修订中，这一立场也在不断地调整。

1983 年，一篇名为《国家处在危机之中》（A Nation at Risk）的研究报告掀开了美国 20 世纪第二次教育改革的序幕。当年，美国一家从事全国教学质量研究的教育机构发表了这篇报告，对 1973 年至 1982 年 10 年间美国高中毕业生的考试成绩进行了统计分析。结果表明，学生的成绩大幅下降。这再一次敲响了美国基础教育质量下降的警钟，引起了美国全社会的忧虑和关切。对于幼儿教育领域而言，1983 年的报告导致了直接教学课程模式复苏，传统的读写算能力培养重新占领了幼儿园课堂，幼儿园教育小学化倾向严重。在这一背景下，为了推行自己所坚守的一套价值观和一系列评价标准，美国幼儿教育协会主动出击，于 1986 年提出了"发展适宜性"（developmental appropriateness）这一概念，进而制定了"发展适宜性实践"（Developmentally Appropriate Practice, DAP）的立场声明。这一立场声明是一个指导教师工作和决策者制定政策的工具，这个工具可以帮助教师和决策者分辨面向儿童的"适宜的教学实践"和"不适宜的教学实践"，而不管这些教学实践是在哪种课程模式的管辖之下。1987 年，美国幼儿教育协会出版了由休·布里德坎普（Sue Bredekamp）主编的《幼儿教育中的发展适宜性实践》（*Developmentally Appropriate Practice in Early Childhood Education*）一书。书中明确提出，"发展适宜性"包括"年龄的适宜性"和"个体的适宜性"两个维度，同时表示，通过狭隘地测验学业技能而获得的心理测验分数从来都不应该成为推荐入学、留级、插入特殊教育班级或补偿性教育班级的唯一尺度。[①]这本书由于封面是绿色的，后来被美国幼儿教育界称为"绿色圣经"（the green Bible）。简而言之，这是一次"建构主义课程"（constructivist）对"训导主义课程"（instructivist）的反攻（见表 1）。

表 1 "建构主义课程"与"训导主义课程"的对照

建构主义课程	训导主义课程
儿童发起的活动	教师发起或主导的活动
儿童中心	教师中心
以游戏为基础、进步主义色彩	说教式的或传统的
注重个人的和社会性的发展	基本的学术技能
发展适宜性的	发展不适宜的
过程导向	产品导向
非正式的、生成性的	正式的、结构性的
儿童建构他们自己的知识	儿童要掌握学科的核心知识

① 休·布里德坎普. 美国年幼儿童教育协会对发展适应性早期教育方案（面向 0~8 岁儿童）的说明 [M]// 樊庆华译，黄人颂校. 黄人颂编. 学前教育学参考资料（上册）[C]. 北京：人民教育出版社, 1991：291-307.

实际上，在经过多年的探索后，这种二元对立的教育哲学已经被一种更为中庸的教育哲学所取代。

1997年，在各种质疑和自我反思下，美国幼儿教育协会修订了1986年颁布的"发展适宜性实践"，抛弃了多年的课程争论中"非此即彼"（either/or）的逻辑套路，倡导关注两种因素的互动与交融（both/and）。我们可以看出，美国幼儿教育协会尝试整合"建构主义课程"和"训导主义课程"。例如，美国幼儿教育协会在"发展适宜性实践"中举例说明了这两种教育哲学之间的整合与互动。[①]

- 儿童建构自己对于概念的理解，同时他们也从比自己能力更强的同伴和教师的教学中获益。
- 儿童受益于有机会通过整合的课程理解学科之间的联系，同时也受益于有机会深入学习某一个领域的内容。
- 儿童受益于学习环境中预先设定好的结构和有秩序的一日生活，同时也受益于教师灵活地和自发地回应他们随时生成的想法、需要和兴趣。
- 儿童受益于有机会对将要做什么和学什么做出有意义的选择，同时也受益于对于什么样的选择是得到许可这样一个范围有着清晰的认识。
- 儿童受益于有机会与同伴合作以及获得一种在集体中的归属感，同时也受益于被看作是一个有着自己的强项、兴趣和需要的独立个体。
- 儿童需要发展一种积极的自我认同感，同时也需要尊重那些和他们有着不同的观点和经验的个体。
- 儿童有着巨大的学习能力以及对这个世界无穷的好奇心，同时他们在认知和语言方面的能力受到年龄的限制。
- 儿童受益于参与自己创造的、自发的游戏，同时也受益于教师设计的以及结构化的活动、方案和经验。

美国幼儿教育协会明确提出，这份关于"发展适宜性实践"的立场声明并不是什么另外一种课程模式，而是"为管理者、教师、父母、决策者以及

---

① BREDEKAMP S. NAEYC Issues Revised Position Statement on Developmentally Appropriate Practice in Early Childhood Programs[J]. Young Children，1997，52(2)：34-40.

其他需要在幼儿保育和教育中做出决策的人，提供了一份详细说明，描述了在幼儿教育方案中开展'发展适宜性实践'所需要遵循的原则"。[①] 这实际上为多年的课程争论提供了一个协商和对话的平台，这为"发展适宜性实践"的修订奠定了良好的基础，同时有利于进行推广。

2009 年，美国幼儿教育协会再次修订了"发展适宜性实践"的立场声明，提出了四个支点：个体适宜性、年龄适宜性、文化适宜性和教师有效性。

（二）冲突与妥协下折中的政策文本

以游戏为基础的学习（play-based learning）为儿童提供了通过发现、创造、即兴创作、想象来学习的机会。当儿童与其他儿童一起玩耍时，他们建立起了社会群体，挑战彼此的思想并建立新的理解。基于游戏的学习是一种支持性的环境，这是一种幼儿可以问问题、解决问题、进行批判性思考的支持性环境。游戏可以扩展儿童的思考并加强他们想要了解和学习的愿望。通过这些方式，游戏可以促进积极学习的倾向。

这样一种更为中庸的政策立场不仅仅出现在美国，英国的政策文本也建议：必须通过**有计划、有目的的游戏**，以及通过**结合成人主导和儿童发起的活动**来实现各个领域的学习与发展。游戏对儿童的发展至关重要，游戏可以让他们树立信心，因为他们能够在游戏中学会去探索，去思考问题，并学会与他人联系。儿童通过主导自己的游戏，并参与成人主导的游戏进行学习。实践工作者需要不断地做出判断，以维持儿童主导的游戏和成人主导或指导的游戏之间的平衡。实践工作者必须回应每个儿童新出现的需求和兴趣，并通过温暖的、积极的互动来指引他们发展。但是，这种妥协处理也为教师参与儿童游戏提出了全新的挑战。

澳大利亚最新的课程文件也提出了类似的观点：成年人应当参与儿童游戏。这在一定意义上颠覆了澳大利亚一直以来所秉承的英国教育哲学所倡导

---

① BREDEKAMP S. NAEYC Issues Revised Position Statement on Developmentally Appropriate Practice in Early Childhood Programs[J]. Young Children，1997，52(2)：34-40.

的"儿童自发和主导的自由游戏是学前教育核心"的传统。①

　　亚太地区受西方主流学术话语以及联合国《儿童权利公约》的引导，主要国家及地区的学前教育政策文件中都体现了这种妥协的结果。日本的幼儿园课程文件既重视以游戏为中心的教学，又强调游戏作为儿童自主活动的重要性。新加坡政府提出了指导幼儿园教与学的六大原则。其中一条就是，教师要引导幼儿通过有目的的游戏（purposeful play）来学习。中国2016年1月重新修订并施行的《幼儿园工作规程》也明确指出，幼儿园要"以游戏为基本活动"；教育部印发的《幼儿园教育指导纲要（试行）》、国务院印发的《关于当前发展学前教育的若干意见》中，都一再强调了坚持"以游戏为基本活动"；《3—6岁儿童学习与发展指南》更是特别指出，要"珍视游戏和生活的独特价值"，与此同时，我国也重视教师作为指导者、支持者与帮助者等支架式指导的作用。但是，我们必须承认儒家文化传统所信奉的"勤有功戏无益"以及一千多年科举传统所烙下的"学而优则仕"的文化印记对教育的影响，游戏对于儿童发展以及童年生活的独特价值与我们的文化价值观有着诸多的冲突与撕裂。当然，这些价值观也在冲突中走向融合。②

（三）高质量游戏的复杂性

　　实际上，高质量游戏具有高度的复杂性。美国高瞻课程的实践深刻展示了第三条道路的可能性以及有效性，提出了有准备的教学（intentional teaching）这个概念框架，并提出要均衡儿童发起的活动和教师发起的活动，并认为教师应该在儿童主导和成人主导之间寻求平衡，在选择和运用某种教学方法时不走极端，其教学就最有效；有准备的教师会思考哪种学习经验对

---

① GRIESHABER S. Departures from tradition: The early years learning framework for Australia[J]. International Journal of Child Care and Education Policy, 2010, 4(2):33–44.

② RAO N, Ng S S N, PEARSON E. Preschool pedagogy: A fusion of traditional Chinese beliefs and contemporary notions of appropriate practice[M]//Revisiting the Chinese learner. New York: Springer, 2010: 255–279.

于哪一领域知识的学习最有效，并会考虑如何进一步优化学习。[①] 不管儿童所参与的是儿童主导的学习还是教师主导的学习，教师在其中都起着不容忽视的作用。有准备的教师知道他们在儿童主导和教师主导这两种教学模式中所扮演的角色，他们使用自身的知识和技能来发挥教师在两种教学模式中的作用。

而发展适宜性实践所倡导的有效教师的特征主要体现在教学内容选择的有效性、教学实践的有效性以及进行评估并运用评估结果这三个大的方面。有效教师能够根据不同的学习内容和与之相关的情境选择不同的学习方式；为儿童创造适宜的学习环境和氛围，提供支持、帮助或指导；通过对儿童的发展进行评估进一步为儿童提供更加适宜、有效的教育，并促进自身的专业发展。如果教师能够把握这种微妙的平衡，那么就能成为有效教师。

英国的有效学前教育项目（EPPE）针对 12 个发挥中等和优秀效应的学前教育中心做了广泛深入的案例分析 (Sylva et al., 2004)。这个质性研究发现，成人和儿童之间的互动质量才是关键。首先，当托幼中心的成人和儿童之间保持"持续的共同思考"(sustained shared thinking) 时，儿童的进步最大。所谓"持续的共同思考"，是指两个或以上的个体一起工作，来解决一个问题，阐明一个观点，评价一项活动或延伸一个叙述。师生都要致力于思考，而思考一定会发展并扩展理解。教师专注于提出开放性的问题、提供形成性的评估反馈并示范各种技能或适宜的行为，从而发展和扩展儿童的理解。该研究提出两种对于学习来说十分有效的方式：（1）利用儿童发起的游戏来扩展儿童的理解和学习；（2）把这种方式与教师发起的小组合作联系起来。真正重要的是，儿童发起的活动和教师发起的活动之间需要一个平衡。还有一点很重要：教师／教育者应通过支架式的指导、开放性提问、猜测、解释等策略来拓展儿童的思维，并投入到师生的"持续的共同思考"和问题解决中。

《三种文化中的学前教育》（*Preschool in three cultures*）的相关研究显

---

① EPSTEIN A S. The Intentional Teacher: Choosing the Best Strategies for Young Children's Learning[M]. Washington, D.C.: National Association for the Education of Young Children, 2007: 1-8.

示，上海思南路幼儿园教师在区域活动时间的师幼互动实践"为儿童发起的活动提供了一个非常巧妙的、不着痕迹的支架"①。也有学者继续拓展了维果茨基的社会文化历史学派，提出所谓对话式的游戏模型（a dialectical model of conceptual play）。②③总而言之，高质量的师幼互动才是根本。从这一意义上来说，教师的技能对于基于游戏的教学和学习互动很重要。因为教师的支架式指导需要和相关知识产生真正的关联，关键在于教师要能够"以真实的方式确认并按照可以连接游戏和所学内容的方式行事"。④教师以真实的方式连接儿童自己发起的活动和相关学科领域知识，挑战在于如何加强儿童的知识和理解，并超越儿童自发游戏中蕴含的已有知识。

三、如何定位数字原住民时代的新游戏？

游戏的复杂性不仅仅在于文化与脉络，更在于当下这个数字化时代所带来的全新挑战。很多传统游戏已经开始消失，新游戏开始进入童年。

"数字原住民"（digital native）的概念是马克·普伦斯基（Marc Prensky）于2001年提出的，他指出，"数字原住民"是在网络和数字环境中成长起来的一代。他们成长于技术包围的环境，思维方式与上一代"数字移民"（digital Immigrant）有很大不同，学习方式尤其发生了很大的变化。

截至2016年12月，中国网民规模达7.31亿，相当于欧洲人口总量，互联网普及率达到53.2%。其中，手机网民占比达95.1%。中国互联网行业整体向规范化、价值化发展，同时，移动互联网推动消费模式共享化、设备

① TOBIN J，HSUEH Y，KARASAWA M. Preschool in three cultures revisited：China，Japan，and the United States[M]. Chicago：University of Chicago Press，2009：22-94.
② FLEER M. Early learning and development：Cultural-historical concepts in play[M]. Cambridge：Cambridge University Press，2010：214.
③ FLEER M. Pedagogical positioning in play - teachers being inside and outside of children's imaginary play[J]. Early Child Development and Care，2015，185(11-12)：1801-1814.
④ SAMUELSSON I & PRAMLING N. Children's play and learning and developmental pedagogy [A]. // BROOKER L, BLAISE M & EDWARDS S. The SAGE handbook of play and learning in early childhood [A]. London: SAGE Publications Ltd, 2014: 169-179.

智能化和场景多元化。[①]在这样一个复杂的网络环境中，幼儿不可避免地会受现代媒体的影响。多媒体技术的不断发展为幼儿的学习方式和家庭沟通方式带来了重大的影响。研究者一般把多媒体分为移动类多媒体和非移动类多媒体，如iPad、电脑、掌上游戏机、手机、iTouch等属于移动类多媒体，电视、视频或DVD等属于非移动类多媒体。

不仅仅是数字媒体，还有其他数字工具以及流行文化都在入侵童年的生活。

（一）从发达国家的发展趋势看，移动多媒体加速入侵儿童的生活

美国的研究发现，2011年，只有52%的0—8岁儿童使用过移动类多媒体。[②]而到了2013年，这个数字飙升到75%。针对0—8岁儿童的多媒体使用，有基金会在2013年做过一项调查，发现随着幼儿年龄的增长，幼儿花在看电视、玩视频游戏、使用电脑、使用智能手机和平板电脑等媒体上的时间逐渐增多。2岁以下幼儿平均每天使用移动媒体的时间是58分钟，2—4岁幼儿平均每天使用移动媒体的时间是1小时58分钟，5—8岁幼儿使用移动媒体的时间是2小时21分钟。[③]简而言之，0—8岁儿童每天都使用移动媒体，而且日均使用时间日益增长。

（二）从中国的情况看，00后青少年正经历数字化成长

2015年，中国青少年宫协会儿童媒介素养教育研究中心发布了一份调研报告《互联网＋时代的儿童在线风险和机遇——中国青少年宫儿童网络安全和媒介素养状况报告（2014—2015）》，报告通过对全国18个主要城市的三万多名00后儿童和家长的实证调查，反映了当下深受互联网影响的儿童的"数字化成长"。在我国，00后和10后是数字原住民的典型代表，尤其

---

① 中国互联网络信息中心. 第39次《中国互联网络发展状况统计报告》[EB/OL].（2017–01–22）[2018–01–24].http://www.cnnic.net.cn/hlwfzyj/hlwxzbg/hlwtjbg/201701/t20170122_66437.htm.

② RIDEOUT V. Zero to Eight：Children's Media Use in America[R]. Common Sense Media. 2011：9–13.

③ RIDEOUT V. Zero to Eight：Children's Media Use in America[R]. Common Sense Media. 2013：9–11.

是在大中城市。他们被称为"微一代""搜一代""iPad 一代",而作为这些原住民的年轻父母,则成了"茫一代"。

(三)从北京市的调研结果看,多媒体占据 10 后幼儿日常活动的一半时间

我们的研究小组曾经在 2014 年初调研了北京三所公办幼儿园共计约 400 名父母。研究发现:在常规的一天中,幼儿接触活动的种类比较多,但所花时间却明显不同。幼儿使用"移动类多媒体"(包括 iPad、电脑、掌上游戏机、手机)的时间最少,约为 42 分钟;使用"非移动类多媒体"(包括电视、视频或音乐)的时间其次,约 78 分钟;花在"其他活动"(包括玩玩具、户外游戏、阅读)上的时间最多,约为 152 分钟。平均而言,幼儿花在"其他活动"上的时间比"多媒体使用时间"多 32 分钟。[①]

(四)对学前教育专业实践和家庭育儿实践的忠告

美国经典的科尔曼研究发现,看电视的长短与儿童的认知发展呈现负相关。也就是说,儿童看电视的时间越长,认知发展(尤其是学业成就)越差。很多人把这种相关关系认为是因果关系,以为电视是罪魁祸首。芝加哥大学的著名研究揭示,两者之间根本不存在因果关系,电视不过是替罪羊。[②]家庭的育儿实践和电视的内容决定了电视的作用是正面还是负面的。面对数字原住民时代的新游戏,建议也是如此。

2016 年,美国儿科学会(American Academy of Pediatrics)[③]就多媒体使用与儿童发展的问题,发表了官方声明。核心内容包括:第一,不建议 2 岁以下的学步儿使用多媒体。如果必须接触多媒体的话,小于 18—24 个月的婴幼儿可以参与视频对话,但是必须要有成人辅导。父母如果希望让 18—

---

① 李敏谊,王泉. 3 ~ 6 岁幼儿在家中使用多媒体情况的调查研究——来自北京市的案例 [J]. 教育学报,2014,10(6):95-102.

② GENTZKOW M,SHAPIRO J M. Preschool television viewing and adolescent test scores:Historical evidence from the Coleman study[J]. The Quarterly Journal of Economics,2008,123(1):279-323.

③ American Academy of Pediatrics. Media and Young Minds[R]. Pediatrics. 2016,138(5):3-4.

24 个月的学步儿认识数字媒体，那么一定要选择优质的产品，且不建议这个年龄组的学步儿单独使用多媒体。第二，2—5 岁幼儿每天使用多媒体的时间最好不要超过一个小时。这样幼儿可以有大量的时间从事其他与多媒体无关，但是主要与人互动的活动。父母不必急于怕婴幼儿掉入数字鸿沟，他们会很快上手。如果允许幼儿使用多媒体，必须借助优质的程序或者 APP，同时最好由父母陪伴学习。这样可以帮助幼儿理解自己学习的内容，并把这种学习拓展到真实的生活世界。第三，家庭要建立良好的多媒体使用习惯，尤其是家长需要陪伴。良好的多媒体使用习惯包括：一日常规活动中必须要有无多媒体参与的室内游戏、户外活动、睡眠和读书时间；家里必须有无多媒体出现的区域，例如睡房或餐厅等；随时关掉没有在使用的多媒体，例如电视和 iPad；不要使用节奏很快的程序，因为幼儿无法理解；不要使用有暴力内容的程序；随时监控幼儿自己下载的各种程序以及应用；不要把 iPad 和手机变成"育儿神器"或"哄孩必杀技"。目前国内很多父母把 iPad 当成"早教神器"的这种现象，确实值得我们深思。iPad 里面的很多应用图文并茂，确实可以为儿童提供多元化的学习机会。但是对于童年早期来说，儿童社会性的发展必须通过真实的人际交往完成。维果茨基所提出的文化—历史发展理论认为，心理的发展起源于人与人之间的相互关系。儿童在与成人的交往过程中掌握了心理工具，从而在低级心理机能的基础上形成了高级心理机能。各种心理机能之间的重新整合又引起儿童心理新的质变。换句话说，高级心理机能就是人的社会活动和交往形式不断内化的结果。在这个过程中，儿童想象力和创造力的发展将为一生奠定基础；而重要的学习品质，例如注意力和坚持性的发展更是入学准备的关键。此外，童年期的价值何在？我们总是强调不要输在起跑线上，但是如果人生是一场马拉松，前期做好充分的准备而非拔苗助长，过程中坚持到底以及后发制人可能才是决定成败的关键。总而言之，硅谷父母的"反科技"教育选择表明了他们选择守护儿童的童年，守护教育追求真善美的终极价值。[①]

　　游戏是文化的产物。游戏是否有价值取决于很多因素，比如国家或地区的信仰，或者当地的、家庭的和个人的历史，也取决于这些因素是如何被

————————

① 李敏谊. 高科技父母的"反科技"选择 [N]. 人民日报，2011-12-20(22).

文化传统、可得到的资源和独特的家庭、社区情况所影响的。本书最重要的目的在于尝试并尊重儿童游戏的复杂性，创造儿童自发游戏和学科内容之间有价值的联系，从而促进儿童的学习。关于游戏、学习与课程的关系等诸多问题至今并未有确切的统一答案，各个国家和地区原有的社会、政治、经济等因素都会影响问题的答案。站在不同的立场上，每个人也会有不一样的取向。但对于学前教育专业工作者来说，最重要的是学会批判性地思考这些问题，成为创造性的思考者和建设性的行动者。

北京师范大学　李敏谊

想要立即了解全书
内容？微信扫码，
15分钟听完全书主
要内容，并获取思
维导图。

目　录

作者简介　　　　　　　　　　　　　　　　　　　　　　　I

前　言　　　　　　　　　　　　　　　　　　　　　　　III

作者寄语　　　　　　　　　　　　　　　　　　　　　　VII

第 1 章　理解游戏：复杂性及挑战　　　　　　　　　**001**

一、意识形态的传统　　　　　　　　　　　　　　001

二、游戏的目的　　　　　　　　　　　　　　　　005

三、定义游戏　　　　　　　　　　　　　　　　　005

四、儿童对游戏的定义　　　　　　　　　　　　　014

五、游戏的地位　　　　　　　　　　　　　　　　017

六、游戏的理想与现实　　　　　　　　　　　　　018

七、游戏的当代形式　　　　　　　　　　　　　　020

八、终身游戏和学习　　　　　　　　　　　　　　021

九、将童年期和成年期的游戏连接起来　　　　　　023

十、本章小结　　　　　　　　　　　　　　　　　025

十一、拓展阅读　　　　　　　　　　　　　　　　026

第 2 章　从当代理论的视角来理解儿童的学习　　　**027**

一、儿童为什么游戏　　　　　　　　　　　　　　028

二、童年期主要的游戏形式是什么　　　　　　　　029

三、皮亚杰关于游戏、学习和发展的观点　　　　　030

四、表演游戏和社会性—戏剧游戏　　　　　　　　034

五、建构游戏　042

六、追逐打闹游戏和超级英雄游戏　044

七、游戏的变化　049

八、游戏面临的问题　053

九、本章小结　053

十、拓展阅读　054

第3章　从国际视野看国家政策文本中的游戏　057

一、游戏与国家课程政策　057

二、英格兰《早期基础阶段教育纲要》中的游戏　060

三、游戏、质量和教育有效性话语　063

四、游戏与学段的衔接——从《早期基础阶段教育
纲要》到第一个关键阶段（0—7 岁）　068

五、政策—实践之间的两难困境——灰姑娘的
水晶鞋?　071

六、课程模式　073

七、本章小结　085

八、拓展阅读　086

第4章　游戏与课程　089

一、定义课程　090

二、整合课程与教学法　092

三、连接游戏、学习和教学的过程　099

四、作为一个整合过程的游戏　103

五、亦玩亦学的环境　104

六、"可供性"概念　105

七、"支架"概念　106

八、运用读写能力的游戏　107

九、运用数学能力的游戏　111

十、为学段的衔接和连续性做出计划　117

十一、拓展阅读　119

第 5 章　游戏与教学法　　121

一、连接游戏和教学法：面临的困境和挑战　　122

二、《早期基础阶段教育纲要》中作为教学法的

　　游戏　　124

三、实践工作者在游戏中的角色：教学框架和教学

　　策略　　125

四、那么，我们能够定义游戏的教学法吗?　　147

五、拓展阅读　　148

第 6 章　户外环境中的游戏和学习　　149

一、户外环境中游戏和学习的原则　　150

二、户外空间中的"可供性"概念　　151

三、制订与儿童共同工作以控制风险和危险的策略　　152

四、为学段的衔接和连续性做计划　　159

五、为全纳性、可得性和多样性做计划　　160

六、学段的衔接和连续性　　165

七、拓展阅读　　166

第 7 章　评价儿童在游戏中的学习　　167

一、评价的原则和目的　　168

二、评价的形式　　169

三、评价过程　　170

四、个体发展与游戏计划　　173

五、评价社会性—戏剧游戏　　180

六、发展个人游戏计划　　184

七、作为伦理实践的评价和评估　　186

八、拓展阅读　　188

第 8 章　发展中的游戏　　189

一、教与学的理论基础　　190

二、学习如何游戏：恩的故事   190

三、"计划—工作—回顾"的方法：阿曼达的故事   194

四、幼儿班里的创新：卡西的故事   200

五、创建一所游戏型学校   200

六、知识储备   201

七、游戏记忆   203

八、提升游戏服务的质量   204

九、未来发展方向   205

十、拓展阅读   206

附录　理解游戏的复杂性   **207**

一、游戏的技巧与知识   207

二、社会情感与交流的技能和过程   208

三、调查、探索及问题解决的技能和过程   209

四、富有创造力和想象力的技能、过程   209

参考文献   **211**

术语索引   **229**

译后记   **239**

作者简介 _____

　　伊丽莎白·伍德（Elizabeth Wood）是英国谢菲尔德大学的教育学教授，在学校中，她承担了一系列研究生课程的教学工作，并为幼儿教师和实践工作者开设了在职培训课程。她也在许多早期教育项目及小学中与教师进行合作研究。伊丽莎白·伍德和内维尔·贝内特（Neville Bennett）共同指导了两项由经济与社会研究委员会（ESRC）资助的研究项目：学前班教师的游戏理论（Reception Teachers' Theories of Play，1995—1997）和早期教育的学段衔接与连续性（Progression and Continuity in the Early Years，1999—2000）。她对于游戏、幼儿学习、早期教育教学法、公正与平等、政策批判以及合作型行动研究有着浓厚的兴趣，并在此基础上创作、出版了很多著作和论文。

前　言　_____

　　本书第 3 版大部分建立于前两个版本的基础之上，前两版是由我和珍妮·阿特菲尔德（Jane Attfield）共同完成的。现在，珍妮因公到海外工作了，而我则继续负责着她在多赛特游戏项目（Dorset Play Project）中所开展的研究。尽管接连颁发的政府政策一直在尝试控制和驯化游戏，但是珍妮仍通过她的教学实践保持着对游戏价值的深刻信仰。

　　自 1996 年以来，关于游戏的研究取得了很多成果，其中一些是积极的，另一些则不然。游戏领域的学术研究持续繁荣，许多国家在这个领域进行了研究，而这些国家的早期教育体系正在经历迅速的发展。很多研究证明了欧美的游戏理论和游戏定义的影响力，但同时，也有研究关注到性别、阶层、种族以及残疾等对游戏产生的不同影响。这些研究中的大部分都挑战了主流的西方理论和实践，并使得研究者和实践工作者从批判的、伦理的视角重新思考我们对儿童和家庭所开展的工作。本书也包含了此类研究，以阐述理论和实践方面发生的变化。

　　发生重大变化的另一个场地是早期教育政策领域，在从出生到七八岁这一年龄范围内，政策的关注点不同。随着更多国家开始发展本国的早期教育服务，为了实现不同目标，国家政策正在发生一些前所未有的变化，这些目标包括：扩大早期教育的服务范围，提高早期教育质量，调整学前教育为小学做好准备，提升早期教育标准，增加儿童生命中的机会。在英国的四个构成国（英格兰、苏格兰、威尔士和北爱尔兰），早期教育都是政策制定议程

中的关键 ①，在其他许多发达国家和发展中国家也是如此。这些政策干预对游戏而言喜忧参半，特别是它影响了关于早期教育的有效性和优质早期教育服务的特征的国际研究。当游戏被视为一种有价值的儿童学习和发展手段时，政策的趋势便倾向于"教育性游戏"，在这种游戏中，有计划、有目的的游戏得到重视。因此，本书将探讨政策版本中的"教育性游戏"与学术领域中显而易见的对游戏的多样化理解这两者之间的差异，并致力于从复杂多样的角度去理解游戏。

幸运的是，游戏在学术领域中持续地繁荣。2012 年，一本新的期刊《游戏的国际研究》(*International Journal of Play*) 诞生，它把基于不同学科视角的研究集合在一起。当代游戏研究的主题是具有挑战性的，研究方法是创新的，理论框架的选择是有争议的。研究游戏的学者更可能

---

① 英国（United Kingdom）是联邦制国家，英格兰、威尔士、北爱尔兰以及苏格兰的学制不太一致。一般而言，英国的幼儿教育和保育阶段教育（Early childhood education and care）是从 0—4/5 岁。幼儿教育和保育阶段教育大多是由教育部门主管的托幼整合的体制，包括英格兰、威尔士以及北爱尔兰；而苏格兰则比较特殊，属于托幼分离的体制，0—2 岁阶段不属于教育部门主管。此外，英格兰和威尔士小学学制为 6 年，儿童 5 岁进入小学，7 岁时参加第一个关键阶段（Key Stage 1）考试，11 岁小学毕业时参加第二个关键阶段（Key Stage 2）考试并完成小学教育。北爱尔兰和苏格兰小学学制为 7 年。其中，北爱尔兰儿童 4 岁进入小学，4—6 岁完成基础阶段教育（Foundation stage），8 岁参加第一个关键阶段考试，11 岁参加第二个关键阶段考试，并完成小学教育。苏格兰儿童 5 岁进入小学一年级，12 岁小学毕业。——译者注

引用福柯（Foucault）①而不是福禄贝尔（Froebel）②，更有可能引用德勒兹（Deleuze）③而不是杜威（Dewey）④的研究，而后建构主义和后现代理论正以有趣的方式得到发展。至于游戏在儿童学习和发展以及生命全程中扮演着怎样的角色，具有怎样的价值，学术界对此仍然保持着开放的态度。这些研究的许多结果与实践工作者直接相关。

　　本书的第 3 版反映了上述趋势，并大量引用了学术界和实践工作者的研究来呈现关于游戏的核心思想和争论。在读者反馈的指导下，本版本仍将理论和实践密切结合。前四章聚焦于理解儿童学习和发展的不同视角，不同形式游戏的益处，以及在早期教育机构中整合课程与教学法的基本原理。本书后半部分所讨论的主题是关于如何整合游戏、学习和教学，聚焦于课程计划、教学实践、观察与评估等实践方法。每一章都突出了教育实践工作者在

_____

① 米歇尔·福柯（Michel Foucault，1926—1984），法国哲学家、社会思想家和"思想系统的历史学家"。他被广泛认为是一个后现代主义者和后结构主义者。晚年的福柯提出了"生存美学"的思想，主张个体经由伦理—美学的途径自我构成为主体。实际上，这也是一种游戏性的人生态度和思维方式，即使不再考虑任何法律、规范或约束，不再顾及道德，仍可以使每个人，在同时考虑他人快乐的情况下，实现自己的快乐。福柯强调个体的差异，重视个体的日常经验和自我创造。以福柯为代表的后现代游戏说与传统游戏说相比有四个基本特征：更加关注人的现实状况和人对生活的现实感受；认为游戏具有"自主性"，游戏的核心不是"游戏者"，而是"游戏"本身；反对本质主义，强调游戏的"生成性""创造性"和"多样性"；认为游戏是具有实践性的现实活动，强调其当下的参与。——译者注
② 福禄贝尔（Frobel，1782—1852），德国著名的教育理论家和教育实践家，19 世纪新教育的倡导者之一，近代早期教育理论的奠基人，被誉为"早期教育之父"。福禄贝尔十分强调游戏的意义，认为游戏可以为社会培养共同的意识和感情，发展社会共同的法则与要求，游戏不仅可以锻炼身体的力量，也能显示出精神道德的力量。福禄贝尔提出，室外游戏和室内游戏均需受到关注，他提倡让幼儿在恩物游戏中认知事物，提倡婴幼儿亲子教育，主张玩中学、学中玩，重视培养幼儿的自立心和好奇心，重视绘画和数概念的培养。同时，福禄贝尔还提出，儿童游戏是基于儿童的内心活动和内在发展需要，提倡父母尊重儿童出现的最初的活动本能和创造冲动。——译者注
③ 吉尔·德勒兹（Gilles Louis Réné Deleuze,1925—1995），法国后现代哲学家。德勒兹的哲学思想一个主要特色是对欲望的研究，并由此出发，到对一切中心化和总体化进行攻击，强调主体性。——译者注
④ 约翰·杜威（John Dewey，1859—1952），美国早期机能主义心理学的重要代表，著名的实用主义哲学家、教育家和心理学家。杜威的教育本质论强调"教育即生活""学校即社会"。其教学论强调"做中学"，好的教学必须能够唤起儿童的思维；其儿童与教师论强调"儿童中心"的同时，要求教师要给予儿童适当的引导，并给儿童提供成长的机会和条件，同时还强调了教师的社会职能。杜威还强调以游戏为中心的情境教学。——译者注

工作中经常会遇到的问题、疑问和困境，并提供了实践中的例子来展示这些问题在不同的情境中是如何得以处理的。

本书的第 3 版还呈现了许多以实践为基础的案例，这些案例来自本人的研究以及实践工作者的工作。这些实践工作者一直参与在职培训和学位课程项目，或者他们欢迎我进入他们的教室去观察、讨论游戏，并将游戏理论化。我非常荣幸能够与有奉献精神的实践工作者一起工作，他们组成了一个百折不挠的核心群体，既充满热忱地支持游戏，又活跃地抵制那些与幼儿学习方式不一致的政策指令。特别感谢乔安娜·库克（Joanna Cook）、阿曼达·克西（Amanda Kersey）、夏洛特·罗兰德（Charlotte Rowland）、黛安·卡德莫尔（Diann Cudmore）和雅基·班福德（Jaqui Bamford），他们对游戏中的儿童和成人都进行了深入的观察和分析。

我希望本书的第 3 版将为实践工作者和研究者提供信息与灵感，引发大家的讨论，并促进大家的反思和批判性参与。我也希望这本书将提醒读者，终身游戏和学习是极其重要的。

作者寄语

　　我的整个职业生涯都致力于早期教育领域的研究，我见证了许多变化，尤其是当我扮演教师、研究者、作者和批判性地参与游戏的倡导者这些不同角色并进行相应的思考和实践时。游戏的神秘性和复杂性一直都吸引着我，并挑战着我对游戏的思考。从国际游戏学术领域存在着巨大的多样性的角度来看，我对游戏的未来保持着乐观的态度。考虑到主流政策的话语（discourse）①和这些主流政策话语被解读的方式，我对早期教育机构中游戏的未来感到有些悲观。一名地方当局的顾问曾告诉我，他们不会雇佣我来推动实践工作者的专业发展，因为我"不上道"（就是说，不顺从政策对游戏的话语）。我把这视为赞美。我非常荣幸能够与这样一群学生、教师和实践工作者一起工作，一直以来，他们都不认同那些贬低儿童游戏的说法。

　　我曾说过，政策框架对游戏而言是喜忧参半的，因为这些政策框架将游戏定义为早期教育应有的权利，但这也可以被视为一种限制。在这些政策框架中的条条框框与游戏的复杂性之间寻找一个"最佳匹配"（best fit）方案是有问题的。但这不意味着我们应该容忍政策对游戏的贬低。我们在伦理上和教学上的努力需要聚焦于保持游戏的复杂性，以对抗政策话语，并且在"不跑偏"的同时，还要力求使"政策话语"与儿童和我们自己的游戏及游戏性的立场保持一致。亨里克斯（Henricks，2006）雄辩地表达了游戏难以定义的本质。

　　　　游戏是充满可能性的实验室。充分而富有想象力地进行游戏
　　是跨到另一个现实当中，在日常生活的裂缝中徘徊。我们可以看

---

① 话语（discourse），是后结构主义哲学的关键词。这个词将在书中大量出现，指一套解释某种事物和现象的言论、思想及观点。——译者注

见这个充满各种冗杂的生活常规和责任的现实世界，但是关于这个现实世界的想象却被不可思议地剥夺了。游戏者有选择地从日常生活中选取事物，并基于此发挥天马行空般的想象。像任性的儿童一样，游戏者像拆玩具一样拆分现实，把它像颜料一样涂满全身，像丢沙包一样丢来丢去。事物在游戏中被儿童拆解，并被重新建构。（2006:1）

本书所附带的免费在线材料

想要免费获得与本书中所讨论的核心主题相关的、特别挑选的SAGE 期刊文章，请访问：www.sagepub.co.uk/wood。

微信扫码，
10分钟听
完本章内
容解读。

第1章

理解游戏：复杂性及挑战

本章作为导入性章节，主要回顾了当代关于游戏的讨论，关注用不同方式定义的游戏思想和游戏理论。游戏面临着以下关键问题和挑战。

- 游戏的定义。
- 关于游戏地位的争论。
- 对终身游戏和学习的探索。
- 教育环境内和教育环境外游戏的区分。
- 关于游戏的批判性观点的新进展。

一、意识形态的传统

早期教育界认为，游戏对于儿童的学习和发展必不可少，这些思想和理论传统根深蒂固。这些思想和理论杂糅了包括从狂热派到务实派的不同观点，涉及的话题包括游戏的价值、童年的本质、教育的目的、儿童的权利以及成人的角色和职责。这些传统思想的核心包含以下学者的教育学和心理学理论：约翰·裴斯泰洛齐（Johann Pestalozzi）、弗里德里希·福禄贝尔（Freidrich Froebel）、鲁道夫·斯坦纳（Rudolf Steiner）、约翰·杜威（John Dewey）、玛丽亚·蒙台梭利（Maria Montessori）、玛格丽特·麦克米伦（Margaret McMillan）和瑞秋·麦克米伦（Rachel McMillan）、苏珊·艾萨克斯（Susan Isaacs）、安娜·弗洛伊德（Anna Freud）、戴维·温尼科特（David Winnicot）。他们的思想是创新的，且具有变革性：他们对于童年以及社会应该如何对待儿童有着新的理解。直到 19 世纪，童年时期都被视为未成熟的成年时期，在所有社会阶层中儿童的地位都颇为低下，儿童拥有极少的合法权利，也得不到保护。许多人的童年被大大缩短，因为他们要在家里或工厂中工作，而且经常是长时间在危险的条件下工作，这也导致了剥削和虐待儿童的现象。"原罪论"认为，儿童天生是有罪的，无论是在家里、学校还是工作场所，成人都需要以他们认为可以接受的方式向儿童灌输道德和正义感。儿童的心智被看作是一个空的容器或一块白板，可以用对社会有价值的知识、技能和行为将其填满。福禄贝尔和裴斯泰洛齐则持相反观点：儿童天赋的善良可以通过培育、照料、游戏和适当的教育来加以发展和利用。早期教育先驱者与一些社会改革者，如查尔斯·布思（Charles Booth）和查尔斯·狄更斯（Charles Dickens）等人共同改变了人们对儿童的态度，并提倡为儿童的发展、保育和教育提供更好的条件，游戏和学习的自由要与适当的保育、教育结合在一起。从本质上说，这一早期教育变革运动与社会正义及更加平等的社会理想密不可分。

　　早期教育先驱者认为，童年时期是人类发展的一个特殊阶段，并强调了儿童天生喜爱游戏。然而，他们在理论原则和实践上并没有达成共识。尽管不同的早期教育先驱者对游戏的价值定位不同，但他们都在以不同的方式开发着游戏的教育潜能（Saracho，2010）。浪漫主义和儿童中心的思想学派主张，要确保儿童通过自由游戏和结构化的活动来顺应其天性的发展。尽管早期教育先驱们意识到游戏能够让儿童表达他们内在的需求、情感、欲望和冲突，但他们在提出教育性建议时，并不认为游戏是童年期主导的活动。蒙台梭利认为儿童不需要游戏，同时她也认为游戏本身不具有创造的力量。在为儿童设计的特殊环境中，她并不鼓励儿童直接参与想象性的角色游戏，而是鼓励儿童在日常生活中的独立性和自主性的发展。蒙台梭利对于游戏持工具论的观点，她认为游戏是促进儿童的认知、社会性、道德和情感发展的一种方式。福禄贝尔和蒙台梭利设计的课程模式是以特定的顺序、特殊的材料为基础，在精心设计的环境中开展的，并不时有成人在其中提供指导。玛格丽特·麦克米伦、瑞秋·麦克米伦和苏珊·艾萨克斯设计的课程模式则包括实用主义思想指导下的成人指导的要素，如感官训练、言语训练，以及强调自律、秩序、整洁以及其他好习惯和品质的养成（Boyce，1946）。

这些课程模式具有社会性、文化性和历史性，它们的设计参照了急剧变化的社会中独有的价值观和目的。例如，美国 20 世纪初兴起的进步主义运动批判了福禄贝尔和蒙台梭利的课程模式过于结构化、正式化和程式化。蒙台梭利强调感官训练、个人主义和学业学习，这与自由、创造性、游戏、想象力和自我表达等理念相悖。我们也许还会思考，主张童年的自由和天真的浪漫主义概念是否依然在当代社会中有意义，学前班（Reception class）[①] 的教师就会有疑问，儿童已经知道了最新流行偶像的所有的歌词、动作及舞蹈步子，她为什么还要将幼儿园的韵律歌教给儿童？

这些思想和理论与早期教育及小学教育中的进步主义运动相融合，进步主义运动出现于 20 世纪早期，由约翰·杜威、让·皮亚杰、苏珊·艾萨克斯和内森·艾萨克斯（Nathan Isaacs）及他们的追随者发起。进步主义理论认为，现有的方法拘泥于形式和工具主义，进步主义者主张运用儿童中心的方法，同时通过让儿童游戏，让儿童按照自己的兴趣参与不同话题和项目，从而给儿童更多的自主权。进步主义理论在童年的本质、儿童如何学习和发展、知识建构的发展过程等方面提出了新的观点。教育不是一种向儿童施加的东西，而是一个复杂的过程。在这个过程中，儿童通过对游戏和项目活动（project work）拥有主体性、选择权、控制权和所有权，从而成为积极的参与者。这种取向具有理论吸引力，因为它通过教育反映了一系列有影响力的概念，包括选择权、自由、自主和对儿童的赋权，这些都是社会和教育改革运动的核心理念。这些假设对公认的行为主义的操作性话语[②]（instrumental discourse）是一个直接的挑战，因为行为主义把儿童视作一块白板或是空的容器。

早期教育先驱者的研究影响了游戏的心理学观点，进而又为"教育性游戏"（educational play）的发展奠定了基础。让·皮亚杰（第 2 章中会介

---

① Reception Class，是英国为 4—5 岁儿童开设的学前班或预备班，一般附设在公立小学中。——译者注
② 行为主义对行为的定义注重操作性定义，以可观测和可测量为基本取向。——译者注

绍）在早期教育领域有很大的影响力，一部分原因在于他对游戏的理论解释与进步主义的观点有相通之处，并与 20 世纪 60 年代的自由主义观点产生了共鸣。因此，一种"普遍性话语"（universal discourse）产生了，在这一话语中，游戏被当作儿童学习的核心，是儿童发展的需要和基本权利。以儿童为中心的教育、儿童的选择权和自由、儿童亲身实践的活动、儿童的探索和发现以及游戏的至关重要性等关键概念总是被热情地提起，却很少有人对其进行批判（Bennett，Wood and Rogers，1997）。

活   动

奥布莱恩（O'Brien，2010）提出了一些有关游戏的富有挑战性的问题，这些问题使我们批判性地思考这些"普遍性话语"是否正确，以及这些话语是否会忽视残障儿童。结合自己童年期和成年期的游戏经历，以及你在专业实践中的经验，思考以下问题。

所有儿童都能够游戏吗？所有儿童都应该游戏吗？所有儿童都能从游戏中学习吗？如果他们在游戏中学习，那他们学到了什么？所有的儿童游戏都必须是为了全面发展吗？游戏是儿童的权利之一吗？如果有关儿童心理领域所有杰出的研究者都将游戏视为人类特有的基本活动，那么，他们为什么极少提及典型发展指标之外的儿童？（O'Brien，2010：183）

尽管许多类似理论仍然是早期教育话语中的一部分，但这个领域已然出现了重大的变化，当今很多国家都在政策框架中肯定了游戏的作用（Broadhead，Howard and Wood，2010；Brooker and Edwards，2010；Pramling Samuelsson and Fleer，2009）。但是，政策文本中的游戏有着明显的教育意味，因为政策制定者期望通过游戏实现（或至少有助于）课程框架中的学习目标或结果。在第 3 章中，我们将看到"教育性游戏"有它自己的目的。但在本书中，游戏领域的学术研究对于游戏的复杂性有着不同的理解，这些不同的理解反映了儿童不同的游戏目的和赋予游戏的不同意义。这是因为，游戏是人类活动的独特形式，游戏有着自己的规则、仪式（rituals）和文化实践，它并不总是适合在教育 / 教学的视角下以过度结构化的形式被社会所控制。

二、游戏的目的

尽管不同的理论观点都积极地支持游戏，但关于游戏的定义、目的和价值仍然存在争论。这些争论有着积极的结果，因为这使得游戏在教育政策、研究和实践方面一直扮演着重要的角色。不同国家的政策文本都体现着这样的趋势，许多国家的政策框架都延伸至早期教育服务的领域，旨在为儿童的学习奠定基础，增加儿童生命中的机会，提升儿童的学业成就水平。游戏一直以来备受学术界的重视，从对游戏的学术研究范围就可以看出（Holzman，2009；Hughes，2010；Kuschner，2009；Smith，2010）。游戏跨越了人类的整个生命历程，跨越了不同的环境（如医院和医疗游戏），跨越了不同的学科领域（Henricks，2006；Saracho，2012）。游戏和游戏性被认为是人类的终身活动：游戏的复杂性和挑战性在不断地发展，远非在童年结束时就终结了（Broadhead，2004）。因此，为了理解游戏的复杂性，本书会引用国际上有关游戏的学术研究，并展示不同的理论视角。首先，我们要解决的问题是：应该如何定义游戏？

三、定义游戏

在定义游戏的过程中，不同学者在游戏的功能、组织形式、特征和行为等方面强调的重点不同。有两个问题仍旧挑战着研究者和实践工作者：游戏是什么？游戏可以为儿童带来些什么？查赞（Chazan，2002：198）对游戏的功能有着丰富且积极的看法。

　　　游戏、成长与生命本身是同义的。游戏性表现出了创造性和行动力，以及变化和发生转变的可能性。游戏活动也因此反映了个体自身的存在，作为有机体的部分，它既是独立存在的，也是相互依存的，有机体能够反思自身并意识到自己的存在。在游戏的过程中，儿童通过表征他的内在和外在世界而获得了一定的自主权。

　　这种定义体现了游戏作为一种社会和文化实践存在潜在的变异性和复杂性。游戏活动包括了广泛的行为、动作和互动，这些对游戏者来说可能存在多种意义。游戏可以是非常严肃认真的、有目的的活动，也可以是琐碎的、毫无目的的活动。游戏可以是以高水平的动机、创造性和学习为特点的活动，也可以是无目的的胡闹，正如接下来的案例所示。

案例研究

尼尔（Neill）和贾梅尔（Jamel）：游戏是严肃认真的还是琐碎的？

　　尼尔和贾梅尔（都是 5 岁）并没有立刻进入数学活动的状态，而是把铅笔当成宝剑，玩起了打斗游戏。他们的游戏并不具有攻击性，但是游戏变得越来越吵闹，他们甚至从椅子上摔了下来。老师训斥了他们，并且不让他们在剩下的活动时间里继续进行游戏。与此相反，儿童深入地、认真地进行游戏则会受到老师的尊重和鼓励。在一所幼儿园里，一些男孩正在玩乐高得宝玩具（Duplo ™）①，并在地板上完成了一个大的布局。随着游戏变得更加复杂，他们使用其他资源来建造一座城镇，包括使用百乐宝（Playmobil ™）②人物来演绎不同的剧情。教师意识到，此时需要遵从儿童的想法，因此她要求其他儿童不能侵犯他们的游戏空间，也不能拿走他们的游戏材料。教师也没有打扰游戏中的儿童，让他们去参加中场的圆圈时间（circle time）③。他们的游戏持续进行了两个多小时。

---

① 得宝（Duplo）系列是乐高玩具中经典的大颗粒系列，主要面向 5 岁以下学龄前幼童。——译者注
② 百乐宝（playmobil）是德国一种组合式的玩具系列，于 1974 年在德国面世，设计师汉斯·贝克（Hans Beck）以小朋友的幻想世界构思了多款有手有脚的百乐宝塑料玩偶。百乐宝的主角多是身材矮小、两腿似乎僵直但始终面带微笑的塑料小人，种类多样。——译者注
③ 圆圈时间（circle time），此处指高瞻课程中计划—工作—回顾（PDR）的第一个环节，在计划时间（plan）中，教师与幼儿一起围坐在地上或围坐在小桌旁，教师轮流与每个幼儿交谈，了解幼儿的愿望。幼儿根据自己的兴趣选择去做什么，怎么做。幼儿可以用语言、动作、手势、绘画等方式来表达自己的意图。计划时间通常 10—15 分钟。——译者注

在回顾时间（review time）① 里，儿童自豪地向全班小朋友介绍他们的城镇布局，并在向家长和照料者展示他们的游戏成果后，才将搭建的玩具拆除。

　　对游戏的定义存在分歧并不奇怪。赫特等人（Hutt et al.，1989）认为，游戏概念是一个大的范畴，它包括各种各样的活动，其中有些活动会引发儿童的学习，但很多活动并不会如此。加维（Garvey，1991）认为，不是所有幼儿一起做的事情都可以看成是游戏：幼儿所参与的活动总是不断地反复，同时伴随着不同形式的动作、互动和交流。加维认为，游戏是一种态度或取向，并以多种方式得以表现，如：儿童游戏的伙伴、游戏的对象以及他们所创造的想象世界和情节。随着作为游戏者的儿童从童年期逐渐进入成人期，他们的技能得到发展，新的领域经验得到积累，游戏的可能性也随之扩展。因而，游戏是什么以及游戏能为儿童带来什么，不能被理论的或暂时的定义所限制。史密斯（Smith，2010：4-5）总结出了研究者看待游戏的三种理论视角。从功能性视角（functional approach）来看，研究者关注行为的目的是什么或看起来是什么，以及潜在的好处是什么。从结构化视角（structural approach）来看，研究者关注行为本身，行为是如何组织和排序的，以及如何区分游戏和非游戏活动。第三种视角是标准参照视角（criteria-referenced），它是以观察者对一系列行为是否被定义为游戏的看法为基础的。观察者在活动中辨识出越多符合标准的特征，这个活动或行为就越有可能被看成是游戏。在上述的每一种视角中，研究者都是站在某种理论立场，而不是从儿童的视角或从游戏情境来定义游戏的。

　　梅克利（Meckley，2002）引用了加维对游戏特征的定义来对游戏进行定性描述，并将儿童的视角和游戏情境也考虑在其中。表 1.1 详细阐述了梅克利的观点，研究者在"游戏是什么""游戏者应该怎么做"，以及"游戏的

---

① 回顾时间（review time），此处指高瞻课程中计划—工作—回顾（PDR）的第三个环节，指在活动后，教师与所有儿童一起总结和反思活动的时间。儿童有选择地进行回顾，表达自己做了什么，展示自己的作品。回顾时间通常 10—15 分钟。——译者注

目的是什么"这三方面建立了联系。

表 1.1　游戏的特征

1. 游戏是由儿童选择的

在进行游戏之前，儿童就知道自己想要玩什么以及和谁一起玩。当儿童开始游戏时，他们会选择材料、活动和玩伴。尽管儿童掌控着自己的游戏进程，但他们必须和其他游戏者合作、交流，一起进行游戏。因为儿童自己选择了游戏和玩伴，所以即便活动中有许多拌嘴吵闹，他们通常也能妥善解决（Factor，2009）。儿童会对自己的游戏成果感到满意和自豪。在独自游戏中，只有儿童可以决定哪种游戏方式是正确的，哪种是错误的，因为儿童会在家庭或学校接受的框架内被制定游戏规则。如果游戏属于儿童，那么儿童将从游戏中学到最多。如果由成人来选择儿童的活动或指定儿童到某个游戏区域，儿童会认为，这对于他们来说是工作而不是游戏（Dockett and Meckley，2007；Howard，2010）。这意味着成人不能为儿童计划他们的游戏，但是成人可以通过为儿童提供游戏的空间、时间和资源来为游戏做出计划。

2. 游戏是由儿童创造的

游戏不仅仅是由儿童选择的，也是通过游戏文化由他们自己创造的。儿童总会在游戏时创造出一些新的事物，比如创建出一个新的建筑或萌生出一个新的想法。对成人来说，这个建筑可能不是新的，因为它可能看起来和另一个儿童的建筑一样。但对于儿童来说，这是一个新的建筑，因为他们努力尝试并完成了一件他们从来没有做过的事情。在游戏中，儿童是发明家和实验家：儿童在尝试新的活动和组合时也承担着风险。儿童创造并解决问题，同时发展了元认知能力（意识到并控制自己的计划、想法、动作和行为）（Whitebread，2010）。

3. 游戏是假装的，但却像真实的活动一样被完成

儿童从假装的活动和想法中学到很多，这些活动和想法就像是真实的，但它们却不是真的。儿童通过在游戏中以新的方式来运用他们的暂定理论（working theories）[①]和知识

---

① 暂定理论是儿童基于自身经验，对理解世界、解释自身经历、决定如何思考和行动的一种假设。儿童的暂定理论是一个不断变化和发展的过程，它将儿童已有的经验和新经验联系起来，从而加强儿童对世界的认识。——译者注

续表

储备（funds of knowledge）[①]，以发展关于认知、社会和情感的概念的理解。儿童在游戏中发展了对人、事件、社会关系和规则的看法。儿童在游戏中理解日常的社会经历和文化经历，同时也通过这些经历进一步丰富和发展他们的游戏。游戏包含假装性：游戏的"如果……会发生什么"和"似乎是真的一样"的这些特征是游戏区别于其他活动的地方。

4. 游戏关注于"做"（是过程而非结果）

游戏是儿童在早期教育阶段的主要活动（Vygotsky，1978）。学习发生于游戏过程和游戏活动中。交流对游戏十分重要，它通过语言、身体动作、手势、信号和符号性的表征等方式实现。相对于和成人对话的时候，儿童在游戏中会使用更加复杂的语言。儿童最初尝试阅读和写作的行为往往发生在游戏中，他们假装自己已经可以阅读和写作了。游戏的益处可能并非总是显而易见或立刻显现的，但会随着时间的推移而变得清晰并逐渐累积（Smith，2010）。儿童可能会在游戏中选择创造一些可以立刻使用的或相关的物品（例如一些用于假装的小道具）。

5. 游戏是由游戏者（儿童）而不是成人（教师或家长）完成的

游戏是儿童为自己选择和设计的活动。因为儿童在游戏的过程中学习，他们需要大量的时间、开放性的材料，以及共同游戏的伙伴（Broadhead，2004；Broadhead and Burt，2012）。成人不能计划儿童的游戏，但是他们可以帮助儿童为游戏制订计划，并为儿童的计划和活动提供支持。成人为儿童提供游戏／学习环境，给予儿童支持，为儿童讲述规则，保障儿童的安全，从而使儿童能够从游戏中获得最大的益处。如果儿童邀请成人一起游戏，并且成人能用儿童的语言与儿童一起游戏，那成人就可以成为与儿童共同游戏的伙伴了。

6. 游戏需要儿童积极参与

因为在游戏中，儿童的身体、情感和思想都是活跃的，所以他们可以了解到自身

[①] 知识储备，在本书中指儿童的文化背景，即儿童在家庭和社区的每日实践中所获得的知识，包括信息、技巧、策略、思维方式和学习方式、学习品质和实践技巧。——译者注

的不足，并设置对自己的挑战。如果给儿童机会，相对于成人，儿童经常会选择更有挑战性、需要不同学习品质（approaches to learning）的任务（Whitebread，2010：173）。游戏是童年期发生的活动，喜欢游戏的儿童从自己的角度来发展他们的游戏。游戏的开展是以游戏本身为目的的，儿童可能会深深地沉醉于游戏时的情绪和状态。儿童通过游戏的视角来看待世界，创造他们自己的意义、符号和实践，这些都被赋予了文化意义，并有利于儿童的自我发展和自我实现（Wood，2010a）。游戏有助于在儿童心中播撒自信的种子（Dowling，2010），包括提升儿童的自尊感和自我效能感，促进儿童积极心智倾向的发展，以及提升儿童处理日常冗杂事情的能力（如：建立/破坏友谊、言归于好/闹翻、领导/听从、合作/竞争等）。

7. 游戏是有趣的

游戏通常是有趣的，令人感到享受的，因为儿童可以自己选择他们的活动和玩伴，并且带着自己的目的和想法去游戏。然而，如果儿童跨越了"游戏"和"非游戏"之间的界限，游戏就不是那么有趣和令人愉悦的活动了。萨顿－史密斯（Sutton-Smith，1997）提示说，我们需要对一些"黑暗游戏"和"残酷游戏"保持警惕，儿童可能会在其中受到嘲笑、欺凌或其他形式的社会攻击。根据儿童个体和游戏情境的不同，实践工作者会以不同的方式来解释这些形式的游戏。一些儿童可能感到（情感上、心理上和身体上）不安全，另一些儿童可能会发展情感抗逆力（emotional resilience），并想出应对策略。

关于游戏的功能、行为和特征的研究倾向于将复杂的活动简化为两个组成成分：游戏是什么，以及游戏能够为儿童带来什么。然而，游戏是复杂的、多样的和矛盾的，并且总是取决于开展它的环境。游戏有时是有秩序的、有规则和受到外界约束的，有时是自由和自发的；有时游戏会很混乱，但随着时间的推移，游戏中也会出现规则和模式。游戏的目的和目标经常会发生改变，儿童通过操作进入游戏或非游戏情境，因为他们清楚地知道一些游戏允许有不同的行为，但其他游戏，如追逐打闹游戏和打斗游戏是不被允许的。游戏不会凭空发生：儿童玩的每件物品、和谁一起玩都深受社会、历史和文化因素的影响，因此理解游戏是什么并学会如何游戏，本身就是一个扎根于文化和环境中的过程。就学习品质而言（Chen，Masur and McNamee，2011），不同的家庭、文化和个人之间存在差异，而在游戏的选择和游戏活动方面也是如此，这也增加了游戏定义的复杂性。

考虑到游戏是多变的且复杂的，对游戏的定义可以帮助我们解决游戏是什么以及游戏可以为儿童带来什么的问题吗？佩莱格里尼（Pellegrini，1991）和萨拉科（Saracho，1991）从游戏者在游戏和活动中表现出的心智倾向角度对游戏进行了定义（见表 1.2）。

表 1.2 儿童在游戏中表现出的心智倾向

- 游戏是由活动所带来的满足感这一个人动机所激发的，它不受基本需要及内驱力的支配，也不受社会要求的支配。
- 游戏者会关注活动本身而不是活动目标。活动目标是人为强加的（self-imposed），游戏者的行为是自发的。
- 游戏的发生伴随着熟悉的物体，或在探索不熟悉的物体后发生。儿童按照自己的想法完成游戏活动，并由他们自己掌控活动。
- 游戏活动有时可能不使用语言。
- 游戏没有来自外界强加的规则，游戏者可以修改已有的游戏规则。
- 游戏需要游戏者的积极参与。

这些定义从定性的角度体现了游戏活动与非游戏活动的区别。尽管佩莱格里尼的定义表明，游戏没有外界强加的规则，但这不是早期教育机构中的游戏。正是成人施加的规则使得"教育性游戏"与日常生活中儿童自发的游戏有所不同，这是因为政策框架看待游戏的方式不同，并在幼儿园和学校的环境中设置了很多约束。弗罗姆伯格（Fromberg，1987：36）对游戏进行了如下定义。

　　游戏是**象征性的**，游戏以"就像……一样"和"如果……会发生什么"的态度表征着现实。

　　游戏是**有意义的**，游戏与经验相联系或有关。

　　游戏是**快乐的**，即使是当儿童很严肃地参与到活动中时，儿童在游戏中也是快乐的。

　　游戏是**自愿的和有内在动机的**，无论这些动机是出于好奇心、控制欲、从属关系还是其他。

　　游戏是**受规则约束的**，无论这些规则是含蓄的还是清晰的，游戏都要表达规则。

　　游戏是**片段式的**，以儿童自发地产生新目标和转变游戏目标为特征。

这些标准可以不同程度地用来给儿童的行为分类，儿童的行为是一个从纯粹的游戏到非游戏的连续体。

　　结果是，游戏可以按照"多大程度算是游戏"进行分类，而不是以"游戏或非游戏"进行分类。符合所有标准的行为可以被归为"纯粹的游戏"，符合部分标准的行为可以被看作是"不够纯粹的游戏"。简单地说，行为不应该被分为"游戏"或"非游戏"，而应该是一个从"纯粹的游戏"到"非游戏"的连续体。（Pellegrini，1991：215）

布罗德黑德（Broadhead，2004；2010）发展了从"纯粹游戏"到"非纯粹游戏"的连续体的概念，这个概念对早期教育实践工作者是有用的，原因如下：第一，不是由儿童自己选择的所有活动都能够或都应该被看成是游戏。第二，儿童在游戏中时进时退，以便为他们的活动提供一个框架，以及保持游戏的动态过程和游戏发展的方向。儿童可能中断游戏去寻找或制作一些小道具，又或是去寻求同伴或成人的帮助。第三，实践工作者经常采用游戏性的导向来教和学，例如，通过将故事动态地展现出来并提供想象的情景来解决数学上或技术上的问题（Worthington and Carruthers，2003）。实践工作者也会通过幽默和游戏性的方式来鼓励儿童投入和参与游戏，激发儿童的兴趣和乐趣。最后，游戏有许多不同的形式，包括角色游戏、社会性—戏剧游戏、探索游戏、建构游戏、自由游戏、结构化游戏、追逐打闹游戏、技术游戏，所有这些都包括了广泛的活动和行为（第 2 章中有介绍）。因此，当我们努力想要了解游戏是什么时，我们需要考虑到游戏的不同环境，将游戏视作一种社会文化活动："这就是游戏"(this is play）这一信息是同伴间、成人与儿童间，是家庭、社区、早期教育机构中儿童投入和参与游戏的基础。

　　很多学者关注于证明游戏对于儿童的学习和发展是有用的，因此游戏也是有教育意义的。有很多证据表明，不同形式的游戏可以促进儿童技能、学习过程和学习成果的发展。例如，涉及人物、角色和想象事件的社会性—戏剧游戏被看作是一种复杂的游戏形式，因为它促进了象征性思维和动作（用一个物体表征其他物体）的发展（Broadhead，2004）。使用户外的零散材料开展游戏（轮胎、板条箱、稻草、织物、木材下脚料、木板、原木和树枝），以及参与洞穴的建造有助于儿童社会合作能力、灵活性和创造性的发展（Brown，2003；Knight，2011a；2011b）。建构游戏包括数学和科学概念，玩沙和玩水游戏有助于儿童学习科学概念（Carruthers and Worthington，2011；Worthington and Carruthers，2003）。对于年龄稍大的儿童来说，可以通过一些真实活动来培养游戏性的学习品质，如通过参观博物馆、研究文物、表演真实事件等来发展儿童对历史的想象力。因此，对游戏的定义既应该考虑游戏的不同情境，也要考虑文化、兴趣、情绪状态和儿童不同年龄的偏好等因素对游戏产生的影响：在游戏中什么最重要会因参与游戏的主体、游戏活动的选择、儿童从家庭文化和日常经验中获得的知识和品质而变化。任何游戏活动（尤其是角色游戏）都不是一个独立的事件，而是由大量的、多层次的事件构成。因此，我们需要在游戏的混合体中对游戏进行分析：儿童的知识储备是如何联系的，权力关系在游戏中是如何运作的，以及其他可能性和事件在游戏中是如何联系起来的。

　　这些不同的定义表明，游戏是多样且复杂的。成人理想的和成人关注的儿童游戏可能与儿童的游戏目的和儿童赋予游戏的意义不一致，因为儿童游戏的目的和他们赋予游戏的意义是不能立刻被看见或获得的。这是因为很多游戏产生于儿童的内心，象征性活动是深入到儿童的文化和想象经验中的。

游戏体现着认知的、情感的、文化的、当下的、历史的、社会的和身体的相
互联系，并包括以下方面的对话。

- 现实和想象。
- 日常世界和游戏世界。
- 过去、现在和未来。
- 逻辑的和荒谬的。
- 已知的和未知的。
- 实际的和可能的。
- 安全的和危险的。
- 结构性和灵活性。
- 混乱和秩序。

总而言之，霍尔兹曼（Holzman，2009）提出，对游戏中行为的关注反
映了占主导地位的心理学视角，这导致了游戏被分割为不同的部分。此外，
游戏行为和特征没有将游戏情境、游戏和游戏者的多样性、游戏者的意图、
游戏的目的和赋予游戏的意义考虑在内。对游戏的定性描述表明了它的整体
性和复杂性，尤其是当儿童的游戏目的和赋予游戏的意义凸显的时候。除此
之外，儿童对游戏也有他们自己的定义。

四、儿童对游戏的定义

儿童对游戏的定义聚焦于他们的选择（而不是成人的选择）、他们的活
动（而不是成人的操作性物体），以及他们的自由（而不是成人的期待和指
引）（Dockett and Meckley，2007；Factor，2009）。儿童对于工作（work）和
游戏（play）有着自己的区分：他们经常会将工作与成人主导的活动，而非
自己自由选择和发起的活动，结合起来，将工作与安静的（而非活跃的）活
动结合起来（Howard，2010）。以下是6—7岁儿童对游戏与工作的一些评
论，这反映了他们的一系列想法（这些是在儿童进行了一早上的游戏活动之
后记录的内容，而这些活动是由实习教师组织的）。

- "不，我们今天早上没有在工作，因为我们能够自己选择。"
- "游戏就是你自己选择你要做什么，像乐高玩具和其他一些事情。但是，工作是老师告诉你要做什么，就像阅读和写作。"
- "我认为我们既在游戏又在工作。做那辆卡丁车是一项艰苦的工作，因为它老是散架。"

关于游戏的民族志研究让我们了解到儿童赋予游戏的意义和儿童的游戏目的，并揭示了游戏模式和层次的复杂性（Corsaro，2004；Edmiston，2008；Kelly-Byrne，1989）。为了建立对游戏和非游戏情境的共同认识，儿童通过协商并达成共识来创造角色、使用标志、重新定义物体、改变想法、确定行为。儿童在游戏中使自己与现实分离，但同时游戏又让他们离现实更近了：假装害怕怪物使得儿童体验了恐惧，但这又通常发生在一个情感上安全的环境中。儿童所扮演的游戏主题和故事，或他们设定的游戏情节，远比学术上的定义更加精妙。此外，游戏不仅仅是想象和假装的：儿童不断地在游戏中进退自如，将自己的兴趣和经历（包括流行文化和网络游戏世界）转化为文化、知识和技能的渊源（Edwards，2010；Hedges，2011a；Marsh，2005；2010）。游戏中充满了儿童为自己创造的意义和价值，而且可以避开成人的约束和监视，因为他们正在颠覆或挑战成人创造的规则（Wood，2013）。因此，主体性（agency）是理解儿童如何定义游戏的核心，因为游戏整合了儿童的需要：在世界中行动（act in the world）、对世界采取行动（act on the world）、看看"如果……会发生什么"以及"当……会发生什么"。这与萨顿－史密斯关于儿童游戏中的潜在力量的讨论一致。萨顿－史密斯认为，儿童总是寻求拥有独立的游戏文化，在这个过程中，与成人的力量和常规对抗是童年的密语（1997：125）。相似的是，亨里克斯（Henricks，2011：212）认为在游戏模式中，游戏者会出现利己主义（还有对他人使用诡计的可能性），同时当他们有机会时，他们会乐意去利用情境。

教育学和心理学的定义都不能捕捉游戏的灵魂和本质，尤其是当游戏被分解为行为上的"分析单元"时。从哲学的理想主义和人本主义、社会学和人类学的视角出发，游戏有着其他的定义。亨里克斯视游戏为"充满可能性的实验室"。

　　充分而富有想象力地进行游戏是跨入到另一个现实当中，在日常生活的裂缝中徘徊。我们可以看见这个充满各种冗杂的生活常规和责任的现实世界，但是关于这个现实世界的想象却被不可思议地剥夺了。游戏者有选择地从日常生活中选取事物，并基于此发挥天马行空般的想象。像任性的儿童一样，游戏者像拆玩具一样拆分现实，把它像颜料一样涂满全身，像丢沙包一样丢来丢去。事物在游戏中被儿童拆解并被重新建构。（Henricks，2006：1）

　　游戏曾经被归入浪漫的、精神上的和存在主义的维度：游戏是一种存在方式，一种精神状态和一种存在状态（Henricks，2006；Sutton-Smith，1997）。在霍尔兹曼（Holzman，2009）看来，儿童（和成人）总处于一种存在（being）和生成（becoming）①的状态：儿童在游戏中可以通过想象和假装成为他们自己、除了自己之外的人以及他们想成为的人。为了创造新的可能性，赋予游戏新的意义，儿童可以把自身从时间、空间、脉络和物质条件中分离出来。儿童可以通过游戏来激发内在的力量和潜能。游戏者发展游戏的能力并保持游戏的状态，这决定了游戏者要怎么做，这种能力使游戏者能够对自发地提出想法、确定角色和发现机会保持开放的态度。然而，游戏的一个矛盾在于，自由并不意味着儿童可以在任何时间做任何他们想做的事情，并且不注意他们行为的后果。随着儿童的学习和发展，他们设定了自己游戏活动的边界，创造了伦理空间来理解复杂的社会问题，诸如权力、权威、压迫、控制、责任心和利他主义（Edmiston，2008）。游戏并非必须包括外部可观察到的行为和动作。游戏的精神或本质可以随时随地被唤起。接下来的案例例证了"即刻的游戏"（instant play）——人类精神中的"活在当下"（in the moment）的游戏性。

---

① "存在"和"生成"讨论的是哲学上关于起源的问题。总体上，一方以巴门尼德和柏拉图为代表，另一方以赫拉克利特为代表。前者认为，只有存在者存在或只有理念存在，哲学不过是关于存在的学说（本体论）。后者认为，万物皆流，一切都是生成，存在不过是生成之在。——译者注

案例研究

保罗（Paul）：一个恶作剧

二年级正在开展一项关于生命过程和生物的科学主题活动。儿童已经研究过蛋，学习了区分蛋清和蛋黄。儿童还孵过蛋，并正等待孵化的结果。保罗（6 岁 7 个月）被这项活动吸引住了。一天，保罗给老师带来了一枚蛋。老师不知道的是，保罗的父亲（一名热忱的鸟类学家）已经掏空了蛋，只留下一个空壳。保罗将蛋展示给老师看，并仔细地掩盖了蛋壳上的洞。

保罗：你能猜出蛋里面有什么吗？

教师：我猜这里面有透明的蛋清和蛋黄。

保罗：不，你错了（他打碎了手中的蛋）。这是一个拿鸡蛋开的玩笑！

教师利用这个教学机会来巩固真实存在的知识，这可能会使保罗的妙语越发有趣。保罗通过设置一个严肃的问题成功地操控了这个游戏 / 非游戏情境，同时他还明白了恶作剧的形式和结构。

鉴于游戏有着庞杂的多样性，这也就难怪游戏难以被精确定义了。然而，尽管游戏有着各种复杂性和可能性，且游戏的学术领域十分广泛，但游戏的地位仍然是存疑的。

五、游戏的地位

尽管游戏在童年早期有着理想化的地位，但是在教育界内部，以及更广阔的社会领域，存在着对抗性的话语，这种话语挑战着这一观点。游戏通常被视为一种不重要的活动，主要是为了休闲、娱乐和放松。当我们说某件事是"孩子的游戏"时，我们的意思是说，这件事情很简单，不需要很努力就可以完成。然而，有关游戏的学术研究的丰富性和多样性表明了一个恰恰相反的事实：游戏是复杂的、富有挑战性的、充满活力的，且往往对游戏者的认知、社会性和情感提出了很高的要求。虽然许多游戏活动都能够支持儿童的学习和发展，但"结果"通常是不可见的或不可测量的。这在一定程度上解释了为什么在"教育性游戏"的话语中，游戏占据着模棱两可的地位。之所以鼓励早期教育专业人士为儿童提供游戏，一方面是因为游戏通常被认为是促进儿童学习的方式，游戏可以实现教育目的。另一方面则是因为游戏有助于儿童自由地、自然地表达需要和兴趣。因此，早期教育实践工作者不得不与"教育性游戏"和以政策为中心的"有目的的"游戏，以及自由游戏（free play）和自由选择（free choice）这个理想主义版本的游戏定义做斗争。游戏的理想与现实之间的矛盾仍然是研究和实践持续关注的主题。

六、游戏的理想与现实

理想与现实之间的矛盾是实践工作者面临的主要挑战之一，并仍然是许多早期教育机构中游戏研究的主题之一（Brooker，2011；Martlew，Stephen and Ellis，2011；Sherwood and Reifel，2010）。这对矛盾推动了一项针对英格兰学前班（4—5 岁儿童）教师理念与课堂实践之间的关系的研究（Bennett，Wood and Rogers，1997）。这项为期一年的研究对象是 9 名教师，它关注教师关于游戏角色和价值的理念和理论，关注他们如何计划课程中的游戏，以及什么因素使游戏得以开展或受到限制。教师分析了游戏过程的录像片段，以看清他们的教学意图是否在实践中得到了实现。这些证据对教师的理论和理念提出了挑战，并揭示了一些理想与现实脱节的原因。虽然教师在"游戏是由儿童选择且是儿童自发的"这一方面达成了共识，但游戏仍然受到许多因素的制约，包括时间、资源、学习环境、计划或预期的结果以及国家课程自上而下的压力。自由游戏有时会变得嘈杂和具有破坏性，因为儿童会按照自己的安排而不是教师的安排进行游戏。通过参与由教师计划的活动，儿童以游戏性的方式理解课程内容，但是工作有时会伪装成游戏。虽然教师视游戏为一种学习的媒介，但是教师将课程中的其他事情摆在优先位置就意味着他们没有将自己看作是共同游戏者，教师很少会通过游戏来评估或理解儿童的学习。因此，游戏不容易证明儿童学习的进步和成果，因为教师没有时间去观察、讨论和反思，并将他们的理解应用于后续的计划中。一位教师将管理游戏的复杂性形容成杂技表演中的"旋转盘"。其他因素，如教室布局、资源、班级规模和成人的支持不足挡在了理论和实践之间，使得他们的游戏理念并不总是能够付诸实践。尽管有这些限制，教师还是提供了一些关于他们是如何将游戏整合到课程中的有趣模式。研究表明，完成高品质的游戏需要教师拥有丰富的资源、高水平的教学技能和组织能力，还要有时间和专业素养去观察、评估和解释儿童的游戏目的和儿童赋予游戏的意义。

　　理想和现实的矛盾冲突还存在于更广泛的社会视角中。游戏本身就可以有生命，因为它属于儿童的秘密世界，并通常具有童年时期的神秘性。萨顿－史密斯（Sutton-Smith，1997）指出，西方哲学家之间的意见分歧在于，游戏是基本有序的、受规则支配的，还是由混乱的、充满暴力的、不确定的力量交织而成的。后者认为，游戏在早期教育机构中会带来问题，因为它可能会威胁成人的控制，扰乱他们的选择，挑战他们的价值观或引起对风险和危害的担忧。在占主导地位的"游戏即教育"（play as education）[①] 的话语中，政策框架要求实践工作者确保游戏是有目的性和教育性的，可以达成政策定义的学习成果，第 3 章有专题来阐述这个问题。游戏的"质量"是通过教学有效性来进行评估的，而非本章所讨论的这个更复杂的过程来评价的。游戏一直被看作是为学校里"真实的"学习做准备，并可能不被家长理解或重视。虽然政策话语强调了儿童对"更有挑战性的工作"的需要，但却没有承认儿童对有挑战性的游戏的需要（和权利）。此外，基于成人对当代社会中童年游戏形式的变化的担心，"媒体恐慌"（media panics）[②] 和"有毒的童年"（toxic childhood）[③] 等话语频繁出现。

---

① "游戏即教育"这种理论认为，游戏就是教育本身，正如杜威的所谓教育目的论一样，游戏本身就是目的，游戏不是手段。——译者注

② 媒体恐慌是指大众媒体为儿童的发展所带来的不良影响，包括视频中过多出现性的场面、游戏中的暴力场面以及过度上网所带来的孤独感等。——译者注

③《有毒的童年》是由英国研究儿童读写问题的专家苏·帕尔默（Sue Palmer）于 2006 年出版的专著。苏·帕尔默介绍说，《有毒的童年》主要讨论了竞争激烈的消费经济引起了快速的社会和文化的变化，这已经改变了儿童的生活方式，并影响着儿童的身体、情感、社会和认知的发展。——译者注

七、游戏的当代形式

儿童游戏的历史发展揭示出了游戏的连续性和变化，其间也不乏持续的关于"自由"游戏与"结构化"游戏的价值的争论。这些争论往往反映出成人关于什么是"好的"和"坏的"游戏的价值判断，这些价值判断与儿童潜在的学习成果或可见的社会价值相关。然而，游戏有着它自身的目的和价值，因为它属于儿童的私人或秘密世界，它通常具有以儿童为中心的神秘性，因而不对成人开放。因为游戏有可能是混乱的、反常的、有破坏性的以及不可预知的，所以成人想要尽量地控制和操纵家庭内外的游戏活动。驯服游戏就是驯服儿童。让儿童做出选择和决定在理论上可能具有吸引力，却可能威胁到成人的控制。因此，游戏不仅仅是童年时期自然的、自发的活动，而且还是多种方式呈现权力关系的场域。亨里克斯（Henricks，2010：198）认为，游戏者希望做的不只是一次次地确认他们自己的权力，他们还想知道，当受到挑衅时世界会做何反应。包含在这些权力关系中的是儿童在游戏中会依据性别、种族和特殊需要选择接纳或排斥同伴的策略（Blaise，2005；2010；Jarvis，2007；Skånfors, Löfdahl and Hägglund，2009），这些主题会在本书中反复出现。

儿童仍然可以享受很多"传统的"活动，如建造建筑、建洞穴、玩沙水，以及创建"秘密空间"等（Moore，2010）（参见第6章）。但儿童也参加到一些在线的和虚拟社区等当代形式的游戏当中，这拓展了游戏的地点、时间和方式（Marsh，2010）。这些趋势已经引发了激烈的争论，包括流行文化的影响、盯着电脑屏幕的游戏和社交网络的时间、户外活动和体育游戏的减少，以及儿童（和成人）肥胖率的增加。儿童对游戏的天然喜好在流行文化领域创造了一个有利可图的市场，这又影响着他们的选择和活动。儿童受到许多媒体的影响，并且随时会使用"死缠烂打的能力"来获得想要得到的、最新必备的收藏级玩具、电脑游戏，以及那些依赖于广告植入的电影和电视节目衍生品。社会各界对于这些趋势存在着不同的观点：教育工作者和家长会对这些商业和经济剥削感到气愤，并可能质疑这些产品的教育价值和质量。马什和米勒德（Marsh and Millard，2000）指出，成人对流行文化内容最主要的反对在于暴力的流行，尤其是超级英雄的传奇故事、卡通、动作电影和冒险电影、电视节目、漫画、杂志和电脑游戏。相反，科恩（Cohen，1993）则认为，玩具、电视节目、电影中的角色都可以为儿童丰富的想象提供跳板。这就提出了一个问题：谁提供了跳板并控制了想象——是成人还是儿童？马什和米勒德（Marsh and Millard，2000）认为，儿童不是变化无常的、转瞬即逝的流行文化的被动接受者：儿童既接受也拒绝他们得到的产品，并在自己的家中、社区和朋友群体中获得经验的基础上创建属于他们自己的文化实践。有研究表明，创造力潜藏在虚拟空间和技术媒体的当代游戏形式中（Marsh，2010；Wohlwend，2009）。因此，有观点认为，实践工作者应该基于儿童的兴趣和经验，利用而非忽视儿童的流行文化，并使他们能够尝试使用不同的方式来进行表征（Edwards，2010；Wolfe and Flewitt，2010）。

社会中还存在着其他影响因素，这些因素也质疑着游戏的地位，这反映了后现代生活中的一些矛盾。在闲暇时间，家长可能会带儿童去参加那些他们认为比传统游戏地位更高、风险更低的俱乐部和活动。由于家长对儿童安全的担心以及游戏时间和空间的不足，使得儿童的户外游戏（Bilton，2010；Knight，2011a；2011b；Tovey，2010）和体育游戏（Brady et al.，2008；Kapasi and Gleave，2009）大大减少。体育游戏被视为是健康和健身计划的一部分（在成人的控制下），而自由选择的户外游戏活动则不在其中，因为那些有更大的风险和挑战性。体育活动水平的降低增加了社会对儿童肥胖的关注度，这又一次与允许儿童"盯着屏幕的时间"联系起来了。因此，"媒体恐慌"和"有毒的童年"话语得出的结论是，儿童在家中和在户外游戏中同样"危险"，故而需要以一个更加客观公正的视角来讨论终身游戏。

八、终身游戏和学习

如果游戏和成长是生命本身的同义词，那么终身游戏可以被看作是终身学习和健康的重要方面。在"教育性游戏"的话语中，游戏与 5 岁以上的儿童越来越不相关，尽管在教育的第一个关键阶段（Key Stage 1）的"选择时间"中游戏可能是被允许的。到第二个关键阶段（Key Stage 2），好像除了有组织的游戏和户外游戏之外，学校中的游戏仿佛是很遥远的记忆了。讽刺的是，玩具和游戏制造商们已经觉察到，在儿童从童年期过渡到成年期的过程中，他们对游戏的内在需求发生了改变，新形式的高技术游戏占领了主导地位。例如，乐高积木（Lego ™）提供了一系列精心安排的建筑组件，从为学前儿童专门设计的大型乐高得宝（Duplo ™），到为年龄稍大儿童提供的更加复杂的乐高机械组（LegoTechnik ™）和计算机软件。

在童年阶段之后，由于游戏有助于提高生产力，提升有效的工作实践，游戏的地位有所提升。成人被鼓励利用他们的休闲时间有效地进行游戏，以保持健康。公司和企业中的培训项目会利用角色模拟来帮助员工处理困境、演练战略、应对情绪反应（Holzman，2009）。消防员、警察、医护人员和军队中经常使用虚拟的场景和环境来学习技术和策略，并表达他们在困境中的情绪。在企业中，可以将游戏作为对表现优秀的员工的激励和奖励：有公司专门组织"执行游戏"（executive play），包括激流划艇、健康周末和美丽周末活动、赛车和蹦极等休闲活动。到玩具店中闲逛可以发现，有很多为成人设计的游戏和越来越复杂的电子游戏，这些游戏可以在家中或路上玩。很多虚拟现实电脑游戏都是基于角色扮演的场景，游戏者扮演某个角色，并找出解决问题的方法和行动。游戏者可以在世界上任何时区或任何地点与虚拟世界相连，并创建自己的游戏社区和文化。随着年龄的增长，我们被鼓励采纳一种"用进废退"（use it or lose it）的观点来看待我们的大脑和身体：做填字游戏、玩桥牌和宾果游戏（Bingo）[①]，以保持身体和社会活动的活跃，进而保持精神、情感和身体的健康。绝不是只有儿童可以玩游戏，人类是终身的游戏者。

萨顿－史密斯（Sutton-Smith，2001）在回顾有关游戏的学术研究的过程中，介绍了很多跨越童年期和成年期的游戏形式和游戏情境，包括表现专业技能水平的活动（例如体育运动）以及可以带来高回报和社会地位的活动（见表1.3）。因此，作为一种文化活动，游戏深深地存在于整个人类的生命周期，并有着广泛的意义。无论是像国际象棋这类个人智力游戏，还是整个团体的狂欢和节日活动，不同形式的游戏有着很多不同的目的。

---

① 宾果游戏是美国常见的一种游戏，玩法有点类似于井字棋：画一个正方形，并分为九个小正方形，即3×3形式。然后根据要求，将单词填入小正方形里。一个人读选定的三个单词，另一个人根据读的顺序在对应的单词那里做标记。如果这三个单词恰好可以连成一条横线、竖线或斜线，则做标记者喊"Bingo"。——译者注

表 1.3　不同形式的游戏

游戏性比赛（如选美比赛和饮酒比赛）

嘉年华、马戏表演和游行

节日和宴会

游乐场和主题公园

社区和国家的庆祝活动

竞赛和运动，包括国家和国际的比赛及锦标赛（如奥运会）

含有高挑战性和高风险的极限运动（蹦极、激流划艇、高空跳伞）

戏剧表演（音乐、舞蹈、戏剧、喜剧表演、哑剧、电影）

俱乐部和休闲活动

旅游、探索和冒险活动

心智游戏（梦、幻想、单词游戏、拼图、智力游戏）

九、将童年期和成年期的游戏连接起来

儿童的游戏世界与成人之后的角色、身份和职业有着终身的联系。童年期建构的想象世界到成年期会发展得更加精细化和结构化（Cohen and MacKeith，1991）。例如，建筑师弗兰克·劳埃德·赖特（Frank Lloyd Wright）在童年时期玩了福禄贝尔的积木，他认为，后来的职业生涯受到了儿时积木游戏的影响。音乐家杰奎琳·杜·普蕾和希拉里·杜·普蕾（Jacqueline and Hilary du Pré）成长于充满游戏性的音乐世界，她们的妈妈是一个启发灵感的共同游戏者。

在我最初的记忆中，妈妈总是用音乐的方式来让我们开心。她总会唱歌、弹钢琴、拍手、打着节拍，并能根据乐句的结构在空中

比画。当音乐很柔和时，我们会蜷缩成小小的一团；当音乐声很大
时，我们也会跳起来大叫。当恐怖的音乐响起时，我们踮起脚尖，
蜷缩起来，并跳转到附点节奏的音乐。我们能够跟着她的演奏传递出
凶猛、悲痛以及所有自发的情绪反应。（du Pré and du Pré，1997：29）

因为没有一首曲子适合杰奎琳这样年轻的大提琴家演奏，所以她的母亲
还专门为她写了很多曲子。这些曲子描绘了日常活动的图画和故事，诸如去
参观动物园以及关于女巫和精灵的奇幻故事。与此相反，作家夏洛特·勃朗
特和埃米莉·勃朗特（Charlotte and Emily Brontë）在其成长期有着很多不同
之处。她们的母亲经常生病，父亲严厉而冷漠，并将全部精力放在工作上。
她们经常以她们了解的著名的历史角色故事为蓝本，创造和表演戏剧，以此
来逃离黑暗的、孤独的童年。她们的哥哥布兰维尔（Branwell）的玩具士兵
为她们的故事提供了小道具。13岁时，夏洛特·勃朗特已经是一名热忱的
故事、戏剧、传记和诗歌作家，能够在她们的"小杂志"上写一分钟的小故
事。不出所料，在她们关于冒险、海难、在遥远小岛上创建新社会的故事
中，逃避是一个不变的主题。这些例子表明了儿童在童年期时的游戏是如何
影响他们之后的成年生活的。询问学生和老师关于他们在童年期是如何游戏
以及做什么游戏是一件很有趣的事情。几乎不变的事情是，很多"学校游戏
活动"都包括玩玩具，和同伴、兄弟姐妹以及成人一起玩。

游戏性、想象力和创造力与我们的游戏、工作、生活有着千丝万缕的联
系。随着成长，我们会参与到各种不同形式的游戏中，比如玩弄观点、角
色、文字、媒体、意义，我们也在不同事件、人、概念、材料和系统之间的
关系中游戏。年轻人一只脚在童年期，另一只脚在成年期，他们也是游戏性
地存在着和不断发展着的人。他们在媒体和流行文化的影响下，通过表现形
象和角色逐渐进入到下一阶段的生活。儿时的装扮盒变成了成年时期的衣
柜，里面装满了工作套装、去俱乐部穿的最新款礼服、运动时穿的高技术装
备以及去派对穿的昂贵连衣裙。查赞（Chazan，2002）指出，对很多成人来
说，游戏仍然是非常令人愉悦的经历，并且能够保持着改变和变革的可能
性。例如，一群女孩和男孩精力充沛地在沙滩上玩了两个小时，他们挖洞、
埋沙、建造沙堡和沙雕，并建造了一个很像巨石阵的微型石头圈。孩子们在

追逐打闹、建构、戏弄和玩笑间享受着游戏的乐趣。在年轻人（17—18岁）的玩笑间，他们还讨论着即将公布的考试结果、对升入大学的准备，还有他们对未来的希望和恐惧。但游戏又充满着悖论：从在游戏中的付出、动机、专注和成果来看，儿童和成人往往又非常努力，儿童玩假扮成人的游戏，而成人仍然享受着玩沙子的乐趣。童年时期的游戏被认为无足轻重，而成年期的游戏则有着较高的地位，并能带来丰厚的回报，即使可能需要付出很多努力、经历严格的训练以及无休止的比赛来保持状态。在21世纪创立终身游戏和学习的连续体更为重要，因为经济的发展还要依赖那些在工作中有创造力的、灵活的、有想象力和游戏性的人。

十、本章小结

对早期教育机构中的游戏的质疑主要来自以下三个方面。

1. 缺少对游戏的明确的操作性定义。
2. 一直有观点认为，游戏与工作是对立的。
3. 对游戏的破坏性的恐惧。

从教育的角度看，游戏看起来不能提供明确的学习证据，也不能提升政策框架所重视的学习成果。因此，实践工作者不得不驯服游戏，以使游戏符合"有效"教学和学习的要求。然而，在早期教育中，"有效性"和"质量"有着不同的定义，实用主义的教育话语需要从不同的理论视角来加以平衡，这是第2章的关注点。

活　动

思考一下你童年期玩的游戏，包括你的游戏选择、开展的活动和偏好。

以小组为单位，以年龄段来划分一条时间轴，以唤起你最初的关于游戏的记忆。记录下你参加了哪些游戏活动，你和谁以及在哪里游戏。

在小组内讨论这些问题；记录下所有的趋势、相似和不同之处，以及如何对此做出解释。

讨论成人（想想家中、社区里和学校环境中的成人）为你们的游戏设定了哪些规则。现在开始讨论你是如何打破或颠覆这些规则的，以及有什么后果。

讨论你现在参与什么形式的游戏，以及技术工具和媒体占据你游戏生活的程度。

十一、拓展阅读

Bennett, N., Wood, E. and Rogers, S. (1997) *Teaching Through Play: Teachers' Thinking and Classroom Practice*, Buckingham: Open University Press.

Brooker, L. (2011) 'Taking children seriously: an alternative agenda for research?', *Journal of Early Childhood Research*, 9 (2) : 137–149, http://ecr.sagepub.com/ cgi/reprint/9/2/137.

Hedges, H. (2011a) 'Rethinking SpongeBob and Ninja Turtles: popular culture as funds of knowledge for curriculum co-construction', *Australasian Journal of Early Childhood*, 36 (1) : 25–29.

Henricks, T. (2006) *Play Reconsidered – Sociological Perspectives on Human Expression*, Urbana, IL: University of Illinois Press.

Holzman, L. (2009) *Vygotsky at Work and Play*, East Sussex: Routledge.

Marsh, J. (2005) *Popular Culture, New Media and Digital Literacy in Early Childhood*, London: RoutledgeFalmer.

Marsh, J. (2010) 'Young children's play in online and virtual worlds', *Journal of Early Childhood Research*, 8 (1) : 23–29, http://ecr.sagepub.com/cgi/ content/ abstract/8/1/23.

O'Brien, L.M. (2010) 'Let the wild rumpus begin! The radical possibilities of play for young children with disabilities', in L. Brooker and S. Edwards (eds) , *Engaging Play*, Maidenhead: Open University Press, pp. 182–194.

微信扫码,
10分钟听
完本章内
容解读。

第2章
从当代理论的视角来理解儿童的学习

本章回顾了学习理论和研究中的一些主要发展趋势,以及这些趋势对于理解儿童游戏目的的意义,主要包含四大主题。

- 儿童为什么要游戏?
- 在童年时期,游戏的主要形式是什么?
- 儿童游戏的伙伴是谁 (play with)? 游戏的对象是什么 (play at)?
- 游戏给儿童带来了什么?

　　本章基于一系列的研究,同时融入了多元化的研究设计、方法和理论取向,考察了国际游戏研究界纷繁复杂的相关研究。理论和实践领域都在理解游戏的目的方面取得了重大成果 (Smith, 2010),同时,理论和实践领域也在研究儿童在游戏世界中所创造出的意义方面颇有收获 (Broadhead and Burt, 2012;Brooker and Edwards, 2010;Pramling Samuelsson and Fleer, 2009)。不可避免的是,游戏研究的学术成果多样,各方观点有时难免存在分歧,这也不难理解为什么在第 1 章中就如何定义游戏方面存在着各种挑战。因为游戏这一领域是如此的广阔,许多研究游戏的学者们已经选择了关注游戏的某种类型(如角色游戏),或者游戏的领域(如读写领域),又或者是儿童的类型（例如有特殊教育需求的儿童、残障儿童，或特殊年龄段的群体）。早期教育一直以来都依赖于心理学的理论和研究，尤其强调游戏对儿童发展和学习所产生的作用（Fromberg and Bergen，2006；Hughes，2010）。然而，社会学和社会文化理论 ① 的相关研究能为我们理解理论和实践话语中的游戏提供更为广阔的视野。另外，正如游戏被证明是有效的一样，它同时也遭受着来自批判理论和后结构主义理论的挑战，与这两种理论相关的研究挑战着一些长久以来关于游戏的设想，这些设想源于悠久的思想传统和发展心理学理论（Blaise，2005；Grieshaber and McArdle，2010）。这些不同观点丰富了有关游戏的理论，但这与逐渐主导实践的整齐划一的解决方案或政策规定并不相符（如第 3 章所示）。就视游戏为教育这种观点而言，为了批判性地参与到限制政策话语的影响力当中，对游戏的复杂性和多样性始终保持广阔的视野是十分重要的。

一、儿童为什么游戏

随着时间的推移，游戏的理论发生了改变，不同学科（心理学、生物学、社会学、人类学、教育学）对游戏研究有着不同的侧重点。表 2.1 总结了关于儿童为什么游戏的经典理论（Hughes，2010：22-23）和当代理论。

表 2.1　关于儿童为什么游戏的理论观点

游戏可以让儿童表达想法、情绪和感觉。游戏被视为儿童进行情绪和心理宣泄的渠道，并为儿童的紧张和焦虑提供一个安全出口。为了学会如何更合理地解决这些问题，儿童会有意识地表达，并有可能夸大情绪（如恐惧、愤怒、侵略）。

游戏为儿童提供了休息和娱乐的机会，允许儿童在工作本位的活动中恢复能量。

游戏使儿童可以使用剩余精力。

游戏促进儿童下一阶段（包括成年期）的发展，例如角色互换（孩子变成家长，

---

① 社会文化理论是由苏联心理学家维果茨基（L.S. Vygotsky）提出来的，它强调社会文化因素在人类认知功能的发展中发挥着核心作用。——译者注

续表

学生变成老师）。

　　游戏使儿童参与到广泛的问题解决（认知、动手操作、社会性发展）活动中，有助于儿童智力的发展。

　　游戏通过三个领域的发展来促进儿童学习的发展——认知、社会情感和感知运动。

　　游戏促进与学习相关的过程，例如练习、操作、重复、模仿、探索、发现、修正、拓展、问题解决、组合、迁移、检验。

　　游戏有助于儿童学习品质的发展，如内在动机、投入、坚持不懈、积极的社会交往、自尊、自信和胜任感。因此，游戏也有助于掌握学习① （ mastery of learning ）。

　　正如这些理论所言，游戏可以服务于儿童学习生涯中的不同目的：不同形式的游戏似乎可以为未来的学习创造出即时的价值，虽然有时很难把这些目的联系起来。这些理论的重点有一个明显的变化，就是从将游戏描述为生理上先天的活动（一种促进最佳发展的自然的、天生的方式），转变为关注不同社会背景下的儿童在社会、情感、文化适应力上的游戏角色。在"教育性游戏"领域，学者们证明了游戏和学科领域（如读写能力、计算能力），以及游戏发生的不同情境存在联系（第 4、5 章在课程和教学方面有更详尽的描述）。在纯游戏（play as play）和早期教育机构中的游戏之间有一个重要的差别，那就是后者受制于政策框架对游戏促进儿童发展和学业成就的期待。

二、童年期主要的游戏形式是什么

　　很多研究者区分出了不同形式的游戏，并定义了它们的特征或品质。由于皮亚杰关于游戏和学习的理论在早期教育界影响深远，此处做出简要介绍。

---

① 掌握学习是美国当代著名心理学家和教育学家布鲁姆于 20 世纪 70 年代提出的理论。所谓掌握学习，是指只要学生所需的各种学习条件具备，任何学生都可以完全掌握教学过程中要求他们掌握的全部课程内容。——译者注

皮亚杰（Piaget，1962）对游戏进行了三种类型和阶段的划分（见表2.2），这些理论观点受到了挑战，并被重新提炼。斯米兰斯基（Smilansky，1990）在此基础上增加了第四种分类——建构游戏（constructive play），这类游戏在童年期游戏中占主导地位。建构游戏的特征在于通过操作物体来搭建或创造某个物体，包括符号、空间和多维建筑及表征性的形式，主要使用大大小小的积木块和其他建筑设备，以及橡皮泥、拼贴材料等。

表 2.2   皮亚杰关于游戏类型和阶段的划分

- 练习性游戏（practice play）——感知运动阶段：基于身体活动的探索游戏（出生—2岁）。
- 象征性游戏和结构游戏（symbolic and construction play）——前运算阶段：假装游戏、想象游戏和社会性—戏剧游戏，包括对心理表征的运用。当游戏变得具有象征性（用一件事物代表另一件事物）时，就可以看作是出现智力活动（2—7岁）。
- 规则性游戏（games with rules）——具体运算阶段：预先设定规则的游戏（6或7岁以上）。

三、皮亚杰关于游戏、学习和发展的观点

皮亚杰（Piaget，1962）主要对逻辑的起源、数学和科学思维感兴趣，并希望在生理与认知发展之间建立联系。皮亚杰的认知发展理论将儿童的动作和自己主导的问题解决（self-directed problem-solving）置于学习和发展的中心地位：通过在特定的环境中操作，学习者会探索出如何控制工具和材料，并理解行为的后果。皮亚杰关于儿童作为科学家的形象的建构是以儿童的能力为基础的，儿童通过发现、主动学习、体验和社会互动来积极地建构知识体系，并提高理解力。强调内在的认知结构或图式是皮亚杰建构主义学习理论的基础。皮亚杰将学习视为一系列与年龄相关的不同发展阶段之间的过渡，思维形式从不成熟到成熟、简单到复杂、具体到抽象演进。这些阶段是与准备（readiness）这一概念相关的——儿童处于关键时期，他们已经有

能力且准备好了学习并进入一个新的理解水平。在这些阶段之前实施的干预式教学（interventionist teaching）不能促进儿童的发展并提高学习能力，在皮亚杰看来，干预式教学可能会阻碍儿童自我学习能力的提升。

皮亚杰认为，同化、顺应和平衡这三个过程非常重要，因为它们使得适应得以发生。同化包括将新信息纳入现有的认知结构（或图式）中，并且可以包括想象的过程，例如，符号的转换（symbolic stranformations）。顺应涉及修改或扩展现有的认知结构（或图式），以适应外部的现状。当儿童遇到新的经验概念或知识，现有的内部结构（或思维形式）必须适应新内容或发生改变，这可能会导致不平衡或认知冲突。不平衡促使新的学习行为达到平衡状态，直至下一次适应或变化出现。

皮亚杰认为，儿童的游戏促进了同化而非顺应，因此是巩固了新的学习行为，而不是引起了新的学习。所以，游戏和学习不同，但是游戏可以通过让儿童经历新的事物，并提供新的可能性来促进儿童的学习。因而，游戏不被视为学习和发展的主要来源，但可以积极地促进这些过程。由于皮亚杰强调发现、探索和以儿童为中心的学习观，皮亚杰的理论与早期研究先驱及进步主义运动的意识形态得以很好地融合。他的理论被解释为教育工作者应该创造一种儿童可以成为主动学习者的环境，使其可以结合不同材料自由地去探索、实验，通过儿童自我选择、自我引导的活动，创造和解决问题。通过这些方式，发展可以引领学习。皮亚杰认为，教师的角色是开展并促进这些过程，回应儿童的主动性，识别儿童的认知关注，而不是通过直接的指导来教育儿童。相比之下，拓展了图式理论（schema theory）[1]的当代研究表明，儿童的图式需要得到支持和来自成人的适当帮助，成人能够拓展儿童的经验范围（Meade and Cubey，2008；Nutbrown，2011）。

皮亚杰的研究影响了后来许多关于儿童发展的重要问题的研究："什么得到了发展？""发展是如何发生的？""什么是儿童发展变化的主要机制？""什么样的干预能够促进儿童的发展？"尽管这些问题与皮亚杰理论密

---

[1] 图式理论是指以某一个主题组织起来的知识的表征和贮存方式为基础的理论。"图式"一词早在康德的哲学著作中就已出现。在近代心理学研究中，最早对图式给以理论上的高度重视的是格式塔心理学。瑞士著名的心理学家、教育家皮亚杰也十分重视图式概念，他认为，"图式是指一种认知结构的单元，儿童构建他们经验意义的思维和行为的组织模式"。——译者注

切相关，但它们并不总是为早期教育机构中的实践工作者提供有用的知识结构（Wood，2013）。皮亚杰的许多理论在随后的研究中得到了解释或受到了挑战（Devries，1997）。例如，梅多斯（Meadows，2006）挑战了皮亚杰的"年龄和阶段论"，并认为虽然能力的发展与年龄有关，但皮亚杰所谓的"能力的发展是阶段性的，并在某种意义上是完全不连续的、整体性的、各种能力同步发展的，甚至是跨越各种任务发展的"的观点需要更强有力的证据来支持，需要超越现在许多领域中已有的证据。皮亚杰提出的这三个阶段和类型的游戏表明了一个从"简单到复杂""具体到抽象"的认知发展过程。然而，游戏的类别与皮亚杰的分类逻辑并不完全一致，而且皮亚杰所研究的心智运算的逻辑（例如数学思维的发展）也与游戏的内在逻辑不一致，皮亚杰的认知发展阶段论是以想象和符号性思维的转换为基础的，它们只在游戏情境中有意义，这是从"这就是游戏"的视角得出的结论。

研究表明，在室内外环境中儿童会将不同形式的游戏组合在一起（Broadhead and Burt，2012），这可能对提升儿童的社交能力有重要的意义。邓恩（Dunn，2004）证实了在婴儿期最初的几个月里，婴儿之间存在着游戏性的互动。她强调了注视、观察和模仿作为亲密性、主体间性（intersubjectivity）[①] 和友谊的基础的重要性。感知运动和探索性游戏可能是婴儿时期游戏的主要形式，但是仍然会贯穿整个儿童时期。随着经验的积累，儿童会建构有关游戏技巧和游戏知识的全部技能，这样他们就从认知性（探索性与实践性）游戏（这个物体是做什么的）过渡到了更多的嬉戏游戏或创造性游戏（我可以用这个物体做什么）（Hutt et al.，1989）（见表2.3）。认知游戏（epistemic play）包括获取知识，使用发现、探索和解决问题技能，由此儿童可以发现"这个物体是做什么的"（"物体"这个术语可以包括环境中所提供的丰富的材料，例如工具、手工材料和设备）。认知游戏促进儿童的学习，儿童明白他们正在制造什么或在做什么，他们的行为可以带来能力和掌控水平的提高。嬉戏游戏（ludic play）具有象征性（想象）元素，被赋予

---

① 主体间性是20世纪西方哲学中的一个概念，它最早由胡塞尔提出。在哲学层面，主体间性的主要内容是研究或规范一个主体怎样与另一个主体互相作用，主体间性在教育中着重体现为师生间的交互关系。——译者注

假装的特点，并依赖于儿童的情感状态。在嬉戏游戏中，儿童可以明白"我可以用这个物体做什么？"，嬉戏游戏可以让儿童间接地提高学习能力甚至具有更多的功能，例如提升创造力和自我效能感，逐渐使儿童具备良好的学习品质。结合社会文化理论中有关工具重要性的讨论，认知游戏和嬉戏游戏的概念可以延伸至包含个人的、文化的、社会的（环境的）工具。

表 2.3　游戏和创造性

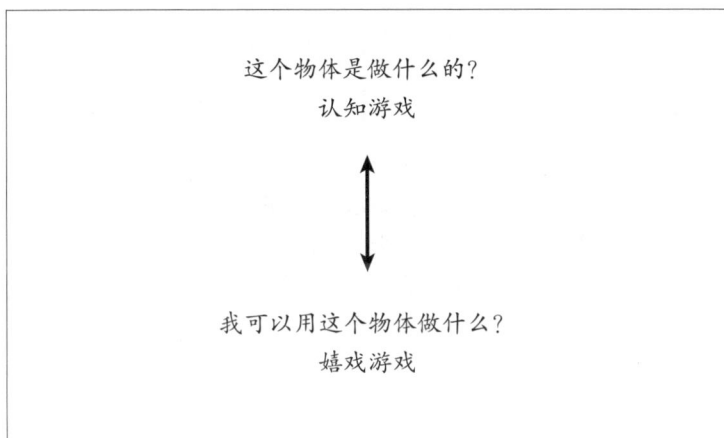

这个物体是做什么的？

认知游戏

我可以用这个物体做什么？

嬉戏游戏

幼儿（12 个月到 36 个月之间）被证明有能力参与象征性游戏和想象游戏，例如，通过声音和拟声来代表一辆汽车、一个动物或玩具（Cohen，2009），并且可以积极地创造他们的同伴文化（Engdahl，2011；Löfdahl，2006）。独自游戏和平行游戏能满足儿童的动机和目的，例如，从创造性地模仿这个活动的视角去观察正在发生什么，或是学习加入一项游戏所需要的技巧。随着儿童愈加了解他们的社交世界，他们已然将"可用的工具"（tools for use）与"工具和用法"（tools and use）结合在起来（见表 2.4）。

斯米兰斯基（Smilansky，1990）在以下方面质疑了皮亚杰对游戏的分类：表演游戏和社会性—戏剧游戏与其他形式的游戏平行发展，大约从两岁开始，并在童年期持续存在，自发的游戏可能具有戏剧的一些特征。例如，伊丽莎白收集了一套线轴，从约 18 个月开始，她把它们转换成食物、火车中装载的货物、人物、商店中的商品和学校中顽皮的孩子。她转换了线轴的象征性意义，并通过探索性游戏、象征游戏和表演游戏赋予了这套线轴新的意义。正如下一节所示，有关表演游戏和社会性—戏剧游戏的研究揭示出，儿童是如何建立自己的内部规则，并且这种规则是嵌套在他们的社会和文化世界中的。

表 2.4　"可用的工具"与"工具和用法"

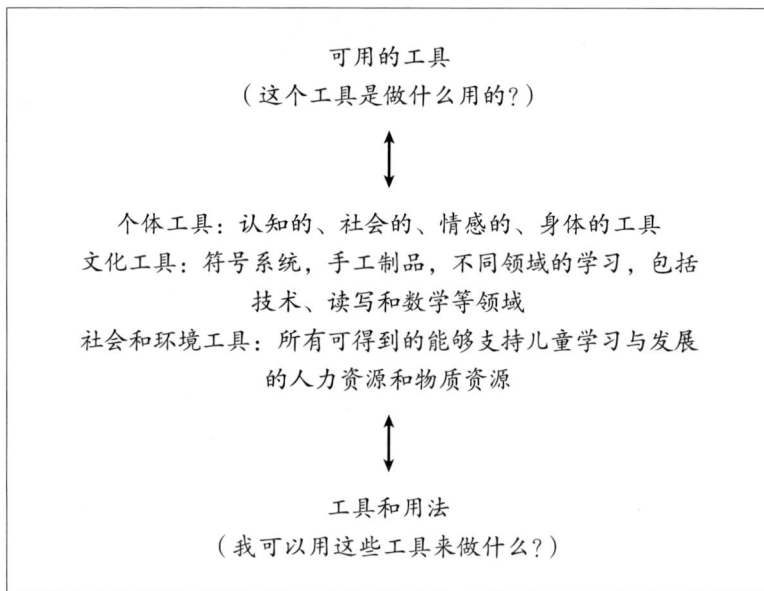

可用的工具
（这个工具是做什么用的？）

↕

个体工具：认知的、社会的、情感的、身体的工具
文化工具：符号系统，手工制品，不同领域的学习，包括
　　技术、读写和数学等领域
社会和环境工具：所有可得到的能够支持儿童学习与发展
　　的人力资源和物质资源

↕

工具和用法
（我可以用这些工具来做什么？）

四、表演游戏和社会性—戏剧游戏

许多研究都集中关注表演游戏和社会性—戏剧游戏①的重要性，其重要性主要在于它是一种学习手段，尤其在社会情感领域。斯米兰斯基对这两种形式的游戏进行了区分（见表 2.5）。

两种游戏形式都涉及模仿、排练、假装、想象力和创造力、象征性的活动和交流、解释社会规则和文化规则、角色扮演以及维持游戏剧情的主题和事件发生的顺序、动机、参与、互动。就像斯米兰斯基认为的那样，两种游

① 按照本书作者的分类，表演游戏与社会性—戏剧游戏有六大共通性，但是前者可以是个人性的游戏，后者必须是两人以上的合作游戏。——译者注

戏形式都对儿童提出了复杂的且往往是高水平的认知和社会情感方面的要求。

> 儿童从模仿和假装游戏中得到满足，它提供了无限的、通向
> 令人兴奋的成人世界的途径……表演游戏和社会性—戏剧游戏中
> 的"假装"与其他情况相反，因为它是一种逃离真实世界的方式，
> 它扩展了模仿活动的范围，并提供了全面的可以理解的情境以增
> 加行为的真实感（Smilansky，1990：20）。

表演游戏和社会性—戏剧游戏有六大要素。

1. 通过模仿完成的角色游戏。
2. 用物体来假装。
3. 用动作和情境来假装。
4. 角色游戏中的坚持性。
5. 互动。
6. 语言交流。

表 2.5　表演游戏和社会性—戏剧游戏

- 表演游戏包括假装成他人，角色扮演，模仿一个人讲话时的动作和模式，使用真实
  的和想象的道具，利用角色和情景的直接、间接经验及知识。
- 社会性—戏剧游戏涉及至少两个儿童之间的合作：游戏以扮演着各自角色的游戏者
  之间的互动为基础，既有口头互动，也有行为表现上的互动。

　　每个要素整合了不同的游戏技能和游戏知识。游戏的丰富程度依赖于这些要素在游戏中应用和发展的程度。例如，当完成以下行为时，儿童在社会性—戏剧游戏中的交流可以是复杂的、多种符号系统的和有目的性的。

- 设置了说话的场景。
- 使行为容易被人理解。

- 为活动提供恰当的解释和方向。
- 提供管理和解决问题的方法，这些方法反映了儿童认为的现实和儿童间的互动。（Smilansky，1990：20）

　　儿童在进入或走出游戏主题时，使用元交流和元认知的技能与过程，以便在不同的符号转换之间进行沟通，对过去和现在的对话做出评论，并弄清、坚持、协商、指导社会性游戏和假装游戏（Sawyer，2003）。游戏的多元表征模式特征包括面部表情、手势、哑剧表演、肢体动作，对于婴幼儿尤为明显（Johansson and Emilson，2010；Rutanen，2007；White，2009）。儿童使用各种手工制品，如工具、图画和建筑结构去创造象征性意义，并以日益复杂的方式沟通这些意义，展示出他们的知识储备和表征能力（Carruthers and Worthington，2011；Wood and Hall，2011）。

　　当代研究挑战了将儿童的思维看作是成人认知的不成熟形式的观点。儿童的思维能力是持续发展的，而不是从具体思维到抽象思维的阶段式进步。两到三岁之间，儿童发展了"心智理论"①，这包括了解其他人也许有与自己不同的情绪、信仰、意图和愿望（Meadows，2010）。当儿童开始了解这些想法，就可以相应地调整自己的行为，这在想象游戏活动中尤为重要，想象游戏中的假装活动增加了游戏的复杂性。当儿童建构并共享表演游戏和社会性—戏剧游戏时，这些"读心"②（mind-reading）技能的效用明显，其中涉及比较复杂的活动，如进入一个角色、扮演角色、想象不一样的感觉和状态并发展出同理心（从别人的角度来看待事物）。儿童必须在游戏中同时持有双重视角——某个物体实际上是什么（如塑料螺丝刀）以及某个物体实际上不是什么（如可以打开门的声波螺丝刀）（Wood，2013）。从乔（Jeo）有趣的画中可以看到（见图 2.1），他知道应该给自己画两条腿，但他画了四条。他还让老师知道他"只是开玩笑"，否则老师可能会让他按照腿的正确数量重新画一张。乔已经发展了一套很好的有关自己和老师的心智理论。

---

① 心智理论（Theory of Mind），是一种能够理解自己以及周围人类的心理状态的能力，这些心理状态包括情绪、信仰、意图、欲望、假装与知识等。——译者注
② 读心主要内容在于对自己和他人心理状态的认识和理解。读心主要有三个功能：理解自己的意愿、动机以及他人行为的意义和目的；预测他人的行为；控制和影响他人行为的目的。——译者注

读心能力可以服务于游戏的不同目的。就像内兰和马丁森（Naerland and Martinsen，2011：362）认为的那样，幼儿越来越关注与同龄人合作的游戏，以及其他儿童的语言和行为。他们对彼此具有很大的影响，这种影响是从小就建立起来的。在一项针对瑞典早期教育机构中儿童回避策略的研究中，斯坎弗斯、洛夫丹和哈格隆德（Skånfors，Löfdahl and Hägglund，2009）提出，幼儿（年龄在 2—5 岁）会通过找到属于他们自己的位置和空间来抗衡成人的规则，排斥他们的同龄人。同样，阿尔科克（Alcock，2010）研究了新西兰早期教育中心的3—4 岁儿童，并记录了这些儿童所

我是乔。

我只是开玩笑。我并不是真的有 4 条腿

图 2.1　"我只是开玩笑"

扮演的有权力的角色。他发现，不同环境下的权力平衡发生了改变。在一项关于幼儿心智理论的研究中，牛顿和张威杰（Newton and Jenvey，2011）认为，同龄儿童间高频率的社会互动游戏与社会能力有关，因为这些情境让儿童有机会发展出合作、互动和分享的能力。虽然沟通、合作、互惠的品质是儿童游戏的共同特点，儿童在游戏中也同时追求着地位、权力、领导力和控制力。这些主题将在第 6 章中进行详细说明。

儿童的游戏对象不只是物体和材料，他们的游戏对象也指向情感、意义、想法、角色、规则和人际关系等方面，并且可以显著地完成认知上的跳跃和转换（见图 2.2）。已有研究低估了儿童在游戏中用复杂的、抽象的方式来思考的能力，这是因为模仿、假装和象征性活动是复杂的认知、情感和社会化的过程。就这些过程与学习的关系而言，实践工作者通常并不理解这一点。凯利－伯恩（Kelly-Byrne，1989：212）认为，这些复杂的游戏形式可能是一种被忽略的资源。

正是儿童做个人的行动计划时的兴奋和冲动激发了他们在游戏中的自发性和自主引导……在儿童自己选择的私密空间中以及与朋友们一起玩时，大多数情况下儿童的表演游戏是一种非常吸引人的、异常复杂的行为，即使没有用尽儿童的洪荒之力，这些行为也使用了儿童大部分的资源，并被整合成一个整体。汲取表演游戏的动能和权力很有价值。对于我们这些关心如何提升儿童的沟通能力和权力感的人来说，这种价值是显而易见的。

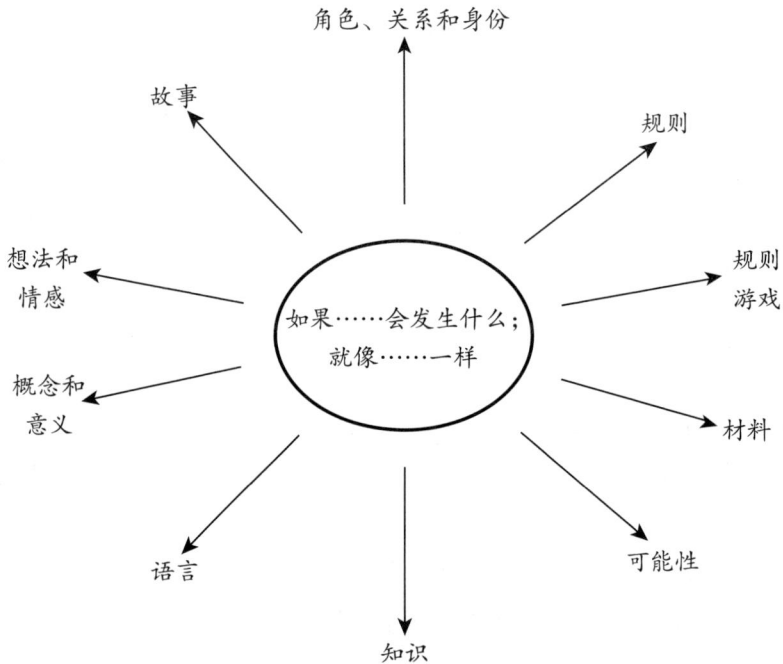

图 2.2　儿童和什么一起游戏

对于年龄更小的幼儿来说，行为往往是由物体所引发的，所以他们往往在分配角色和布置道具的过程中更加投入。在独自进行的表演游戏中，儿童可能通过自言自语或大声说出自己的想法来假装游戏（通常使用不同的声音），并在进入角色时对自己的行为做出评论。当儿童作为游戏者获得技能方面的自信时，他们所表演的主题可能会转化成为社会性—戏剧游戏的情境，并进一步向更加复杂的社会性游戏或合作游戏发展。虽然这可能会出现混乱，但儿童的表演游戏和社会性—戏剧游戏仍然会表现出一定的模式和一致性。在一项针对 6—7 岁儿童游戏的民族志研究中，梅克利的观察表明，每个游戏事件在动作、对象和游戏者方面都存在着明显的、一致的、可预测的规律：每一个游戏事件中都有一系列行为发生。当儿童交流并解释他们个人和集体的社会现实时，持续和系统的观察使得梅克利能够解释儿童眼中的游戏的意义。

> 通过关注元交际信号，成年参与者可以了解处于社会文化中的儿童参与者所共同拥有的主观与集体现实知识，而这些元交际信号在游戏中经常出现。这些信号包括但不限于凝视或观察、身体的定向或运动、对物体的特定操作、特定的行为顺序、模仿、语言及声音的变化。这些行为揭示了游戏事件的相关信息及游戏者对这些事件的理解。（Meckley，1994：47）

在儿童组织社会性—戏剧游戏时，他们也许还能记得之前游戏中的人物、情节以及一连串活动发生的先后顺序。这些行为及其对游戏的记忆为儿童的行为和互动提供了指引和内部一致性（"如果……会发生什么"和"就像……一样"代表了游戏的两种核心特征）。一致性往往表现为儿童开始游戏时的仪式和游戏脚本，这揭示了儿童对游戏情节、人物塑造以及事件顺序的了解程度。因此，在建构游戏框架和心理框架的过程中，儿童会广泛地学习有关认知、社会和情感倾向等的内容，从而维持游戏的正常进行。游戏者可以进行转变和逆转，并可创建真实的 / 不真实的矛盾来使想象的各种情景转化为行动。当儿童为物体和行为赋予了新的意义并有着新的打算时（这种新的意义和打算应该是游戏者之间共同认可和互相理解的），想象力和创造力是极其重要的。随着游戏的不断推进，儿童可能会对先前的主题进行修改、重复或延伸，结合不同的想法并将其重新组合，互相讨论规则，同时也许会纳入持有不同观点、做出不同贡献的新游戏成员。儿童会在游戏中时进时退，以此来重新调整或详细阐述计划、重新讨论规则、重构情节、推出因果关系、指导动作和行为、排练对话和角色。儿童的这些转化涉及了思维和行为方面的复杂水平，儿童通过语言、手势、符号表征 ① 和图像表征 ② 来交流多种意义。

随着年龄和经验的增长，儿童的行为越来越多地源自内心的诉求：在游戏中，儿童对行为和互动进行协商和决策的技能越来越娴熟。作为经验丰富的游戏者，年龄较大的儿童更乐于制定目标，他们通过彼此间的合作、建立互惠关系完成先前制定的目标（Broadhead，2004；Broadhead and Burt，2012）。为了成功地、持续地游戏，儿童在行使和控制他们的意愿时变得越来越有技巧。这种控制有赖于游戏者群体的技能、心智倾向和情绪状态。一场成功的游戏对儿童的益处是让儿童学会了包容、乐在其中、与同伴共同掌控游戏，以及获得同辈群体的认同和自我效能感。渐渐地，儿童学会理解和整合他人的观点：在扮演或分配角色的过程中，他们解释其他人的行为，并整合彼此的观点。他们建立了自己的游戏技能和游戏知识（成功游戏者的必备素养）。然而，正如我们已经看到的那样，这些过程涉及争取地位、权力和控制权，这凸显出了一个观念：游戏不仅仅是童年期自然的、自发的活动。埃德米斯顿（Edmiston，2008）认为，通过这些复杂的社会文化活动，游戏会为儿童带来更多的创作空间，使他们拥有多重身份。儿童会发展自己游戏的能力，就像下面这个案例中阿比盖尔（Abigail）创造性地模仿了学生和教师角色一样。

📁 **案例研究**

阿比盖尔："把手指放到嘴唇上！"

阿比盖尔（4岁）喜爱读书。在本案例中，她十分了解出版物的功能、书籍的使用方法，以及校内外的学习环境。她坐在一张凳子上，拿着《女巫麦格和小猫莫格》 ③（Meg and Mog）这本书，并告诉自己的奶奶、

---

① 皮亚杰认为符号表征是认知发展的核心，将表征本质随年龄所发生的变化看作是区分发展阶段的主要特征。从根本上看，符号表征是指个体用来代表其他事物的东西。——译者注

② 图像表征不同于图式表征。传统的表征方式是用文字来表征知识，图像可以跨越国家、民族的界限，且具有信息量大、直观形象等特点，是一种强有力的表征形式。——译者注

③《女巫麦格和小猫莫格》最初是由海伦·尼柯尔（Helen Nicoll）写作，詹·平克斯基（Jan Pienkowski）绘制的一套绘本系列。2003年被改编成动画片，并获得了英国动画奖（British Animation Awards）。《女巫麦格和小猫莫格》的主要内容是女巫麦格、她的小猫莫格和她的猫头鹰的一系列搞笑故事。——译者注

妈妈和阿姨，自己打算要读故事。因为妈妈们在聊天，阿比盖尔用老师的语气说："把手指放到嘴唇上！"直到她们都安静下来，阿比盖尔才开始讲故事。当她的阿姨把自己的手放下来时，阿比盖尔严肃地说："我没有说让你的手指离开你的嘴唇。放回去！"她读了这本书的标题，然后询问她的听众这个故事的内容是什么。她很利落地拿起了书，按顺序翻着这本书的每一页。每读一页，她都会提出问题，比如："麦格的鞋在哪里？它们是在床上，还是在床底下？你认为接下来会发生什么？莫格会从扫帚上摔下来吗？"她通过大写的"M"来识别麦格和莫格，但并不能区分它们。她从左向右地用手指指着单词，在提问题时，她也用手指指向图片的具体位置。阿比盖尔表现为一个有能力的阅读者：她通过强调介词和模仿老师的声音来建立游戏秩序，并让成人参与其中，从而再现了一个学校情境中的读写活动。阿比盖尔的案例还展现了在一个具体的社会交往情境下，成人与儿童分享阅读的游戏性环境，并将儿童在家和在幼儿园之间的学习建立联系。

　　儿童的创造力和想象力会引导、影响并产生游戏的复杂性。儿童创造的角色涉及了能够连接情感和认知过程的感觉与情绪状态。儿童在故事中理解日常的和想象的经历，同时在游戏时他们还会表现出丰富的情绪，如喜爱、憎恨、恐惧、愤怒、嫉妒。这些情绪通常在游戏中表现为两股对抗的势力——正义与邪恶、残忍与仁慈、强大与弱小、保护与遗弃、友好与敌对。这些强有力的道德主题和情感主题常常来源于儿童的流行文化以及他们的日常经验（Anning and Ring，2004；Marsh，2010；Wohlwend，2011）。游戏的驱动力包括儿童内在的和外在的动机、游戏本身带来的乐趣、儿童控制游戏的能力以及儿童在一个成人主导的世界中练习使用权力的能力。

　　表演游戏和社会性—戏剧游戏涉及动态的、统一的活动，这些活动整合了课程中很多领域的学习。在本书第5—7章中会详细讲解这一点（见表2.6）。这些游戏形式在建构游戏和追逐打闹游戏中也是显而易见的。

表 2.6 整合课程中各个领域的学习

- 语言和沟通
- 计划和组织
- 发展社会性和合作技能
- 获得社会性知识
- 获得学科知识
- 与同伴和成人建立联系
- 了解自己和他人
- 发展同理心和读心能力
- 发展创造力和想象力
- 表征和象征
- 创设情节、主题、故事、常规
- 发展并运用游戏知识

五、建构游戏

　　建构游戏是通过操作物体和材料来建造或创造一些东西，需要使用天然的和手工制作的材料，比如积木和建筑工具、橡皮泥、旧物和拼贴材料、零散的部件、沙子和水等。不同形式的建构游戏可以与社会性—戏剧游戏和表演游戏结合起来，因为儿童经常喜欢做一些小道具来支持他们完成游戏，并玩他们自己创造的物品。建构游戏重视儿童的探索和发现、触觉刺激、问题解决、社会交往、参与性和专注度，以及过程和结果。儿童通过多种方式来表达他们对所建构物体的想法、认识和兴趣，比如通过布局、搭建、计划、画图、雕刻和拼贴画等方式，如以下案例所示。

案例研究

罗伯特（Robert）：设计并建造一座城堡

罗伯特（6 岁，一年级）独自用积木建造了一座大城堡。在第一个阶段，他需要为这项任务挑选材料、完成设计，并决定在哪儿放置每块积木，以确保城堡的坚固度和稳定性。他向老师（观察者）表达了自己在这座威尔士城堡度假的想法。

在第二阶段，他开始将百乐宝（playmobil）玩偶人物摆入城堡中，并加入了想象的元素，因此下面就进入到了表演游戏环节。罗伯特允许其他小朋友加入游戏，并向小朋友们解释城堡的各个部分以及这个游戏的规则（英格兰和威尔士之间的攻城战）。在最后阶段，他们决定组成一个小队在城堡中心建造一座高高的瞭望塔。在游戏中，他们积极合作，并运用了解决问题的能力，以确保城堡的高度、坚固度和稳定性。最后，这座塔在吵闹声中坍塌了，并且城堡也被破坏了。这是一个充满活力的、令人满意的游戏情景，儿童在游戏中运用了一系列的社会性和操作性技能。他们的对话表明他们具有关于城堡建筑结构的常识，并使老师能够对他们所拥有的技能、知识和理解能力做出评价。

案例研究

马丁（Martin）：搭建一辆赛车

马丁 [4 岁，幼儿班（nursery class）] 用空心积木搭建了一辆赛车。过了一会儿，马丁很满足地坐在方向盘后面，并发出发动机的声音。其他幼儿加入了游戏，并和马丁协商扩大车的尺寸，增加额外的座位。他们开了很长一段路，在路上欣赏了不同的景色，最后因为车没油了而停了下来。突然间，马丁感觉到游戏开始偏离了他的初衷，于是他让其他人下车：因为这辆车是一辆得过国际汽车大奖赛的赛车，并且只能带一个人。他拆掉了额外的座位，继续他的独自游戏，并把一条毛毯盖在头上当作头盔（或驾驶舱），他还拒绝其他幼儿加入游戏。这一系列的活动包括建构游戏、操作性游戏、象征游戏和社会性—戏剧游戏。这些游戏同样受到规则的束缚：儿童协商并维护规则，目的是继续假装游戏。儿童表现出他们所了解的日常知识和社会习俗。其他儿童也听从马丁的领导和支配，在一定程度上是因为是马丁搭建了这辆车。这是4岁男孩进行合作游戏的一般形式。马丁很受欢迎、善于表达、善于创造，并能引导想象性游戏的进程。朋友们通常都接受他的领导，因为他是一个熟练的游戏者，并且朋友们在他的游戏中很享受。

这些案例表明了通过不同游戏形式支持儿童学习的一些条件，其中最重要的是要为儿童提供持续的时间，以促进游戏的发展；为儿童提供开放的、可通过不同方式组合的材料；使儿童能够评估潜在的危险，从而承担一些风险。

建构游戏可以延伸到户外，以体现其挑战性和拓展性。在户外，儿童可以有机会获得一些零散的材料，他们能够使用更大（更重）的材料，例如旧轮胎、木板和木材、板条箱、塑料管和排水系统材料、干草捆、浮木、树桩、长布和绳索（Broadhead and Burt，2012；Brown，2003）。用零散的材料进行建构游戏能够激发儿童的合作行为，比如举起、运送和整理材料，搭建洞穴、"小房间"和"秘密空间"（Moore，2010）。儿童得益于不同形式的机会，诸如玩开放式的游戏，承担可控风险的游戏，这与教育机构中的户外空间设计形成了对比，后者通常使用固定设备。

六、追逐打闹游戏和超级英雄游戏

追逐打闹游戏和超级英雄游戏在实践工作者当中引起了广泛的争论，这是因为他们力图在允许、容忍或禁止什么样的游戏形式这一问题上达成共识（Holland，2013；Jarvis，2010）。成人经常对于"合适的游戏"（会考虑安全因素）有明确的观点，但同时他们又感到挣扎，因为他们致力于培养儿童广

泛的兴趣和游戏主题，而这其中却包含打斗或战争游戏。儿童真正的冲突会
发生在多种形式的游戏中，尤其是在儿童缺乏合作、分享、协商和轮流技能
的游戏中。实践工作者认为，如果在儿童不理解或故意违背真实与不真实界
限的情况下进行打斗游戏，游戏就可能发展成为真正的打斗。结果便是，不
是所有游戏都是有趣的，因为一些儿童在游戏中会有欺凌行为和攻击性行
为，这也显示了"游戏的阴暗面"（Sutton-Smith，1997）。因此，儿童经常会
被禁止玩追逐打闹游戏和超级英雄游戏（但这些游戏仍可能会发生在成人视
线之外）。性别无疑是最先被考虑的问题，因为这些形式的游戏通常是由男
孩主导（尽管不全是这样），并且游戏中涉及大量的体育活动，如追逐、奔
跑、跳跃、摔跤、滚动、爬行，以及模仿格斗和武术的表演性手势和动作。
所以，科学研究能够告诉我们超级英雄游戏和追逐打闹游戏有哪些好处以及
存在哪些问题吗？

　　正如第 1 章所指出的，这些不同形式的游戏往往与儿童的流行文化有
关，并存在于不同的媒体中，如电视、电脑、录像、电影、规则游戏、漫
画、书籍、玩具和装扮服装。超级英雄不是最近才有的社会和文化现象，
这是一个有着悠久历史传统的现象，存在于关于英雄与恶棍、正义与邪恶、
对与错之间的斗争的神话、传说、民间故事之中。活泼好动的个性和冒险
行为被描绘成英雄行为，这些个性和行为常常与传说中的众神、勇士拥
有同样的偶像地位，也几乎是神话般的地位。儿童文学将儿童塑造成与成
人一样的英雄和恶棍，例如，在罗琳（J.K.Rowling）写的《哈利·波特》
（*Harry Potter*）系列丛书①中，儿童有着能够对抗邪恶势力和同伴欺凌的神
奇力量。在儿童参与打斗游戏时，超级英雄游戏往往与追逐打闹游戏结合
在一起。

　　关于这些形式的游戏能否使儿童克服困难的情感和行为，并控制如恐
惧、焦虑、攻击性、愤怒和无能为力等困难情绪的争论仍在继续。弗洛姆伯
格和贝尔根（Fromberg & Bergen，2006）的研究详细分析了追逐打闹游戏

———————————

①《哈利·波特》是英国作家罗琳所著的魔幻文学系列小说，共 7 本。其中，前 6 本以霍格沃茨魔
法学校为主要舞台，描写的是主人公——年轻的巫师学生哈利·波特在霍格沃茨前后六年的学习生
活和冒险故事；第 7 本描写的是哈利·波特在第二次巫界大战中，在外寻找魂器并消灭伏地魔的故
事。——译者注

中不同儿童的行为，以及这些行为对他们的影响。儿童在模仿他们的超级英雄时经常会发挥主体性，能够掌控游戏，并感到兴奋。这一切与在成人主导的游戏情境中儿童的无力感形成了鲜明的对比。儿童也有可能通过这些形式的游戏来应对他们看到的真实且常常让人不安的画面，包括儿童从媒体中看到的战争、冲突和暴力场面，也可能是在自己的社区中看到的此类情景，比如来自难民和避难家庭的儿童可能会碰到上述情景（Hyder，2005）。贾维斯（Jarvis，2010：62）认为，在追逐打闹游戏中，游戏者投入了积极的情感，儿童自愿地控制他们的身体接触并经常互换角色，例如从追逐者到被追逐者。另外，儿童有可能通过流行文化中的角色示范来学习如何变得有攻击性，并使用暴力来解决问题，或建立统治地位、控制他人。超级英雄游戏的核心主题是"好人"（他们几乎都是男性）通常通过武力冲突而非对话和讲伦理道德的方式来战胜"坏蛋"。对于儿童解决自己生活中出现的冲突，超级英雄游戏提供了很有限的角色示范和很少的选择。埃德米斯顿（Edmiston，2008）对这些形式的"神话游戏"持有截然不同的观点。埃德米斯顿通过对他儿子的游戏和儿童与成人之间互动的民族志研究发现，游戏创造了社会审美空间，在这些空间内，儿童和成人根据诸如压迫和建构地使用权力等主题，创造了道德两难困境。

> 恶人是可怕的，因为他们想要自己拥有所有的力量。他们获取他们想要的，并经常使用暴力。他们忽略了他们的行为对受害者的影响。英雄是英勇的，是因为他们想要给予弱者力量。英雄是代表受害者去阻止恶人，为受压迫者的不被理睬的抗议发声，并减轻受害者的痛苦。恶人和英雄就是人类行为的两个极端。人们有时会变得丑陋或英勇，但当面临自己的行为会对他人造成灾难性后果的道德选择时，人们很少会表现出来此类极端行为。（Edmiston，2008：192）

考虑到这些关于暴力和攻击性的问题，实践工作者总是选择禁止这些"神话游戏"。这是正确的做法吗？马什和米勒德（Marsh and Millard，2000）对超级英雄游戏的潜在好处持积极的看法（见表2.7）。佩莱格里尼和布拉奇福德（Pellegrini and Blatchford，2000）同样认同追逐打闹游戏有着诸多益处（见表 2.8）。但他们强调说，这些益处可能不会适用于所有儿童。对于一些儿童来说，追逐打闹游戏可能有积极的影响，对另一些儿童来说则不然。儿童对于追逐打闹游戏的界限、自己的游戏剧本及对游戏主题的理解会随着时间的推移而发展，会变得越来越有组织性和协调性。这些游戏活动与表演游戏、社会性—戏剧游戏有着共同的积极影响：它们促进了儿童社会关系以及创编故事和事件的能力的发展，促进了儿童在社交和情感领域的发展。儿童也可以在玩得正欢的时候对其他游戏者的舒适度和安全保持着敏感（Broadhead，2004），并能够说出他们的观点和经历。埃德米斯顿（Edmiston，2008）同样认为，随着时间的推移，游戏会有助于儿童探索自己更多的可能，并与同伴共同构建符合伦理的身份。

表 2.7　超级英雄游戏的益处

- 儿童易被权力话语所吸引，这种权力话语与成人强加给儿童的、由成人来支配的规则相反。
- 儿童能够探索复杂的现实和角色（善 / 恶、男 / 女、对 / 错），而不是接受这些对立的概念。
- 儿童易被那些用于塑造不同超级英雄的衣服和道具所吸引。
- 女孩可以和男孩一样参与超级英雄游戏，并可能会挑战男权主义。
- 超级英雄游戏可以强有力地提升儿童参与读写活动的动机，实践工作者可以有意识地把这一点融入角色扮演所涉及的领域和主题中。
- 超级英雄游戏对于儿童的语言发展有潜在的作用，尤其是对双语儿童。因为英语是超级英雄故事中最常用的一种语言，儿童在游戏中可以使用关键词和短语。
- 实践工作者可以使用这些形式的游戏与年龄较大的孩子建立批判性话语，儿童可以在批判性话语中学会挑战他们在游戏中所传达的形象和信息（Marsh and Millard，2000：51−52）。

表 2.8   追逐打闹游戏的益处

- 儿童间的角色互换（在英雄与恶棍、追逐者与被追逐者、侵略者和受害者之间）有助于儿童维持游戏。
- 一个回合的追逐打闹游戏往往会引发其他形式的社交游戏，如合作游戏。对于受欢迎的儿童来说，这种情况较为常见，但对于不受欢迎的儿童来说，往往会导致他们遭受真实的（而不是虚假的）攻击。
- 追逐打闹游戏在儿童的 3—4 岁时出现，在 7 岁时达到巅峰，在 11 岁时开始下滑，所以追逐打闹游戏在儿童发展中有自己独特的位置。
- 男孩玩追逐打闹游戏比女孩多，且他们的游戏更具有活力，特别是在一段较长时间的静态工作之后。
- 儿童以不同的社会角色参与到社会问题的解决和尝试中（但这也是对于受欢迎的儿童来说更常见，不受欢迎的儿童则不然）。
- 儿童会学习控制和释放情绪，这有助于提升他们的社交能力。

活   动

对于追逐打闹游戏，你的理念和价值观是什么？你为什么持有这些理念？这些理念是如何影响你的实践的？

追逐打闹游戏有性别差异吗？

很多自然主义研究表明，自由游戏是有性别偏好的，男孩更喜欢选择追逐打闹游戏。人们太容易用性别来决定这种刻板的游戏选择。当男孩和女孩一起游戏或和同性别的儿童在一起游戏时，他们往往有不同的计划和叙述，这些计划和叙述会影响到儿童游戏的推演。有研究显示，在年龄较大的儿童（6—11 岁）中，女孩在学校操场上的户外游戏中表现得不如男孩活泼（Pearce and Bailey，2001）。贾维斯（Jarvis，2007：185）的有关追逐打闹游戏的研究中提到，同性和异性之间的合作与竞争是一个错综复杂的网络，特别是在追逐游戏中。女孩和男孩都有方法来掌控同伴游戏的特定领域，并与同伴一起行使对同伴的权力。有些男孩会用一些枪、炸弹和棍棒等轰轰烈烈的方式，有些女孩子则会用更加偷偷摸摸的方式，如使用魔杖、魔药和秘密符号来控制哪些人能加入游戏。

活　动

你注意到男孩和女孩在追逐打闹游戏中表现出了哪些差异？你认为产生这些差异的原因有哪些？在追逐打闹游戏中，性别是理解这些差异的主要原因吗？在追逐打闹游戏中，你关注到有特殊教育需要的儿童了吗？你关注到残障儿童了吗？你关注到来自多元文化背景的儿童了吗？

七、游戏的变化

有关儿童游戏的研究持续证明了游戏和游戏者的变化（Sutton-Smith，2001）。儿童游戏中想象的内容受到其情感发展的驱使，由儿童对兴奋、危险、威胁和破坏的需求所驱动，这就是为什么游戏会经常包括怪物、顽皮的动物、超级英雄、正反面角色等，如强盗和海盗、女巫和巫师。通过创建这些角色，儿童可以感受危险与安全、优势和劣势、勇气和恐惧、成功与失败这些概念，并有机会应对危险，其中可能包括爆炸、火山爆发、洪水、地震、绑架、被杀/被冻住和复活、被绑架和逃脱，以及如符咒、药水、咒语等各种神奇的事件。儿童运用逻辑和推理来维持着假装游戏和故事情节的发展。由于不同的原因，危险的生物（狗和鲨鱼似乎尤其受欢迎）在儿童游戏中占有特殊的地位。首先，它们可以制造威胁和混乱，这就需要驯服和控制这些生物。驯服和控制包括关怀伦理：关心、治疗动物，处理动物伤口，确保这些动物不会再次受到伤害。其次，当儿童进行角色扮演时，例如扮演狗时，他们不会被当作孩子来对待，像狗一样行事让他们可以挑战成人的规则。例如，在一个幼儿班中，规则是只有四个孩子可以在没有成人在场的情况下到户外进行游戏。然而，有一次，有五个孩子跑到户外，其中两个是"淘气的小狗"。当老师提醒儿童游戏规则时，儿童说这"两只狗"不算，因为它们是狗，不算是儿童。不过，无论如何，他们都不能离开玩具屋，因为有太多的孩子骑自行车，而"狗"会被车子碾压。这提醒我们，需要从儿童的视角来理解游戏的逻辑，并（尽可能）尊重儿童对颠覆教室规则所做出的努力。在"如果……会发生什么"和"就像……一样"的游戏模式中，游戏对象会激发孩子无限的潜能。

来源于民间故事、童话、电视节目和流行文化的游戏主题影响着儿童的游戏世界（Edwards，2010；Marsh，2010）。通过这些游戏主题，儿童以超越情感宣泄的方式理解了自己生活中发生的事件和问题，比如规则、权力、冲突、控制、强迫、嫉妒、愤怒、惩罚、正义、关怀和关心、自决。亨里克斯从社会学的角度出发，认为世界上有许多事物都因为过于宽泛和强大而不适合作为游戏对象，游戏通常试图将这些事物放到更为微观的情境中，个体可以对其施加某种控制（2010：202）。

凯利－伯恩在一项针对 6 岁儿童海伦的游戏生活所开展的研究中也证明了同样的主题，海伦的游戏生活是一系列"分散但又有形式复杂的符号、结构和修辞"（Kelly-Byrne，1989：209）。海伦的家是可以用来实地调查的自然环境，儿童在其中既可以独自游戏，也可以与同伴游戏。凯利－伯恩也参与到了海伦的游戏中，并听从她的要求和指挥。海伦最喜欢的游戏形式是假装游戏，游戏主题主要来自神话、传说、电视人物［包括《神力女超人》（*Wonderwoman*）①］，以及她在学校和家中的日常生活。这些主题本身就错综复杂，并在海伦发挥创造力和想象力之后变得更加复杂。表 2.9 列出了主要的游戏主题。

---

① 《神力女超人》，又名《神奇女侠》《神奇女超人》《神奇女郎》，是 1976 年由琳达·卡特主演的美国经典电视剧，近年来也有电影版上映。该剧主要讲述了一名总是穿着星条旗低胸装的女超人在国家遇上危难时拯救人民的故事。《神力女超人》最初以漫画的形式发表于美国《全明星漫画》，该角色的出现打破了超级英雄世界中重男轻女的定律，成了女性超级英雄的代表人物。——译者注

表 2.9 海伦游戏生活中的主题

- 儿童的出身和身份
- 正义与邪恶的斗争
- 对女性权力与弱点的测试
- 女性与父母、同龄人、男性及女性的关系
- 坚强的女人挽救了那些软弱和被抛弃的男人
- 作为一个女孩,她通过表演特长来提升自己的地位
- 理解聪明和愚蠢的对立
- 了解好的和坏的母亲教养之间的差异
- 了解自己的性向
- 通过探索语言的力量来假想世界和改造现实(Kelly-Byrne,1989:211)

在神力女超人游戏中,海伦全神贯注地探索强大和无能为力,这反映了她作为一名儿童的地位和她对性别社会化过程的理解,特别是那些与媒体中所描绘的妇女形象有关的性别社会化过程。凯利-伯恩被海伦积极的参与、充沛的精力和在游戏中强烈的兴奋所触动,他认为,海伦的表现挑战了成人一贯认为儿童游戏是空洞的和理想化的观点。

> 海伦认识到,游戏是一种特殊的媒介,用于包容生活中的矛盾,调节混乱,打破和改造不喜欢的模式与现实,进而进行精神上的参与、快乐的放弃,并享受疯狂和狂欢。海伦用于塑造自己想象世界的游戏材料来自文化,并受她内心的冲突和安排所驱使。她也感受到游戏的精神,那就是游戏会与消极的文化状态保持一致,而这种文化状态仍然存在于我们的社会中。因此,海伦的游戏在强烈的激情中往往充斥着非理性的、生机勃勃的、斗志昂扬的、不受约束的和荒诞不经的时刻。(Kelly-Byrne,1989:216)

当代游戏理论强调游戏可通过社会互动和人际沟通发挥文化传递的作

用。这些过程有助于儿童社会认知的发展，这包括了他们对角色、规则、关系、价值观、信仰、社会的组织形式，以及自己在社会中的地位等方面的理解。大量的研究证明，儿童通过在游戏中与同伴互动，以及创造和表达自己身份的方式进行学习。布罗德黑德（Broadhead，2004）的一项有关儿童社会性游戏与合作游戏的民族志研究表明，儿童的思维是象征性的和抽象的，并且他们以相当复杂的方式与同伴进行交流，这些交流方式包括符号、标志、手势、面部表情和肢体语言。布罗德黑德的研究表明，我们需要关注儿童游戏的内容，尤其是语言和行为的微妙，以理解他们的思维和学习。

关于游戏能为儿童带来什么这个问题，回顾以往的研究我们会发现，游戏为学习提供了许多好处，并且是一种促进发展的动力。然而，考虑到当代社会对于公平和多样性问题的关注，不一定所有的儿童都能获得相同或类似的好处，因为不同形式的游戏不能以同样的方式提供给不同儿童（Grieshaber and McArdle，2010；O'Brien，2010）。例如，自闭症儿童可能不能理解表演游戏和社会性—戏剧游戏，但他们可以发展其他方面的优势和兴趣（Kangas，Määttä and Uusiautti，2012）。残障儿童可能在参加追逐打闹游戏方面有困难。在多元文化的社会中，基于家庭的育儿实践可能和游戏中发展儿童的独立性和自我管理的策略并不一致。在要求独立和自我管理的教育方式下，一些少数族裔的儿童可能会处于不利境地，因为在学校里他们会遇到与家庭育儿实践不同的期待和行为。这些少数族裔儿童并没有适应西方这种"教育性游戏"文化，他们进入早期教育机构后会经历各种限制。早期教育机构并没有使得这些少数族裔的儿童融入其中，学习课程内容，或协调好童年与课堂文化（Brooker，2010；Levinson，2005）。因为在许多文化中对游戏所赋予的价值是不同的，如果实践工作者不能够理解儿童自身所带来的知识文化渊源，那么有些儿童在家中进行的游戏主题或形式可能无法顺利转入学前学校和小学（Brooker，2006；2011）。这些问题会在第4、5、6章中进行更加详细的讨论。这样说并不是要赋予游戏这个普遍性话语以特权，认为游戏对于所有儿童的学习和发展都有内在价值，但是实践工作者需要理解在儿童家庭、学前学校和小学之间存在文化差异和文化失调的可能性。

八、游戏面临的问题

在前面两章中，我们已经看到，游戏有许多不同的形式，并为不同的目标服务。因为游戏如此多样和复杂，理解游戏这一任务也是有挑战性的，实践工作者要在广泛的研究、知识储备与实践对游戏的期望三者之间建立联系，就更加具有挑战性了。教育环境中普遍存在着怀疑游戏的情况，有两个方面的原因：其一，教育领域对游戏缺乏一个准确的操作性定义；其二，一直存在着认为游戏与工作相对立的观点。因此，游戏不太可能提供家长和政府官员所重视的学习或学习成果的确凿证据。不断有研究证明，早期教育阶段可能会鼓励儿童的游戏，但在小学里，工作和游戏变得界限分明，这通常起始于学前班之后。在早期教育阶段之后，游戏就被削弱了，因为很少有研究告知实践工作者儿童的游戏是如何随着他们的成长而发展的，以及学校课程怎样才能支持游戏的发展。

九、本章小结

本章有四项主要内容。

1. 当代对游戏的研究已经从早期教育先驱者提出的引人注目的原则，转向了更为可信的循征研究，这些研究证实了游戏的复杂性和游戏面临的困境。

2. 对游戏的研究已经跳出了发展心理学的实验框架，而转向了一些更加自然的环境，如在儿童的家庭、社区和幼儿园（学校）中。理解儿童的游戏者（学习者）身份以及游戏（学习）情境下的儿童对于我们理解游戏的角色和价值极为重要，本章对实践提供了建议，这些实践反映了实践工作者在幼儿园（学校）里遇到的"教育性游戏"的形式。

3. 当前研究的关注点已从宽泛的理论逐渐转变为对儿童学习与发展的特征、模式和过程进行更加细致的描述，并更加关注社会和文化的多样性（在第 4、5 章会有更细致的概述）。皮亚杰的理论成了学习和发展的"普遍性"话语，很多国家都在应用皮亚杰理论（主要在西方和欧洲国家）。然而，当代理论对这一"普遍性"话语提出了异议，引发了对于游戏和多样性的批判。

4. 早期教育的理论和研究能帮助实践工作者理解游戏与学习的关系。同时，实践工作者也在建构自己对游戏的理解，并将其所在机构中的复杂情境变化考虑在内。贝内特、伍德和罗杰斯（Bennett，Wood and Rogers，1997），布罗德黑德和伯特（Broadhead and Burt，2012）以及卡尔等人（Carr et al.，2009）的研究证明，这个过程包括了发展个人的理论、价值观和理念，思考了这些理论和研究如何影响他们的实践，并思考了其思维和实践的哪些方面需要改变。没有哪种单一的定义和理论可以解释游戏在儿童学习和发展中所扮演的角色。

活　动

请看表 2.1 "关于儿童为什么游戏的理论观点"。想出几个你认为能够说明不同的游戏目的和游戏模式的儿童游戏片段。根据自己的知识和经验，你能说出其他理由来说明儿童为什么游戏吗？在小组中讨论这些儿童游戏的目的：就多样性的不同维度而言，如性别、种族、社会地位、社会阶层、性向和文化等，游戏的目的有什么变化吗？你认为可以如何解释这些变化，以及在儿童的游戏技能中展现这些变化？

十、拓展阅读

以下文献的研究者对早期教育到小学阶段的游戏和学习有着广泛的见解，同时将理论与实际进行了密切的结合。

Broadhead, P.（2004）*Early Years Play and Learning: Developing Social Skills and Cooperation,* London: RoutledgeFalmer.

Broadhead, P. and Burt, A.（2012）*Understanding Young Children's Learning Through Play: Building Playful Pedagogies*, Abingdon: Routledge.

DeVries, R.（1997）'Piaget's social theory', *Educational Researcher*, 26

(2) : 4–17, http://edr.sagepub.com/cgi/reprint/26/2/4.

Edmiston, B. (2008) *Forming Ethical Identities in Play*, Abingdon: Routledge.

Edwards, S. (2007) 'From developmental-constructivism to socio-cultural theory and practice: an expansive analysis of teachers' professional learning in early childhood education', *Journal of Early Childhood Research*, 5 (1) : 83–106, http://ecr.sagepub.com/cgi/reprint/5/1/83.

Holland, P. (2003) *We Don't Play with Guns Here: War, Weapon and Superhero Play in the Early Years*, Maidenhead: Open University Press.

Hyder, T. (2005) *War, Conflict and Play*, Maidenhead: Open University Press.

第 3 章
从国际视野看国家政策文本中的游戏

本章旨在完成如下目标。

- 描述英国早期教育课程框架中政策和实践的主要趋势。
- 概述英格兰《早期基础阶段教育纲要》对游戏的论述。
- 对支持"教育性游戏"的有关研究以及这些研究给实践工作者带来的挑战进行深入思考。
- 促进对政策话语的反思和批判性参与。

一、游戏与国家课程政策

本章内容从对游戏的广泛理解扩展到了"教育性游戏"的各种形式，这些"教育性游戏"都是早期教育政策框架中不可分割的部分。本书的前两个版本分别在 1996 年和 2005 年出版，这些年早期教育发生了许多变化，尤其是那些密集的政策干预所带来的变化。这些政策干预的目的在于整合为儿童和家庭提供的涵盖教育、健康和社会保障等部门的服务。这些政策变化也受到国际研究的影响，这些研究表明，高质量的早期教育服务对儿童的学习和发展产生了很大影响，特别是对那些来自低收入家庭的儿童大有裨益。此外，配以支持家庭的相关服务，这些益处可以在高质量的基础教育中得以延续（Lowenstein，2011；Sylva et al.，2010）。许多国家的政策发展也都受到对早期教育资金投入增加、提供的服务质量和数量增多、对儿童的进步和成就期望提高等因素的推动。然而，这些对早期教育的投资都伴随着一定的条件。20 世纪 90 年代以来，英格兰历任政府推行的政策促进了规定性更强的课程与教学法实践，政府针对课程目标和儿童学习成果、从业人员的培训和入职资格设定了教育标准，为监测和管制教育质量创设了督导框架，把教育有效性局限在狭隘的儿童学习成果，并聚焦在入学准备的质量上。这些政策框架对游戏的认可和批准深受实践工作者的欢迎，但这样同时也营造了一种紧张的气氛，因为游戏已经被这些新自由主义政策话语所束缚了。那么，游戏发生了什么变化？国家政策框架的关键方向又是什么呢？

在第 1 章和第 2 章中，我们已经看到，以"游戏为基础的学习"这种强有力的话语是与以下方面联系在一起的：以游戏为基础的课程理念（第 4 章）、以游戏为基础的教学方法（第 5 章）、以游戏为基础的评估（第 7 章）。游戏在早期教育阶段之外的低微地位一直是研究中不变的主题（Broadhead and Burt，2012；Wood，2010a）。关于成人在儿童游戏里扮演的角色、自由游戏与结构化游戏哪种更为有效（Brooker，2011；Stephen，2010）、如何在早期教育阶段之后促进游戏的发展与连续性（Walsh et al.，2011）的争论还在继续。目前的研究成果仍不能在"在游戏中学习"和"为规定的学习成果做出计划"两种主张上达成共识，并且缺少有关儿童进步和成就方面的证据。因此，新自由主义政策议程重视教育问责和儿童的表现性成果，而游戏要直面这些挑战。这是由于表 3.1 中所概括的原因造成的。

表 3.1　游戏和政策实践之间的交界点

- 游戏并不总是能带来想要的发展结果。
- 游戏的进展并不总是与课程学习中的进展同步。
- 儿童在他们的游戏中所使用的能力、技能和知识并不总会迁移到其他情境中。
- 游戏有具体的、独特的目的和意义。
- 自由的选择以及开放式的游戏可能只服务于儿童而非成人的目的。

政策框架对游戏的描述

近年来，很多国家的政策框架都接连不断地尝试提及游戏，从英国到整个国际政策环境，许多国家的政策文本中都提出了各种版本的"教育性游戏"的主张（Carr et al.，2009；Grieshaber and McArdle，2010；Lillemyr，2009；Nuttall，2013）。这些趋势不仅受到了有关早期教育和学校教育有效性研究的影响（Sylva et al.，2010），还受到了国际上对不同年龄儿童的表现（通常是在数学、科学和语言 / 读写领域）的测量结果的影响，这些国际测量列了一份排名表，以此来比较不同国家教育系统的成果。重视自由游戏的意识形态已经逐渐被有计划的、结构化的、有目的的游戏这种观点所取代，以使游戏与课程目标和儿童学习成果保持一致。游戏的脆弱性（特别是自由游戏）并不是这些由规范性的政策所造成的，但无疑，在这种政策趋势的影响下，游戏会变得更为脆弱。

表 3.2 展现了英国（英格兰、苏格兰、北爱尔兰和威尔士）的政策框架及在课程内容和游戏上的立场。

表 3.2　英国早期教育政策中的游戏

	英格兰	苏格兰	北爱尔兰	威尔士
政府部门	教育部（DfE）	苏格兰学习与教学部（LTS）	课程、审查与评估委员会（CCEA）	儿童、教育、终身学习与技能部（DCELLS）
政策文本	《早期基础阶段教育纲要》[①]（Early Years Foundation Stage）	《卓越课程》（Curriculum for Excellence）	《基础阶段教育纲要》（Foundation Stage）	《基础阶段教育纲领》（Foundation Phase）
年龄	0—5 岁	3—6 岁	4—6 岁	3—7 岁

①《早期基础阶段教育纲要》，简称 EYFS，由英格兰教育部历时 12 年编纂完成，EYFS 体系整合了早期教育与照顾托管的职能，整合规划了 0—5 岁幼儿学习和发展标准，并列出了六大学习与发展领域。——译者注

续表

	英格兰	苏格兰	北爱尔兰	威尔士
学习领域	**基本领域** 沟通和语言；身体发展；个人、社会和情感发展 **具体领域** 读写能力；数学；理解世界；表现性艺术与设计	表现性艺术；健康与幸福；语言；数学；宗教与道德教育；科学；社会学习；技术	艺术；语言发展；早期数学经验；个人、社会和情感发展；身体发展和动作；我们周围的世界	**七个学习领域** 个人和社会性发展，健康和文化多样性；语言、读写能力和交流技能；数学发展；威尔士语发展；对世界的理解和认识；身体发展；创造性发展
评估	2岁时发育筛查；5岁时早期学习目标	持续进行的教师评估，6岁儿童的学习水平	教师对儿童在每个学习领域的特征和技能进行持续评估	结合《基础阶段教育纲领》中的结果标准，教师对7岁儿童进行评估
关于游戏的立场	游戏必须是有计划、有目的的，课程要通过游戏开展，成人主导的与儿童自发的活动相结合	主动学习是让儿童投入学习中并挑战儿童思维的学习，主动学习可以充分利用自发的、有计划的、有目的的游戏	儿童应在有计划的、有挑战的游戏中体验学习的过程	儿童在自由游戏中遵循自己的兴趣和想法 应该高度重视游戏，并为儿童的学习规划清晰的目标

二、英格兰《早期基础阶段教育纲要》中的游戏

本小节主要关注英格兰的政策趋势。

从1997—2012年，英格兰《早期基础阶段教育纲要》经历了四种变化。2010年，戴姆·克莱尔·蒂克尔（Dame Clare Tickell）主持了一项对《早期基础阶段教育纲要》的审查。经过为期两年的商讨后，他们发表了一些相关报告，并最终于2012年出版了《早期基础阶段教育纲要》这一法定框架（DfE，2012a）。这一版的政策文本确认把"教育性游戏"纳入有效教学与学

习的三个关键特征之一。

游戏和探索：儿童探究、体验一些事物，并"进行尝试"。

主动学习：当儿童遇到困难时，能够集中注意力并不断尝试，享受成功的喜悦。

创造性和批判性思维：儿童拥有并不断更新他们自己的想法，能够在不同的想法之间建立联系，并能够发展做事的策略。（DfE，2012a：7）

《早期基础阶段教育纲要》以工具论的视角看待游戏，将游戏视为"实现学习的必由之路"（DfE，2011：28）。

> 学习与发展的每个领域都必须通过有计划、有目的的游戏，并通过成人主导和儿童自发结合的活动来实现。游戏对儿童的发展至关重要，游戏可以帮助他们在学习探索和思考问题的过程中树立信心，并学会与他人联系。儿童通过主导自己的游戏，并参与成人主导的游戏，进行学习。实践工作者需要不断地做出判断，以维持儿童主导的游戏和成人主导或指导的游戏之间的平衡。实践工作者必须回应每个儿童新出现的需求和兴趣，并通过温暖的、积极的互动来指引他们发展。（DfE，2012a：6）

这一教育学立场在有关"教育性游戏"的国际文献中同样得到了验证，因为国际上有一个广泛的共识，就是认为通过有目的的设计，游戏/学习环境（室内和户外）可以实现预设的成果或课程目标（Frost, Wortham and Reifel，2005；Johnson, Christie and Wardle，2005；Saracho，2012）。即便在较民主的教学方法（如北欧诸国）中，为了支持和拓展以游戏方式进行的学习，我们还需要提供必要的课程框架，这种观点也得到了认可（Lillemyr，2009；Pramling Samuelsson and Fleer，2009；Sandberg and Ärlemalm-Hagsér，2011）。约翰逊、克里斯蒂和瓦尔德（Johnson, Christie and Wardle，2005：251）主张将以课程为主导的游戏（curriculum-led play）和以游戏为主导的课程（play-led curriculum）相结合：实践工作者可以通过他们的教育学设计、决策和行动参与到游戏中，具体包括组织环境、计划游戏或学习活动、与儿童共同游戏、观察和评估游戏。关键的一点在于，虽然实践工作者无法设计儿童的游戏，但是可以为游戏做出计划，并解释游戏中出现的结果。

当我们从法定政策框架（如《早期基础阶段教育纲要》）的视角来看待这些课程和教学过程时，游戏是与当代教育政策有内在联系的，因为它受到法规和管理流程的控制，如在目标设置、教师/实践工作者的绩效考核、督导制度和标准等方面，都受到政策的制约。在当代批判性理论的话语中，上述政策话语中的概念被认为有问题（File，Mueller and Wisneski，2012），因为这些监管方法催生了各种版本的早期教育课程。在这些课程中，宏观政策指导认为，游戏的复杂性和矛盾不仅可以得到妥善处理，还可以得到中和，进而产生预设的学习成果。因此，学术研究所提倡的生成性/有回应的游戏方式与《早期基础阶段教育纲要》中所倡导的传递性/指导性的游戏方式有所不同（Wood，2010a）。后一种方法允许成人为儿童的游戏提供准备，并给予成人解释儿童发展成果的特权，他们的解释与预设的发展指标、课程目标和入学准备日程相一致。

威尔士的《基础阶段教育纲领》同样提倡儿童的游戏和主动学习，并重点关注3—7岁儿童，威尔士将这些方法延伸到了小学阶段。

> 儿童应该有机会在自由游戏中遵循自己的兴趣和想法。当学习源自于儿童自发的或结构化的亲身体验时，当给儿童时间让他们不受干扰地玩耍，从而达到一个满意的结果时，儿童的学习是最有效的。（DCELLS，2008a：5）

这种自由游戏与结构化游戏相结合的观点与《早期基础阶段教育纲要》的立场相似。

> 所有实践工作者都应充分重视游戏的价值，并设置清晰的目标以促进儿童的学习。游戏应该以这样一种方式得到系统的安排：儿童有机会成为主角，可以设计和建设室内、户外的游

戏环境，因为这些将会让他们成为自己学习的主人。（DCELLS，2008a：7）

　　为了让游戏取得预期的教育成果，这些政策文件里常带有附加说明，规定了游戏能够并应该发生在这样的教学环境中：拥有见多识广的成人的参与和干预、充分的计划和组织、资源充足的环境（室内和户外）、充足的游戏时间、成人对游戏的观察与评估。从理论上讲，这些实践指导性文件中存在一些令人困惑的内容。例如，在威尔士的《基础阶段教育纲领》中，评估是基于传统的皮亚杰的游戏发展阶段理论，但附文里却说儿童是根据他们的先前经验按照不同速度发展的（DCELLS，2008a；2008b）。同样，根植于《早期基础阶段教育纲要》中的是为个人发展和需要做计划这类政策话语，（DfE，2012a），但实际上，游戏的"成果"有可能是通过集体的、相互关联的活动得以实现的。

　　英国的四个政策框架中都有各自关于"教育性游戏"的立场，它们都有优点和局限性。其中，赞成游戏是有益的人认为，儿童的确从参与幼儿园和学校所提供的游戏情境和活动中受益，特别是当儿童在家中不能获得此类资源时（如大型建筑玩具的装备、有挑战性的户外器械），儿童还有机会从大集体和小团队中与其他儿童一起进行游戏。相反，如果游戏受到过度的指导和控制，儿童可能就不会体验游戏的全部潜在可能。如果只是允许儿童在"区域活动的自选游戏时间"内游戏，或者如果儿童不得不通过表现良好来"赚取"游戏时间作为奖励（如在"黄金时间"所发生的那样，见第171页），游戏的作用会被大大削弱。从这个角度来看，游戏被用作了行为管理规范来驯服儿童，就像游戏被学习成果、质量和教育有效性等主流话语所驯服一样。

三、游戏、质量和教育有效性话语

英国政府资助的有效学前教育项目（Effective Provision of Preschool

Education，EPPE）① 研究及相关研究支持了英格兰《早期基础阶段教育纲要》和威尔士《基础阶段教育纲领》的发展，这两个政策文本都将游戏列入了教育有效性的话语中（Sylva et al.，2010）。从对于"有效的早期教育机构"的深入案例研究来看，有效教学法（effective pedagogy）被定义为如下内容。

> 早期教育阶段的有效教学法既包含了传统上与"教学"相关的师幼互动，也提供了有指导性的游戏学习环境和一日常规。

> 把握好领域教学知识是有效教学法的重要组成部分。

> 要在教师发起的小组活动与儿童自由选择的（但可能具有潜在的指导性质的）游戏活动之间保持平衡。（Siraj-Blatchford et al.，2002；Siraj-Blatchford and Sylva，2004：38）

政策要求实践工作者使用不同的教育方法，包括成人主导和儿童自发的活动，以及自由游戏和结构化游戏。成人主导的活动包括定义适用于整个班级或小组的学习目的。然而，对任务的呈现方式以及对儿童回应的期待要表现出不同程度的灵活性。尽管英格兰有效学前教育项目（EPPE）中关于"潜在指导"和"有计划、有目的的游戏"的研究证明了实践工作者的积极作用，但在实践中可能会产生误解，并引发了谁的指导观念、谁的计划应占据主导地位的困惑。如果这个问题的答案是成人，那么活动也就不会是真正的游戏（尽管可能保留一些游戏性的元素，如积极的影响、想象力和灵活性）。在儿童自发的游戏里，儿童并不总是希望成人扮演合作者的角色，特别是在他们希望保留一些秘密或隐私的时候（Moore，2010）。儿童一直按照自己的标准划分工作（成人主导或控制）和游戏（儿童自由地选择、由儿童

---

① 有效学前教育项目起始于 1997 年，由英国教育部提供基金支持，耗时长达 7 年时间，是欧洲第一个针对 3—7 岁儿童所展开的全国性纵向研究。该项目主要收集了大约 3000 名来自不同类型教育机构的儿童的信息，包括儿童的父母、家庭教育环境和早期教育机构的环境等信息，以研究早期教育对儿童发展的影响。——译者注

主导的活动），之间的界限在英格兰表现得很明显（Howard，2010；Roberts-Holmes，2012），澳大利亚和美国也同样如此（Dockett Meckley，2007；Factor，2009）。这些冲突将在第 4 章和第 5 章有关课程与教学的内容中进行更加详细的叙述。

强调"有目的的游戏"实际上带有一个相反的假设，即没有教学框架，游戏会变得毫无目的，并且不太可能实现课程目标。这暗示着成人的教育计划和目的是有特权的。此外，就师幼之间的权力关系而言，"有目的的游戏"也意味着实践工作者掌控着游戏形式的选择权和控制权，决定了儿童的所有权和控制权有多少，限定了游戏在时间、空间和资源上的边界。强调"有目的的游戏"曲解了游戏更为复杂的意义和目的，包括儿童的权力、主体性和控制权（Ryan，2005；Wood，2013），儿童如何通过象征性活动创造并交流意图（Carruthers and Worthington，2011），儿童如何为自己创造不同的身份（Edmiston，2008），以及儿童如何通过不同的媒介（如图画和计划）创造智力游戏的空间（Hall，2010；Wood and Hall，2011），在研究中，上述这些目的和意义是非常明显的。此外，不能用政策术语来限定儿童自发的活动和成人主导的活动之间的平衡，因为这种"平衡"很可能因儿童个人和群体的影响而发生变化，这些个体和群体的影响包括年龄、时间、空间（室内和室外等）的变化，以及对儿童多样性的不同维度的回应（见表 3.3）。

表 3.3　儿童多样性的不同维度

儿童多样性的维度包括年龄、种族、文化价值观、信仰和传统、语言、宗教接纳度、能力、社会阶级、性向、额外或特殊的教育需求和残疾、家庭学习经验和育儿实践、家庭对儿童在幼儿园活动的期望。

儿童多样性的维度既可以促进也可以限制儿童参与游戏的技能。

根据在实践中解释方式的不同，"精心计划的"游戏和"结构化的"游戏这两个术语有着不同的含义。例如，结构可能意味着紧密的（而且可能是限制性的）课程框架，关注明确的学习成果和"政策认可的"游戏形式。或者，结构也可能意味着一个更加开放的课程框架，这种课程框架确保游戏活动可能实现由儿童控制以及不单由成人控制的各种目的，并且给儿童时间和空间，允许成人加入到活动中，如成人与儿童一起制作游戏道具或成人成为一名合作游戏者。

在有效学前教育项目（EPPE）的研究中，虽然儿童的选择包括了一系列不能被归类为游戏的活动，但游戏仍是一个总括性术语。这些研究假设所有的儿童都具备（或将获得）必要的进行游戏活动的技能，这些技能确保他们能够参与和课程目标相关的活动，并通过游戏使课程目标得以实现。在《早期基础阶段教育纲要》里（DfE，2012a），实践工作者需要创建一个促进儿童发展的环境，并在其中扮演着积极的角色以挑战儿童的思维，帮助儿童接受社会中存在的各种多样性，包括性别、种族、语言、宗教、文化、特殊教育需求和残疾。然而，文件中的建议几乎没有考虑到儿童多样性的不同维度之间是如何互相关联的，也没考虑到这种多样性如何通过游戏来影响儿童学习课程内容的能力。关于语言的多样性，重点是确保"在《早期基础阶段教育纲要》推行期间，儿童有足够的学习机会以达到一个良好的英语语言标准，确保儿童在小学一年级开始时，能够做好准备受益于这些可利用的机会"（DfE，2012a：6）。《早期基础阶段教育纲要》并没有强调那些更为复杂的原则，如民主、社会正义、全纳、社区、话语权和身份认同，这些原则也是本章之后将介绍的课程模式的基础。

《早期基础阶段教育纲要》认识到，儿童是以不同的方式和不同的速度进行学习的（DfE，2012a：3），这在不同年龄段儿童被期待达到的特定早期学习目标中有所反映。与政策话语相比，已有研究对儿童的多样性有着更为复杂的理解：萨顿－史密斯（Sutton-Smith，1997）明确了不同游戏者之间、不同游戏形式之间存在巨大差异，并暗示实践工作者需要通过不断更新有关儿童、家庭与社区文化的知识，从而做出因地制宜的决策。这是因为，游戏、学习和发展是适应文化的过程，在这一过程中，儿童参与各种游戏活动，发展出不同的学习品质（Chen，Masur and McNamee，2011；Guttiérez and Rogoff，2003）。在《早期基础阶段教育纲要》涵盖的年龄段的儿童群体中，构建"有效的"教育实践应该因地制宜和因人施教，因为游戏服务于不同的教育目的，同时儿童的技能、选择和偏好都随着环境的变化而变化。此外，游戏不仅仅是获取课程知识：儿童通过游戏会逐渐获得自己的世界以及成人世界里的权力，他们通过假装游戏、社会沟通及人际关系来表达这些权力（正如第 1 章和第 2 章所探讨的）。游戏的属性包含了对权威的抵制、对规则的反抗以及对常规的颠覆等，但这些属性很难与《早期基础阶段教育纲要》中的传递性 / 指导性课程相匹配。

　　总之，事实证明，有许多不同的因素对游戏的建构方式产生影响，游戏被建构成一个复杂的、包含社会关系和政治关系的空间，而不仅仅是幼儿进行的自然而然的活动（Ryan，2005；Wisneski Reifel，2012）。因此，政策导向对"有效实践"的建议无法反映出对于公平和社会正义这些原则的更深层次的关注，或者说这些建议也没有反映出一种当代的儿童观，没有视儿童为一个社会参与者和决策者、一个学习和发展的积极参与者 / 领导者，以及一个拥有自主权和自由的人。奥布莱恩（O'Brien，2010）认为，由于存在"残障儿童天生不足"的观点，及对约束儿童行为的教育学争论，游戏和全纳教育成了有缺陷的概念。游戏成了任务和常规高度结构化的教学的重要部分，而这些结构化的任务与常规重在帮助儿童获得原子化的技能①，完成课程目标。对奥布莱恩来说，这些做法无法全面地培养儿童的能力和潜能。儿童需要更多游戏的时间、更多实践和锻炼的机会、更多学习与参与游戏的准备。一个关键的问题（在第 6 章中会更加全面地解决）在于，如何保证在游戏区域安全的同时不扼杀儿童的选择、创造力、想象力，及儿童想要变得强大的需求（O'Brien，2010：188）。正如我们在第 2 章中所看到的，创造、想象等概念对于批判性地参与到政策制定和实践中来说是核心问题。另一个需要批判地思考的有争议的问题是，《早期基础阶段教育纲要》和其他课程政策框架是如何将学习和游戏的进展概念化的。

---

① 原子化的技能指的是一些零散的、不太相关的技能，如计算能力和写字能力等。——译者注

> **活　动**
>
> 　　思考当下实践中所使用的课程框架关于游戏目的的表述。你同意这些表述吗？它们在多大程度上能够帮助或限制你对游戏进行设计和准备？它们在多大程度上能够帮助实现或限制自由游戏和自由选择？
>
> 　　以批判性理论的视角来看政策框架，你认为政策框架在哪些方面有助于把控游戏和规训儿童？在这个环境（自己所处的环境或你已经观察到的环境）下需要设置什么样的规则？制定这些规则的目的是什么？

四、游戏与学段的衔接——从《早期基础阶段教育纲要》到第一个关键阶段（0—7 岁）

　　虽然《早期基础阶段教育纲要》很重视游戏，但是从早期教育阶段到第一个关键阶段（Key Stage 1）^①的衔接仍然备受关注。英格兰很多地方政府会在九月份单独开设学前班（4—5 岁）(Roberts-Holmes，2012)，这意味着 4 岁的幼儿会在小学里接受全日制教育。许多早期教育专家认为，《基础阶段教育纲要》应该延伸到第一个关键阶段，使其与第二个关键阶段（Key Stage 2）的学校教育模式有所差别，并促进 0—7 岁学段的衔接与连续性。

　　从《早期基础阶段教育纲要》的政策视角来看，游戏中的教学进程发生了巨大的变化：游戏的设计从均衡成人主导和儿童自发的两种活动转向了一种正式的、成人发起的活动。这也进一步论证了游戏的价值不在于它是什么，而是它能带来什么。

---

① 英国的学制比较特殊，各地略有差异。以英格兰为例，第一个关键阶段（Key Stage 1）指的是5—7 岁儿童所处的阶段，通常 5 岁儿童会进入一年级（Year 1），在第一个关键阶段结束时，7 岁左右的儿童（二年级）要在 5 月份参加一项全国范围内的测试，主要考核英文、数学和科学能力。第二个关键阶段（Key Stage 2）指的是 7—11 岁儿童所处的阶段。在第二个关键阶段结束时，11 岁的儿童（六年级）会参加全国的课程测试（National Curriculum Tests），主要考核英文和数学。——译者注

随着儿童的成长和发展，这种均衡将逐渐转向更多由成人主导的活动，以帮助儿童为更加正式的学习和进入小学一年级做准备。（DfE，2012a：6）

《早期基础阶段教育纲要》教学进程模式受到了有效学前教育项目（EPPE）及其相关的定性研究 [早期教育有效教学法研究（Researching Effective Pedagogy in the Early Years，简称 REPEY）] 的 启 发（Siraj-Blatchford et al.，2002；Siraj-Blatchford，2009）。"教育性游戏"服务于与儿童年龄有关的教育目标，但是为了完成入学准备，在学前班期间"教育性游戏"逐渐被淘汰。这种课程模式基于维果茨基的过渡理论——儿童的主导活动要从玩耍过渡到学习，并且儿童要从遵循自己的日程安排过渡到遵循学校的计划，以应对从早期教育到学校教育的社会环境转变。然而，有效学前教育项目（EPPE）对这些概念和方法的解释存在一些问题。在维果茨基的发展理论中，从早期教育过渡到义务教育的年龄在 6 岁到 7 岁之间。这意味着英格兰的 4 岁儿童比维果茨基的理论中所预期的年龄提早了两年转向义务教育。不同国家从早期教育转向义务教育的时间在 5—7 岁不等，这意味着对儿童来说，做好入学准备，经历教学方式从儿童自发向成人主导的转变至少有两年的跨度。英格兰的这种转变发生在学前班期间，这仍然是《早期基础阶段教育纲要》中一个备受争议的方面。

表 3.4　游戏是主导活动

游戏是主导活动

游戏是主导活动这个概念在理论上是很复杂的。首先，这并不意味着游戏是童年期的主要活动（这是一种常见的误解）。主导活动这个概念解释了儿童发展的过程和背景（社会和文化为儿童发展提供的背景），这涉及将现有的思维和学习方式转变为更加复杂的心理机能的形式。这种转变产生于社会情境，并与社会情境产生互动。随着时间的推移，儿童在生命中一个阶段内的活动会为下一个阶段做准备。爱德华兹（Edwards，2011）将主导活动比喻为桥梁，这种桥梁可以支持儿童从一种心理活动过渡到另一种心理活动。在维果茨基的理论中，只有当所有游戏元素完全发展成社会性

续表

假装游戏时，游戏才会成为早期教育阶段儿童的主导活动。维果茨基的理论规定早期教育阶段儿童的年龄在 0—7 岁（Bodrova，2008：363）。这个年龄跨度能够让儿童发展出成熟的游戏形式，而成熟的游戏形式其特点在于有想象的情境、社会角色、人际关系以及基于真实生活情境的规则。在此基础上，如果游戏在学前班阶段逐渐被淘汰，儿童将无法受益于成熟的游戏所带来的全部潜在好处。

活　动

思考自己工作时或观察 4—5 岁儿童时的经历。你见过哪些不同的过渡模式？你认为怎样才能更好地促进儿童从早期教育阶段过渡到义务教育阶段？学校应怎样为儿童的这种过渡做准备？在这些过程中，游戏的作用是什么？

在从早期教育向学校教育过渡的过程中，不管过渡发生在哪个年龄段，游戏都承担着风险。因为政策认为，在幼小衔接阶段儿童需要减少游戏。另一种观点是，儿童需要更具挑战性的游戏形式来支持其在社会关系和符号复杂性方面的发展。布罗德黑德（Broadhead，2004）的研究证明了 3—6 岁年龄段的儿童进行不同形式游戏的重要性。在和早期教育教师的合作研究中，布罗德黑德关注儿童的语言能力、交际能力与合作能力的发展，并提出了"社会游戏连续体"（Social Play Continuum，SPC）概念，同时定义了游戏的四个层次（见表 3.5）。

表 3.5　布罗德黑德对游戏四个层次的定义

联合的·社会性的·高度社会化的·合作的

布罗德黑德（Broadhead，2010：56-57）所描述的游戏的四个层次，为观察和理解游戏性学习，评估早期教育中不同领域的工作提供了工具。社会游戏连续体建立在对游戏进行持续观察的基础之上，它证明了儿童在游戏中进行建构和交流的意义，以及这些意义是如何在课程框架下和超越课程框架两种情形下被解读的。布罗德黑德用社会文化理论来解释儿童在各种情境中的意义和行为，他们作为社会参与者和学习的共同构建者所发挥的主体性。在游戏中儿童促进了自己的发展，因为他们往往会受到实践工作者的高度激励，去成为或被视为有能力的、可以掌握全局的个体。社会游戏连续体挑战了皮亚杰关于游戏形式、年龄、游戏阶段的观点，因为证据表明，当儿童能够在社会游戏连续体的不同领域中灵活转换时，儿童的语言、象征活动和行为的复杂性也随之提升了。因此，儿童在游戏中的连续性和进程应该结合其兴趣的发展方式，并满足他们对于选择、自主权和挑战性的连续需求。

另一个要考虑的问题是，幼小衔接不仅仅是两个学段不同教学法和课程实践的衔接。研究显示，儿童通过学习参与课堂生活、处理课堂中各种信息的策略，学会了在不同的场域里构建自己的身份（MacLure et al.，2012：461）。从技术统治论（technocratic）①的视角看待游戏的教学建构时，儿童可能会在两种情况之间进退维谷，一种是选择"受到认可的"游戏来取悦老师，另一种是对教室纪律、规则和常规进行质疑。在这些情况下，游戏在"教学雷达"的监视下静悄悄地进行就不足为奇了。

五、政策—实践之间的两难困境——灰姑娘的水晶鞋？

就像灰姑娘的水晶鞋一样，游戏并不能与政策框架十分契合，因为游戏并不能一直带来政策所定义的学习成果。从批判性理论的角度来看，《早期基础阶段教育纲要》对游戏的定义方式给出了截然不同的解释：现在，我们国家已经承认了游戏是有力量的（但是是有选择地承认），但这种对游戏的

---

① 技术统治论思潮是当代西方社会具有国际性影响的一种社会思潮，起源于 20 世纪 20 年代的美国，创始人是索尔斯坦·凡勃伦。其基本思想为：科学技术是解决资本主义社会种种矛盾与弊端的万能工具，随着科学的发展与技术的进步，将使资本主义社会成为"技术统治社会"，掌握社会统治权力的科技专家将使资本主义社会摆脱一切坏的方面，保留一切好的方面。——译者注

定义方式局限于一种用技术性的或管理主义的视角来看待教育。显然，政策框架展现出了一种秩序感、稳定性和共识：它重视某些重要的知识形式（或认识方式），并将这些知识编入课程。因此，调和不同的教育观、教育理念和教学方法之间的矛盾是目前面临的主要挑战，因为游戏不会轻易与这些组织技巧相一致。"教育性游戏"关注的重点在于了解早期教育机构的文化、知识的社会价值形式以及社会规则。"学习成果"与学习者个体以及个人的学习过程有关。相比之下，游戏是集体性的、相互关联的活动，它始终处在文化的、社会的和历史的情境下。政策框架，尤其是从教育有效性视角出发的政策框架，对游戏的监督和控制不太可能产生理解游戏内涵复杂性所需的有广度或深度的知识。

正如第 1 章所示，作为一种儿童中心和儿童主导的实践方式，游戏受到了儿童多个方面的影响，包括：儿童在家中的游戏生活、儿童的文化经历、他们的身份认同以及儿童对游戏的"就像……一样"和"如果……会发生……"这两种特征的理解能力。就游戏内容、社会互动、符号意义、交际语言和环境可供性而言，游戏是模糊和复杂的，而恰恰是这些影响了游戏和游戏性。游戏的意义是动态产生的，根据游戏者社会的、文化的、历史的不同资源以及他们多元的、变化的身份而不断变化。教育工作者和儿童的视角（Rogers and Evans，2008）以及多样性的不同维度的视角（Grieshaber and McArdle，2010；MacNaughton，2009）对于游戏是什么、游戏能为游戏者带来什么有着不同的解读。从儿童的角度来看，游戏中的颠覆和反转、有序和无序、混乱和稳定、包容和排斥等并存，权力、主体性和控制权都在游戏中展现。这样看来，整合了政治和伦理道德维度的游戏概念，并没有在政策话语关于"教育性游戏"的普遍性假设中得到体现。

尽管存在着这些矛盾，早期教育工作者仍然可以通过有创造力的、灵活的、有回应的方式将游戏融入课程。然而，游戏中的挑战和复杂性不应该被低估，因为这需要复杂的课程和教学方法（第 4 章和第 5 章）。虽然政策框架确认了"教育性游戏"是一种学习方式和课程传递的手段，但实践工作者不应该盲目地受制于政策框架：仍有其他版本的游戏定义和其他真知灼见可以为早期教育提供解决方案。对于实践工作者来说，一个关键的挑战在于如何将政策文本作为指导框架，而不是受制于其硬性规定。实践工作者们要不断发展自己的能力，从而能更好地理解潜在的成果，这包括儿童在游戏和工作中的自我建构以及与他人共同建构的成果。

随着越来越多的人关注"设计者版本"(designer versions)① 的课程——这些课程与儿童、家庭、当地社区以及早期教育的专业知识相一致，已经有很多不满"一刀切"政策的声音出现（File，Mueller and Wisneski，2012）。实践工作者需要对儿童的学习、多样化教学知识的储备和设计课程的专业知识有深入的理解，这样的课程可以回应并预期儿童未来的发展。在下一节中，我们可以看到不同课程模式的原理和理论。

六、课程模式

为了创建"设计者版本"的课程，实践工作者可以借鉴接下来介绍的课程模式，并将其与个体环境相结合，或者进行调整以适用于个体环境。所有的课程模式都整合了游戏以及游戏性的、有创造力的教与学的方法。随着研究和理论的发展，以及广泛社会变革的发生，这些课程模式还在不断地发展，所以它们不是一成不变的，而是接纳巧妙的改造。

（一）特·沃里奇课程（Te Whariki curriculum）（新西兰）②

特·沃里奇课程（New Zealand Ministry of Education，1996）是新西兰（Aotearoa③/New Zealand）的国家课程文本，主要针对出生到 5 岁的儿童。特·沃里奇课程是一个多元文化的课程，反映了新西兰的文化遗产、毛利族的信仰和文化传统，并且可以适应多元文化社会的不同环境。特·沃里奇课程受到社会文化理论关于学习和发展观点的影响，同时也从个人主

---

① 设计者版本的课程，即教师就是课程的设计者，这些课程往往与儿童、家庭、社会等相适应，教师可以充分根据实际情况对课程进行本地化的调整。——译者注
② 新西兰于 1996 年颁布、1998 年起全面实施的特·沃里奇课程是新西兰早期教育国家课程。这一课程不仅在目标、原则等方面有着许多特色和优点，更从根本理念上打破了传统模式，从过往以学科教学为本位的学校规范化课程架构，转而变成以解决学前儿童所必须关注的问题为本位的综合式课程架构。——译者注
③ Aotearoa 为毛利语，意思是"白云朵朵的绿地"。公元 14 世纪，毛利人从波利尼西亚来到新西兰定居，成为新西兰的第一批居民，并用波利尼西亚语"Aotearoa"作为新西兰的名字。——译者注

义的教学方式转向了发展适宜性的课程模式，强调学习的本质是一种社会建构，见多识广的人在早期教育机构、家庭和社区中具有重要作用（Carr et al.，2009；Carr and Lee，2012）。特·沃里奇课程隐喻的说法是指编织的草席（whariki）①或垫子（mat），它由课程的原则、标准、目标和学习成果编织而成。表 3.6 展示了特·沃里奇课程的四项原则。

表 3.6　特·沃里奇课程的原则

- 赋权：课程要让儿童学习和成长。
- 全面发展：课程反映了儿童学习和成长的全面发展的方式。
- 家庭和社区：包含家庭和社区的更广阔的世界是课程里不可缺少的一部分。
- 关系：儿童通过与人、地点和事物建立有回应的、互惠性的关系来进行学习。

表 3.7 列出了特·沃里奇课程的五个组成部分。

表 3.7　特·沃里奇课程的组成部分

- 身心健康（Well-being—*Mana Atua*）：培养儿童的身体健康和幸福感。
- 归属感（Belonging—*Mana Whenua*）：儿童及其家人能够有归属感。
- 贡献（Contribution—*Mana Tangatta*）：学习的机会都是公平的。
- 沟通（Communication—*Mana Reo*）：儿童自己的语言、符号及其他文化都得到促进和保护。
- 探索（Exploration—*Mana Aoturoa*）：儿童通过在环境中的主动探索来进行学习。

---

① whariki 一词是毛利语，原指编织的草席，以供人站立其上。意指幼教课程包括多种文化观点和不同的取向，以给予幼儿学习上的最佳支持，这也隐喻着课程的内容架构如草席编织而成。——译者注

在课程的每一个组成部分内,宽泛的目标都与总体的学习环境、儿童的学习内容与经历,实践工作者连接家庭、社区、学习机构和其他早期教育服务的方式等有关。从这样一个文化扎根理论的视角来看儿童的存在感、成就感和归属感,使得公平成为教育目标不可或缺的组成部分。

特·沃里奇课程框架详述了上述五个组成部分下的学习成果(包括知识、技能和态度),并且提供了帮助儿童达成学习成果的经验案例。课程框架将学习成果总结为具有指向性而非确定性的暂定理论(working theories)和学习品质。课程框架鼓励实践工作者将他们所提供的早期教育的质量、一日常规与取得学习成绩的方式联系起来,做批判性的思考。特·沃里奇课程框架中的每一个组成部分都与新西兰初等教育课程框架(New Zealand Curriculum Framework for primary education)中规定的学习领域和必备技能相关联(New Zealand Ministry of Education,2007)。在特·沃里奇课程中,学习品质渗透在学习目标和每一个组成部分中。

活　动

学习品质

儿童是存在着并不断发展中的人,他们是有准备的、有意愿并且有能力的、好奇的、有创意的、爱玩的、善于发明创造的、有想象力的、机智的、有活力的、坚持的、乐于助人的、关心他人的、体贴的、乐于合作的、有责任感的、有胜任能力的、有才华的、有礼貌的、能够反思的、独立的、互助的、协作的……

思考你所在早期教育机构中的一名儿童,尝试用这些学习品质来描述他。在不同的情境(儿童自发和成人主导的活动)中,他是否很明显地展现出不同的学习品质?

课程计划基于儿童的兴趣,通过关注儿童及其学习,使得儿童可以从反映其认知、情感和社会关注的活动及相关经验中获得技能、增长知识、提升理解力。自发游戏、自由游戏和结构化游戏活动被认为是重要的学习经历。课程框架同时也通过鼓励家庭和早期教育机构共同评估的方式来促进家庭的参与，使得家庭成员也参与到记录儿童的学习故事中（Carr and Lee，2012）。以下这个案例展现了如何在实践中应用这些原则。

> 4岁的维尼（Vini）告诉老师，他的妈妈需要一双新拖鞋。维尼为妈妈制作了一双拖鞋（他做了很多测量、粘贴和装饰工作）。在教师将这一情境写进学习故事时，她们把维尼描述成一个关心他人的、体贴周到的人。维尼的妈妈在评估档案夹中记录了维尼这项工作所体现的专业技术，她写道："对于维尼这个年纪的孩子来说，能够这么体贴周到，并且制作技术如此高超，真让人难以置信。"（Cowie and Carr，2004：98）

特·沃里奇课程中所规定的学习成果比《早期基础阶段教育纲要》更宽泛，并更具过程导向性。例如，在探索这一组成部分中，儿童要发展以下几个方面的能力。

> 对空间的理解，包括：了解二维和三维的物体如何组合在一起并在空间内移动；这些空间信息可以用地图、图表、照片和图纸等形式表示出来。（New Zealand Ministry of Education，1996：90）

特·沃里奇课程超越了学科的界限，就这一点而言，它所规定的学习成果是整体的。相比之下，《早期基础阶段教育纲要》里（DfE，2012）规定的目标和学习成果在每个学习领域里都是具体的、有层次的知识、技能和理解力。这两个不同方向反映了两国政策文件对儿童、童年期以及教育目的的两种截然不同的设想。在英格兰，早期教育服务受到了用操作性定义来看待学习和入学准备的观点的影响，尤其是在培养读写能力和计算能力方面。特·沃里奇课程所蕴含的社会—文化理论导向更加强调早期教育中心或教室是一个学习者社区：学习是一个共同建构的过程，在这个过程中儿童能够在不同情境下有所作为，并且也越来越能够参与其中（Carr et al.，2009）。

在新西兰，关于课程内容、"兴趣与技能的对立"，尤其是涉及有特殊教育需求的儿童时（Hedge and Cullen，2011），一直有所争论。在更广泛的早期教育界也反映出类似的问题。在这样一个基于儿童兴趣的教学方法中，明确每名儿童具体的学习目标对于实践工作者来说是很有挑战性的。在主要关注技能或内容的教学方法中，如果教学和学习是碎片化的，那么学习目标的过度原子化和具体化同样也是一个令人困扰的问题。对于实践工作者来说，解决这种冲突需要确保儿童的兴趣得到了相关内容的支持，这些内容多源于学科知识及具体领域的专业知识（Carr et al.，2009：3）。

　　国际上所达成的共识是：儿童是有能力的、有能量的且强大的学习者。源自意大利北部的瑞吉欧教育法就体现了这一点，并且它已经影响了很多国家的教育实践。

（二）瑞吉欧教育法（意大利北部）[①]

　　"二战"结束后不久，瑞吉欧教育法在瑞吉欧·艾米利亚地区发展起来。瑞吉欧教育法的精神风貌，其关注儿童与成人共同参与课程建构的民主教学法，以及它对创造性艺术的重视，都已经得到了国际的认可和尊重。洛里斯·马拉古兹（Loris Malaguzzi）作为瑞吉欧教育法的创始人，富有表现力地描绘了儿童的形象。

　　　　我们不再把儿童的形象看作是孤立的和自我中心的，不再将儿童的活动仅仅看作是在执行动作和操作物体，不再仅仅强调儿童认知方面的学习，不再轻视儿童的感受或把这些情感看作没有逻辑的事情，不再模糊教师在情感领域所扮演的角色。相反地，儿童的形象是富有潜力的、强大的、有权力的、有能力的，并且大多数时候是与成人和其他儿童有联系的。（Malaguzzi，1993：10）

　　马拉古兹提出，儿童有"一百种语言"来建构、表达和交流他们的知识、想法和经历。这些可以通过多种表征模式表达出来，儿童可以使用各种

[①] 瑞吉欧是意大利北部的一座城市，自 20 世纪 60 年代以来，洛里斯·马拉古兹和当地的幼教工作者一起兴办并发展了该地的早期教育。人们称这个综合体为"瑞吉欧·艾米里亚教育体系"。——译者注

材料、工具和资源，如绘画、涂色、标记、印刷、书写、符号和标志（包括盲文和手语）、舞蹈、哑剧、戏剧、面部语言和肢体语言、木偶、影子游戏、计划、地图、建筑、设计、拍照、雕刻、搭积木、建筑材料、天然材料、计算机和信息通信技术等。通过与熟练的美术教师一起参与真实的活动，儿童可以学会正确地使用工具，从而促进儿童的认知、创造力和表现力的发展，例如，儿童可以建造一座雕塑花园，种水果和蔬菜，对自然界展开调查，参与社区的活动。

　　瑞吉欧教育法（已经声名远扬）建立在关键原则、儿童形象以及这些因素影响实践的方式之基础上。它通过观察、记录、解释、反思和"倾听教学法"来捕捉和思考儿童的学习经验（见表3.8）。

表 3.8　瑞吉欧教育法的关键原则

儿童是主角：儿童是强大的、丰富的、有能力的人。他们在建构自己的学习方面是准备就绪的、有潜力的、充满兴趣和好奇的。他们可以利用环境中的一切来帮助自己。儿童、教师和父母都是教育过程的主角。

儿童是合作者：儿童在实践社区（communities of practice）①中成长，这个实践社区中存在着形形色色、见多识广的人。学习发生在社会环境中，并且在环境中要利用各种资源（材料和人）。儿童如何学习以及他们如何创建自己的身份是与他们所经历的社会环境密切相关的。

儿童是沟通者：很多不同形式的符号表征——书面语言和口头语言、动作、绘画、涂色、建筑、雕刻、影子游戏、拼贴、表演游戏、音乐——是很有价值的。这些"一百种语言"使儿童能够以不同的方式来表达和交流他们的想法，包括他们所知道和理解的、想要知道的、有疑惑的、感觉到的和想象的。艺术教师或训练有素的艺术家使得这些交流过程成为可能。

环境是第三位老师：学习环境（室内和户外）的设计支持了有教育意义的接触、交流和建立关系。提供特定的学习空间之后，随着学习项目的推进，设备和材料也会

---

① 实践社区（Communities of Practice，简称CoP），指的是拥有同样手艺或职业的一群人。"实践社区"这一概念由认知人类学家简·莱夫（Jean Lave）和教育理论家艾蒂安·温格（Etienne Wenger）在其1991年出版的《情境学习》（*Situated Learing*）一书中首次提出。——译者注

续表

发生改变。瑞吉欧教育法通过让儿童必须整合和探索自己所得到的各种材料和学习机会，从而鼓励儿童自由选择并发展独立性。环境是创造学习空间、建立幸福感和安全感的动力。

教师是共同的建构者：教师与儿童一起合作，来开发并扩展主题和兴趣。他们一起设计、计划短期和长期的项目。教师用一种支持性的方式进行师幼互动，主要是倾听、观察、交谈和记录儿童的学习过程。在艺术工作室中，儿童和艺术教师一同参与项目。教师可以通过发现儿童的兴趣和行动计划来帮助他们进一步探索环境的内涵与外延。

教师是研究者：教师通过与同事建立合作关系，并以记录、讨论儿童的进步和成就为基础，来完成持续的专业发展。教师借鉴已有的理论来建立自己关于儿童服务的暂定理论。

记录是一种交流方式：和特·沃里奇课程大体相似，儿童的学习记录要与幼儿园中的教师、其他成人及父母、家人分享。通过展示照片、描述以及实践工作者对儿童语言的转录，儿童学习记录板（陈列柜）或记录本能够印证儿童的学习成果。记录的内容与父母一起分享，教师与他们一起讨论儿童的兴趣、进步和成就，并向儿童展示他们的工作是有价值的。

父母是伙伴：瑞吉欧教育法很鼓励父母的参与，其中包括用双向互动的方式来交流儿童的经历。父母为儿童的学习和发展提供想法与建议，并为早期教育机构贡献自己的技能。父母基于他们的家庭、社区文化和经历来解释儿童的多种表征模式。

"一百种语言"的原则告诉我们，赋权是通过使用所有的表征方式而产生的，以使儿童理智地、热情地参与到工作和游戏中去。这对于那些有言语和沟通障碍以及英语非母语的儿童来说是很有价值的。"一百种语言"的概念确保了为游戏提供多种表征模式的机会，从而让实践工作者创造性地思考有关全纳教育的问题。

我们可以从这些原则中学到什么？

参观过瑞吉欧环境的实践工作者通常会对物质资源的质量、空间的设计和布局、艺术教师为儿童所提供的准备、儿童表现的水平等印象深刻

(Thornton and Brunton，2007)。通过观察和"倾听教学法"来对儿童进行评估与评价（Rinaldi，2006）使教育工作者可以通过有意义的内容、具有挑战性且多元化的表现方式来培养儿童的兴趣，并通过这种方式来建构儿童的经验与活动。瑞吉欧教育法的实践是以儿童为中心的，因为教师要努力去了解儿童的思想和想法。

> 最终，艺术工作室中的教师①必须了解儿童已经达到的水平，同时，儿童要告诉艺术教师他们在做什么，有什么不理解的地方，以及他们想要从哪些地方成长和创造价值。（Parnell，2011：302）

尽管瑞吉欧教育法是鼓舞人心的，但是还不足以成为我们采用瑞吉欧教育法的理由，我们不能仅仅进行表面层次的实践，或仅通过获取"瑞吉欧"的资源就真正地"践行了瑞吉欧"，因为这种方法是建立在诸多原则及对儿童、家庭、社区和儿童形象的理念之基础上的（Parnell，2011；Rinaldi，2006）。因此，实践工作者需要质疑瑞吉欧教育法的经验在何种程度可以得到普及，或质疑瑞吉欧教育法能否与如《早期基础阶段教育纲要》这类技术统治论的模式相融合。好的或有效的早期教育实践不能建立在其他模式的具体细节上，除非它们以这些课程模式的基础理论和原则为指导。

如果我们认为儿童是强大的、有能力的、有抗逆能力的、能干的以及丰富的，那么我们也应该用同样的观点看待实践工作者。坚持原则时强硬而又坚定，提供服务时能干而又熟练，专业知识丰富，这些都可能帮助实践工作者面对来自政治家、同事、父母和媒体的不恰当的实践方式所带来的压力。

（三）高瞻课程（The High/Scope curriculum）（美国）

高瞻课程起源于美国，最初以皮亚杰理论和发展适宜性实践（DAP）为理论基础。随后补充了社会文化理论来应对社会和文化的多样性，并纳入了积极主动的实践者角色（Bredekamp and Copple，1997）。课程中的详细的指导手册描述了课程内容、计划、一日常规，以及评估和记录的策略。课程内容建立在

---

① 从 20 世纪 60 年代开始，瑞吉欧地区的每一所市立幼儿园都专门配置了艺术工作室以及有艺术专业背景的教师。——译者注

关键经验的基础之上，课程内容涵盖了表 3.9 列举出来的八个学习领域。

高瞻课程根据儿童主动学习的经验来制订计划，这些经验反映了儿童的需求、兴趣以及不断变化的认知关注，并且会不断调整以适应不同的年龄组和机构环境。高瞻课程重视成人主导的活动，注重传授八个领域中具体的技能和知识，并提供资源来支持儿童的兴趣。该课程模式由"计划—工作—回顾"（PDR）三个部分组成，包括儿童在结构化的、有着丰富资源的环境中设定自己的目标，选择他们感兴趣的活动。儿童可以独自、成对或以小组为单位来实施他们制订出来的计划。这个选择并不是纯粹放任自由的方法，因为实践工作者建构了室内和户外的环境，以提供八个学习领域的关键经验[①]，并促进儿童的适应性和独立性的发展。实践工作者的角色在于为儿童的决策和计划以及儿童的学习提供支持，并用评价方式来指引后续活动的开展。教学互动要求教师对儿童的活动进行回应，同时也鼓励教师为儿童提供一些有挑战性的拓展活动。

表 3.9　高瞻课程中的学习领域 [②]

• 主动学习
• 语言
• 表征
• 分类
• 排序
• 数字
• 空间关系
• 时间

高瞻课程模式的重要假设在于，儿童选择的就是他们所需要的。然而，

---

① 关键经验（key experienes）是较早的说法，现已改为关键发展指标（key developmental indicators）。——编辑注

② 这是关于八个学习领域较早的一种提法，现已发展为：学习品质；语言、读写和交流；社会性和情感发展；身体发展和健康；数学；科学和技术；社会学习；创造性艺术。详见教育科学出版社出版的《学习品质：关键发展指标与支持性教学策略》《语言、读写和交流：关键发展指标与支持性教学策略》等书。——编辑注

这个设想是存在问题的，因为有研究表明，一些儿童会重复做安全的和已知的事情。他们可能没有足够的知识、自信和专业知识来有区别地运用材料和资源，尝试新的活动，挑战自己的极限，加入一个小组进行游戏或成功地参与形式更加复杂的游戏（Broadhead，2004）。或者，儿童可能会选择挑战环境的规则（Wood，2013）。在学习和教学的社会文化模式中，学习者群体通过共同的活动、有引导的参与，以及有回应的互动（基于儿童对活动的选择及其参与活动的技能）来建构学习。实践工作者需要识别出游戏活动中哪些不同领域能够为儿童的学习提供潜在的可能性，以什么方式使所有儿童都有机会进入这些领域，并进而支持儿童的计划和他所做出的选择。接下来的部分会更加详细地探讨这些观点。

计划—工作—回顾

在计划—工作—回顾活动中，儿童可以为活动制订计划，将材料和资源组合起来，然后在回顾时间聚在一起讨论他们做了什么、哪些做成功了或学到了什么。计划—工作—回顾环节还鼓励儿童提出问题、分享信息，并思考他们所进行的活动即将面临的挑战和需要拓展的方面。若能够有效地利用回顾时间，计划—工作—回顾就可以鼓励儿童元认知技能和元认知过程的发展。计划—工作—回顾的效果取决于小组的规模和教师在指导儿童讨论、为开放性问题做示范、促进儿童思考、为儿童提供反馈并鼓励儿童参与到元认知过程（即儿童的自觉意识和儿童对自己的思考、学习、活动的控制）中所具备的专业知识。

费舍尔（Fisher，2013）借鉴了计划—工作—回顾方法中提到的原则，并为实践工作者提供了详细的指导，帮助实践工作者了解成人和儿童做了什么计划，儿童如何做出决定，指导教师组织室内外环境、提升对活动的反思能力，从而为更长远的学习制订计划。回顾过程可以让实践工作者了解儿童的生成性理论（emergency theory）[①]和暂定理论，以及这些是怎样通过成人主导和儿童自发的活动得以发展的。当儿童为安排体育器材或组织户外学习环

[①] 20世纪70年代，美国心理学家维特罗克最早对生成性学习模式进行了研究。维特罗克认为，学习是一个主动的过程，学习者积极参与其中，主动地构建自己对信息的解释，并从中做出推论。生成性学习理论对当代教学过程观极具指导意义，它从心理学角度确认了学生所拥有的主体作用及与环境的相互作用，重视新知与已有长时记忆内容、信息的相互联系，同时它也承认教师的指导作用。——译者注

境的活动做计划时，他们能够迎接挑战，拓展更多的活动，并且也会关注到安全和风险问题。这些方法在重视儿童的游戏和自发性活动方面目的明确且鼓舞人心，其中还包含着成人和儿童共同参与建构的可能性。计划—工作—回顾方法结合了民主的、全纳参与的原则，因为儿童参与了制订计划、设计、协商、决策和组织环境，也共同建构了课程。

　　为成功地实施这一课程模式，计划—工作—回顾方法包含了教给儿童思考和学习的心理工具的内容，并包括元认知技能和策略（见表 3.10）。制订与他人合作的计划有助于发展儿童的社会性和交际能力。在混龄班中，年龄较大的儿童可以做出计划—工作—回顾全过程的示范。在理想情况下，计划—工作—回顾的过程应该在全园范围内落实开来，从而提升儿童的能力和掌握程度，逐渐养成"我能"（can-do）的态度或形成积极的学习品质。

表 3.10　儿童制订计划的能力

儿童需要学习哪些制订计划的能力？

- 在小组中发言和倾听的能力
- 理解计划的概念并能够做出决策的能力
- 实施计划的能力
- 选择并知道如何使用材料和资源的能力
- 独立和合作完成任务的能力
- 向同伴和成人寻求帮助的能力
- 具体说明实施一项计划或子任务所需帮助的能力
- 在活动中集中注意力的能力
- 创造、识别和解决问题的能力
- 回忆计划是如何实施的能力
- 对行为进行反思——提出并回答问题的能力
- 以不同方式来表现知识和经验的能力
- 处理信息以及沟通活动的意义与目的的能力
- 在学习过程中保持自觉意识和自我控制的能力（元认知）
- 建立并维持与同伴和成人之间的关系的能力

高瞻课程模式最初规定的师幼比是 1∶8，所以在更大的小组中实施就会遇到困难。使用高瞻课程模式的实践工作者指出，为大组制订计划很耗时（长达 20 分钟），并且往往会引起儿童的焦躁不安。一些实践工作者指出，他们每天会分出规模更小的小组来制订计划。这样一来，所有的儿童在每周的课程上都会体验到更好的选择，并发挥自主性和独立性（详见第 8 章阿曼达的故事）。实践工作者要使用适当的教学策略和互动方式来支持儿童所计划的活动（见表 3.11）。

表 3.11   教学互动

互动、参与、倾听、观察、回应、指导、重新引导、演示、示范、开放性提问、表扬、鼓励、建议、引导、暗示、教导、传授新知识、诊断、挑战、延伸、讨论、反思、敦促、丰富、协助、协调、解释、促进等

回顾时间

实践工作者有时不确定如何有建设性地利用回顾时间，来让儿童反馈他们在自发活动中（包括在游戏中）做了什么。实践工作者可以通过不同方式来引导儿童进行回顾（见表 3.12）。

表 3.12   回顾策略

- 采用"即时的"评论来回应儿童即时的成功、面临的挑战，以及他们提出的问题或解决的问题。
- 在一个环节结束时，给一个较小的组（在关键的工作人员、助教或其他人的帮助下）或一个更大的组反馈。
- 在一天结束的时候进行回顾。
- 在一周结束的时候进行回顾。
- 在一个主题开始 / 结束（例如，为了进一步的学习，创建符合儿童的知识、兴趣和想法的思维导图）时进行回顾。

计划—工作—回顾可以实现儿童和实践工作者的不同目的。

活　动

计划—工作—回顾对成人和儿童的益处

看看计划—工作—回顾方法的益处，你能识别出在自己的教学实践中哪些益处表现得比较明显吗？你想发展儿童的这些领域吗？为什么？

- 儿童可以评价自己及他人的工作。
- 儿童的主体性和掌握程度可以得到发展，因为他们可以自己做出决定，识别并解决自己提出的问题。
- 实践工作者可以转变课堂中权力的平衡，促使儿童对自己的学习负责。
- 实践工作者可以围绕儿童的兴趣和知识储备来为课程方向做出计划。
- 实践工作者可以通过回顾来了解儿童学习的内容和方式，并以此为根据做出进一步的计划。
- 实践工作者可以重视由儿童的兴趣和动机引发的学习。
- 计划—工作—回顾可以为实践工作者了解儿童学习的差异和制订个体学习计划提供信息。

七、本章小结

总之，早期教育政策的发展已被证明是一件喜忧参半的事情。政策文本依然将游戏摆在重要位置，但更加强调"有效的"和"优质"游戏的内核。以游戏为基础的课程和以游戏为基础的教学受到了更多关注，这些做法确认了成人在制订计划、为儿童提供支持、拓展儿童学习中的角色，并认识到了重要的教育内容在儿童自发活动中的意义。认可儿童自发活动的内容是有教育意义的，而且是有力的，对于如何明确幼儿学习者的特征，以及如何根据这些特征改进早期教育服务，早期教育界已有很大的影响力。有额外的或特殊需求的儿童、有残疾的儿童以及其他方面有差异的儿童，他们的游戏技能也受到了更多的关注。这些因素进一步表明，早期教育的发展仍然任重道远，需要高度熟练的专业人士（DfE，2012 b）。政策框架不应该成为早期教育发展的束缚，因为政策框架只提供了对游戏的能量和潜力的有限认识。实践工作者应该通过借鉴源自不同课程模式的理论和原则对设计者版本的课程进行本土化调整，从而为课程提供连续性和结构。接下来的章节将对这些概念进行更深入的探索。

活　动

读了瑞吉欧教育法的八项原则之后，哪些原则符合你自己的教学理念和实践？你期待的儿童形象是什么？与你的同事进行讨论，并比较你们关于儿童形象的想法。《早期基础阶段教育纲要》（或其他国家政策文件）中所期待的儿童是什么形象？

活　动

你怎么理解设计者版本课程？你认为，你会通过什么方式来构建自己理想的课程模式呢？你会通过什么方式来观察其他实践工作者的课程实践？你认为创造自己理想的课程模式有什么益处？面临的风险是什么？

八、拓展阅读

Broadhead, P., Howard, J. and Wood, E. (2010) (eds) *Play and Learning in the Early Years: From Research to Practice,* London: Sage.

Brooker, L. and Edwards, S. (2010) (eds) *Engaging Play*, Maidenhead: Open University Press.

Christman, D. (2010) 'Creating social justice in early childhood education: a case study in equity and context', *Journal of Research on Leadership Education,*

5（3）：107–137, http://jrl.sagepub.com/cgi/reprint/5/3/107.

File, N., Mueller, J. and Wisneski, D.（eds）（2012）*Curriculum in Early Childhood Education: Re-examined, Rediscovered, Renewed*, New York: Routledge.

Fisher, J.（2013）*Starting from the Child?*（4th edn）, Maidenhead: Open University Press.

Grieshaber, S. and McArdle, F.（2010）*The Trouble with Play*, Maidenhead: Open University Press.

Parnell, W.（2011）'Revealing the experience of children and teachers even in their absence: documenting in the early childhood studio', *Journal of Early Childhood Research*, 9（3）：291–307, http://ecr.sagepub.com/content/9/3/291.

Rinaldi, C.（2006）*In Dialogue with Reggio Emilia: Listening, Researching and Learning*, New York, Routledge.

Sutton-Smith, B.（2001）*The Ambiguity of Play*（2nd edn）, Cambridge, MA: Harvard University Press.

Thornton, L. and Brunton, P.（2007）*Bringing the Reggio Approach to Your Early Years Practice*, Abingdon: Routledge.

没有时间看完全书？微信扫码，15分钟听完全书主要内容，并获取思维导图。

第4章
游戏与课程

本章旨在完成如下目标。

- 理解作为社会文化框架的整合课程与教学法的实践模式（Model of Integrated Curriculum and Pedagogical Approaches，MICPA）（Wood，2010b：21）（图4.1），以利于课程规划。
- 以社会文化理论为基础，理解游戏和学习的连接过程。
- 批判地探索自己关于游戏计划的价值观、信念和理论。
- 了解如何为儿童进入小学后的衔接和连续性做出计划。

  本章基于伍德提出的整合课程与教学法的实践模式（MICPA），聚焦于开发游戏、学习与教学之间的连续体（wood，2010b）。伍德的模式以社会文化理论和不同国家的研究为基础，并反映了成人不能直接规划儿童的游戏，但可以为儿童的游戏和其他儿童自发的活动做规划的原则。实践工作者可以通过运用该模式来促进他们的教学实践，借此来超越国家政策框架。在早期教育环境下，游戏总是被不同程度地构造，同时人们也总是期望实践工作者能够证实游戏与学习目标、学习成果之间密切相关。然而，这不是唯一的（甚至不是最适宜的）理解游戏对"高质量的""有效的"教育服务做出了贡献的方式。通过回应社会和文化的多样性，回应有额外的特殊教育需求的儿童与残障儿童，以及回应家庭和社区，实践工作者可以发展出自己对于质量和有效性的认识。该模式将使实践工作者在他们的课程和教学方法中发展出灵活应对和积极回应的能力。

一、定义课程

　　如我们在第 3 章中所见，由于对儿童和实践工作者的形象有不同理解，且教育原则和价值观不同（例如瑞吉欧教学法中涉及的社区、公民权和创造力；瑞典模式中的儿童权利、性别平等和为可持续发展而教育），所以早期教育课程有多种不同的定义和建构方式。

　　就儿童现在和将来的需要以及社会更广泛的需求而言，哪种形式的知识或哪个领域的学习更具有教育价值呢？所有的课程模式在这一问题上都反映出了不同的理念和价值观。如何把这些知识进行组织并重新编排先后顺序，也反映了不同课程模式对学习进程的不同理解。然而，知识不是价值中立的[①]（value-free）：第 3 章中所描述的三种课程模式为不同的知识形式、学习品质和游戏方法赋予了不同的地位。这三种课程模式的内在联系在于，实践工作者在专业上和伦理上有责任在以下方面做出有见地的决策：如何基于幼儿的兴趣、暂定理论、知识储备（见表4.1）和不同政策框架中所定义的内容，通过成人主导和儿童自发的活动与幼儿共同创造课程。面对不同早期教育机构中的不同儿童，开展并解读课程的方式应有所差异，并会受到不同维度的儿童多样性的影响。这些不同维度的儿童多样性包括：性别、家庭文化、种族、语言、宗教信仰、性取向、社会阶层、有能力 / 残障及有特殊或额外需求的儿童。课程与教学中的"进程"与儿童学习的"进程"是不一样的。游戏本身不构成课程，但游戏应被整合到课程中，因为游戏为学习和发展创造了潜在的空间。

表 4.1　知识储备

　　知识储备这一概念是从摩尔等人（Moll et al.，1992）以及冈萨雷斯、摩尔和阿曼提（González，Moll and Amanti，2005）的研究中发展而来的。在游戏和早期教育领

[①] 价值中立，最早源于英国哲学家大卫·休谟（David Hume）提出的"是"与"应该"的划分，他认为，事实判断与价值判断之间有着不可逾越的鸿沟，因而我们并不能简单地从"是"与"不是"推论出"应该"与"不应该"。——译者注

续表

域，赫奇斯（Hedges，2010；2011b）进一步发展了这些理论。知识储备是指儿童在家庭和社区的日常实践中积累的知识，包括信息、技巧、策略、思维方式和学习方式、学习品质和实践技巧。这些知识包括儿童在日常环境中学到的"学科知识"，如数学、读写能力、技术，还包括儿童在不同的文化常规和实践中获得的正式或非正式的学习品质。儿童在他们的家庭和社区中学到了日常知识，并发展出了对自身以及所处社会和文化世界的暂定理论。在游戏情境中，规则游戏、视觉与创作艺术、讲故事活动、传统的神话传说都会教给儿童重要的文化规则和信息。儿童同时也以游戏的方式进行一些活动，如购物、园艺、烹饪、照顾兄弟姐妹、节日和庆祝活动。赫奇斯（Hedges，2010；2011a；2011b）、布鲁克（Brooker，2011），以及卡鲁什司和沃辛顿（Carruthers and Worthington，2011）的研究表明，在早期教育机构中，儿童的知识储备以及进行游戏和学习的文化方式不一定能被辨识出来或得到重视。

这些概念来源于罗格夫（Rogoff，2003），他认为文化不仅存在于我们的环境中，而是深深地根植于我们对于世界的想法、习惯、理念、价值观、心智倾向、行为、身体语言、兴趣和态度中。因此，具有文化敏感性的早期教育服务要关注儿童学习活动中深入的文化渊源，而不仅仅是表面性的文化表征。

活　动

找出一个课程领域，并反思自己的知识储备是如何在家庭和教育机构中得到发展的。你曾经有哪些错误的概念？它们是如何改正或重建的？哪些从家中获得的知识储备已经转化并进入了学校？哪些没有？

"潜在空间"（potential spaces）这一概念对于使用指定课程模式的实践工作者来说是一个相当大的挑战。然而，课程不应仅仅由政策框架中的表现性发展目标（performance goals）来定义：英格兰《早期基础阶段教育纲要》（DfE，2012a）中的学习目标和学习成果指的是大多数儿童在 5 岁时预期能达到的水平，它强调的是儿童"入学准备"方面的技能。许多儿童的表现会超越这些目标，而有些儿童将需要得到更多的支持，以过渡到第一个关键阶段的课程。对于"什么是值得儿童学习的"，特别是对于儿童建构其独特身份、兴趣和心智倾向的方式，课程框架并未揭示这其中的更为深层的复杂性。更进一步而言，儿童所体验到的课程包含了早期教育机构中所有的文化实践：活动、规则和一日常规，以及机构欢迎儿童的方式，组织环境的方式，机构期待儿童与同伴、成人互动的方式，机构鼓励、容忍、忽视或禁止的行为和活动。源自儿童家庭和社区的文化理念和实践也会融入这个综合的文化实践中。那么，实践工作者如何能把这些复杂性整合到课程计划中呢？接下来的部分阐述了整合课程与教学法的实践模式，这一模式为应对这些挑战提供了可能的解决办法（Wood，2010b）。

二、整合课程（Intergrated curriculum）与教学法

整合课程与教学法的实践模式是实用主义的，因为它承认了学校中的游戏结构化程度不同，但是这一模式并没有给予"游戏是教育"这一技术统治论话语以特权。实践工作者通过运用灵活反应和积极回应的能力，能够让儿童投入到一些活动中做计划，并整合不同教学方法中的观点（见第 3 章）。

整合课程与教学法模式是基于"工作—游戏连续体"这一概念而建立的，如图 4.1 所示，箭头连接了两个教学区域（成人主导的活动与儿童自发的活动）。在这个连续体的中央（结构化游戏），结构化的程度越高，活动越像是工作而越不像是游戏。成人主导的活动可能具有游戏性和想象性的元素。加在活动上的结构化程度越低，活动就越像是游戏；"自由游戏"绝不是真正自由的，而应该在环境中尽可能地自由——如今这一看法已成共识。在儿童自发活动的区域，自由选择的活动最接近于"纯粹的游戏"，因为它们包含了第 1 章中所列出的游戏的特质和特征：游戏者有选择权和控制权；活动包含了想象力和假装成分，很少有来自成人的指导和干预；活动当中不存在来自于"结果"的压力，除非儿童出于自己的目的选择了游戏的"结果"。儿童自由选择是否把成人当成游戏的合作者，或寻求成人的帮助；他们制定自己的规则和可能的目标（但这些目标能反映游戏的目的，比如搭建一座机场或分配道具）。儿童可能选择结构化的游戏活动，如玩有规则的游

戏，或设计制作模型，或玩一些"更像是工作"的活动，如阅读故事、开展
科学调查、制作雕像，或在电脑上玩数学游戏。帕内尔（Parnell，2011）在
记录了效仿瑞吉欧学校中开展的活动的情况后指出，在儿童的活动和项目
中，难以分辨工作性和游戏性，但通过儿童的创造力和多模式表征技能，工
作性和游戏性联系在一起了。

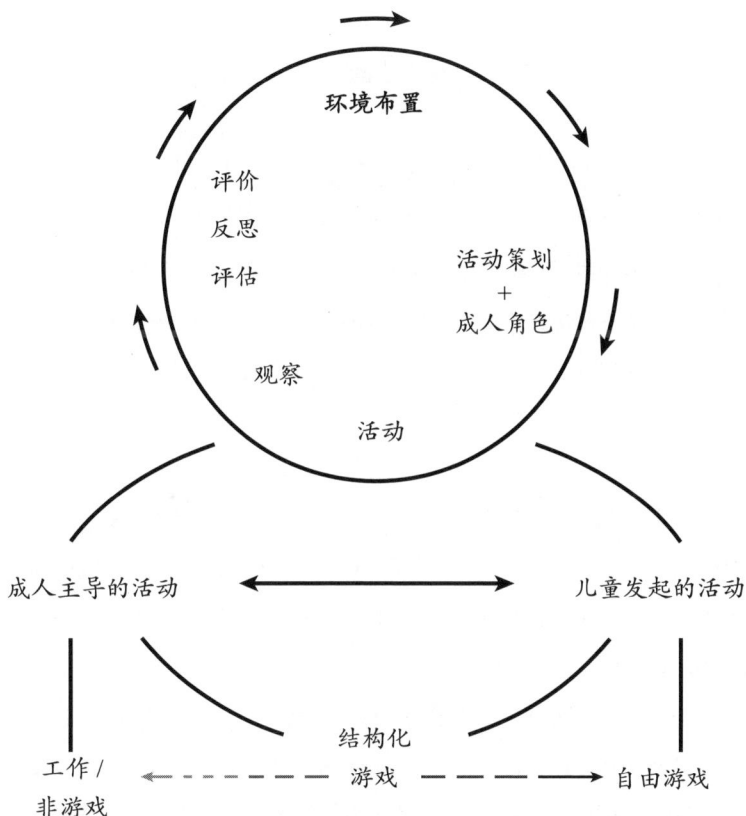

图 4.1　整合课程与教学法的实践模式

在结构化游戏区域，成人主导的活动可以让儿童以游戏的方式参与到课
程中：课程中可能存在一些想象力和开放性的元素，但是儿童的选择是有
边界的。比如，实践工作者可能让儿童用手偶扮演故事，或创编假想的数学
问题并加以解决。成人主导的活动可以作为游戏的先导，比如带儿童到社区

（兽医诊所、超市、消防站）中参观和旅行（森林学校、农场、动物园、当地公园）。成人主导的活动包括成人向儿童介绍新的设备、资源或演示技能技巧，比如如何安全地使用工具和材料。实践工作者基于儿童的生成性理论和暂定理论，通过与儿童互动，观察儿童，然后与儿童共同计划下一步的活动，以丰富、挑战并拓展游戏，从而在成人主导的和儿童自发的活动之间搭建起了桥梁。

表 4.2　生成性理论和暂定理论

生成性理论和暂定理论

　　从社会文化理论的角度来看，生成性这一概念反映了"儿童一直存在或在不断成长"的理念：儿童随时"准备好了去学习"，而不是等待准备就绪了才去发展。生成性或回应性的教学方法整合了儿童在文化中的实践、目的和意义（Wood，2010a）。儿童在日常生活中获取、理解碎片式的知识，并与周围的人、事物和环境进行互动。在这当中，儿童创造了暂定理论，这是心智倾向、知识、技能和态度的结合（Carr et al.，2009）。暂定理论可能发展得并不充分，或在概念上未被完全理解，但随着时间的推移，儿童将学会在不同的情境下使用、实施它们。这时，暂定理论变得相互联系并整合为一体。幼儿可能"读"不懂一些需要解码的符号的意义，但在游戏中他们会表现得像是有能力的阅读者，因为他们明白，作为一种社会实践，读写能力是有目的、有意义和赋予人力量的。

　　在特·沃里奇课程模式中，暂定理论可能包括理解自然世界、社会关系和社会概念、社会规则和见解（Hedges，Cullen and Jordan，2011）。可以将暂定理论看作是在日常概念和清晰理解的科学概念（学科领域内的概念）之间逐步建立起的联系和桥梁，儿童会使用那些科学概念改变日常生活（Fleer，2010：4）。在儿童的游戏情境中，暂定理论可能包括理解进入游戏的规划和仪式、想象和假装的作用，以及用想象的能力和知识进行表演。卡鲁什司和沃辛顿（Carruthers and Worthington，2011）列举了很多例子来说明儿童使用多模数学表征图示（multi-modal mathematical graphics）来交流他们赋予游戏的意义，并逐渐在日常的暂定理论和课程知识间建立联系。

当活动由成人紧紧地控制着并聚焦于教学策略，且没有留给儿童选择的余地，同时还规定好了结果时，成人主导的活动就会被定义为"工作"。这些教学上的特征与常规的"训练和技能"相联系，在成人主导的活动中，儿童可能是久坐不动的，并必须服从于规范性的要求，如要坐正，要举手才能回答问题而不能直接回答，或需要轮流、等待去回答问题。目前，存在着对于这种正式训练的担忧，特别是儿童长时间地（通常 40 分钟）进行坐着的活动。这并不是要低估成人主导的活动，毕竟在结构化的活动（如园艺、烹饪、科学调查、数学挑战）中，儿童经常从与成人和同伴的接触中获得许多乐趣。但是，安静坐下来的活动经常导致实践工作者极力控制儿童的行为，而不是支持他们的学习。

如沃尔什等人（Walsh et al.，2011）以及布罗德黑德和伯特（Broadhead and Burt，2012）所推荐的那样，整合课程与教学法模式将承认成人主导的活动与儿童发起的活动的两个教学区域整合在一起，它允许不同方法中的游戏性元素和游戏性学习存在。这一模式使用了递归循环①的课程计划，如表 4.3 所示。

这一模式允许两个教学区域之间信息互通并允许跨区活动，从而确保了课程计划和教学互动的灵活性和回应性。在每一个区域，都有成人—儿童参与和共同建构参与这两种对比鲜明又相辅相成的模式。实践工作者要灵活地运用成人主导的活动和儿童自发的活动来回应儿童的兴趣，在儿童的个体目标和课程目标之间建立联系，并以儿童的暂定理论和知识储备为基础，推动儿童的发展。儿童的游戏可以为制订计划提供信息，实践工作者可以通过提出建议或对建议做出回应，以鼓励儿童开展更深入的游戏。这个模式反映了当代对维果茨基社会文化理论中最近发展区②的解释（见表 4.4）。

游戏为儿童的潜在发展创造了空间，在这其中，儿童会表现得"比自身

---

① 递归循环：递归是指当问题比较复杂时，我们设法将它转化为一个或多个形式一样但相对规模较小的问题来解决，且小问题的解决能够推导出大问题的解决。递归循环就是一个将大问题分解成若干小问题，通过解决小问题来解决大问题的过程。——编辑注

② 最近发展区理论是维果茨基在其高级心理机能理论的基础上提出的，维果茨基认为学生的发展有两种水平：一种是现有水平，指独立活动时所能达到的解决问题的水平；另一种是可能的发展水平，也就是通过教学所获得的潜力。两者之间的差异就是最近发展区。教学应着眼于学生的最近发展区，为学生提供带有难度的内容，调动学生的积极性，发挥其潜能，超越其最近发展区，而达到下一发展阶段的水平，然后在此基础上进行下一个发展区的发展。——译者注

高出一截"（Vygotsky，1978）。游戏使儿童能表现出他们是谁，以及他们将
成为谁（Holzman，2009）。从这些视角来看，学习可以引领发展，因为学
习者正积极地寻找其现有能力范围内外的新经验，从而提升其知识、技能和
能力。儿童通过提高积极性、全身心地投入和参与以及用新的方式来看待自
己，来发展生成性理论或暂定理论，并在知识储备之间建立联系，同时产生
新的学习。学与教是共同建构的过程，而不是从成人（更为见多识广的个人）
向儿童（学习者）的单向传递。在同伴游戏中，学与教的过程可能聚焦于以
下游戏技能：想象、假装、加入、持续的参与，以及被视为优秀的游戏者。

表 4.3　设计整合课程与教学过程

设计游戏（学习）环境

- 设计获取室内和户外资源的途径，包括不同规模建构活动的可用空间，用于会弄脏
  的游戏、创造性艺术、技术、读写、科学等的具体区域（学习中心），生活常规和日
  常活动。
- 设计课程中成人主导的活动和儿童自发的活动的目的、目标，包括可能的或潜在的
  游戏结果。设计短期、中期和长期目标（重点是短期和中期的目标）。
- 设计成人主导的活动，并在可能是成人主导的一对一活动和小组活动（教授课程领
  域中具体的技能和知识，圆圈时间）中设置成人的角色。
- 设计游戏和儿童自发的活动。

实施计划

- 设置成人的角色以支持游戏，进行观察，监管多个区域，并与"有需求"的儿童积
  极互动。
- 让儿童有足够的游戏时间，从而推动游戏向更复杂和更具挑战性的方向发展。
- 以儿童原有的活动和兴趣为基础，与儿童一起工作、游戏。

观察儿童活动（见第 5 章）

- 评价、档案袋记录、反思和评估：理解儿童的学习模式、兴趣、暂定理论和心智倾向。
- 区分成人主导的活动和儿童自发的活动所取得的学习成果。

续表

- 记录学习，以便为下一步循环计划提供反馈，并与父母（抚养者）进行交流。
- 使用早期教育机构中所有成人的证词来评估课程的质量和有效性（见第 7 章）。

活　动

选择两个或三个早期教育机构中的区域（室内或户外均可）。区域中的学习可能产生什么？儿童是如何通过自己的行为（如组合资源）来拓展这种可能的学习的？

在这个整合课程与教学法的实践模式中，成人主导的活动和儿童自发的活动之间的"平衡"是可变的：它可能每天都发生变化，也可能因为儿童的游戏技能和友谊关系随着时间不断发展而发生变化。这一"平衡"可能由于儿童的兴趣、选择和偏好而有所不同。比如，患有自闭症的儿童在与人沟通、社会互动和想象力等方面存在着困难。因此，对自闭症儿童来说，表演游戏和社会性—戏剧游戏可能是一个挑战。他们可能更多选择那些结构化程度高的活动，并可能更喜欢常规活动，更愿意挑战重复性的游戏。但是研究表明，自闭症儿童的活动选择和游戏类型也存在差异。在一项针对五名6—8岁儿童的民族志研究中，康加斯、玛塔和尤西奥提（Kangas，Määttä and Uusiautti，2012）记录了儿童不同形式的独自游戏和小组游戏。在小组游戏中，比如在以技术媒体为基础的小组游戏中，儿童的话语变得较简短，儿童间的互动主要指向动作。自闭症儿童也会产生深层次的游戏兴趣：在一项针对11岁的罗茜（Rosie）在家中状态的研究中，古德利和朗斯威克－科尔（Goodley and Runswick-Cole，2012）记录了罗茜对希腊神话的兴趣和热情，以及对流行文化的游戏性探索。实践工作者的作用是在儿童的这些兴趣中发现愉悦学习的可能。古德利和朗斯威克－科尔借助了后建构主义来分析不同背景下"残障"是如何形成的，他们认为，当儿童个体的行为方式与社会及不同环境的要求之间存在落差时,"残障"这个概念便被塑造和强化。麦金太尔(Macintyre,2001)为有额外的特殊教育需求的儿童提供了以技能为基础的观察核查表和一份发展记录。这些是为了让实践工作者能够记录儿童的学习轨迹,并辨识出儿童有困难的发展领域。但正如奥布莱恩(O'Brien,2010)所指出的,儿童在他们的游戏中表现出的技能和能力也许不能与发展常模或核查表中的项目一一对应。比如,身体有残疾的儿童能够从增强力量、耐力和灵活性的活动中受益,在这些活动中,他们能接触大的运动器材或在户外进行游戏。所有儿童都有游戏的权利,因此在考虑成人主导的活动和儿童自发的活动之间的平衡时,实践工作者要为残障儿童提供更多的游戏机会。

表 4.4   作为潜在发展区的游戏

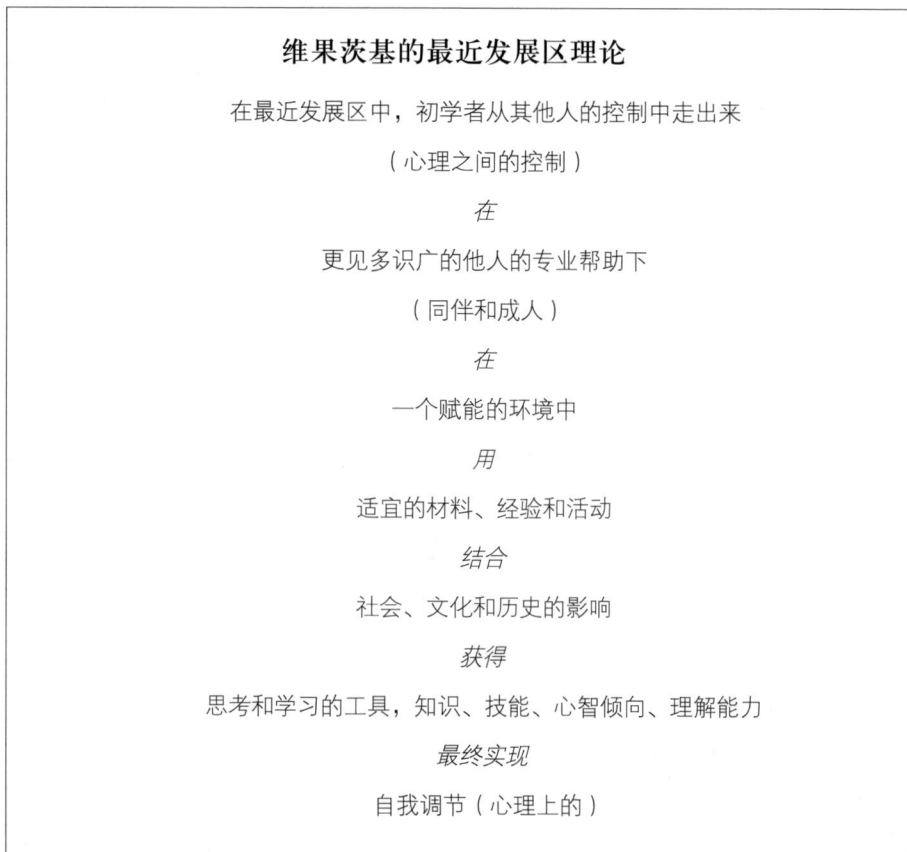

维果茨基的最近发展区理论

在最近发展区中,初学者从其他人的控制中走出来

(心理之间的控制)

在

更见多识广的他人的专业帮助下

(同伴和成人)

在

一个赋能的环境中

用

适宜的材料、经验和活动

结合

社会、文化和历史的影响

获得

思考和学习的工具,知识、技能、心智倾向、理解能力

最终实现

自我调节(心理上的)

三、连接游戏、学习和教学的过程

我们可以从三个层面来理解连接游戏、学习和教学的过程。第一个层面：游戏能够促进认知、情感和心理动作发展领域的学习（见表 4.5）。

表 4.5 发展领域

认知领域——用于学习、思考和理解的所有技能与过程

- 自我概念和身份

- 语言和沟通技能

- 多元表征

- 对于学习的积极态度和心智倾向

- 发展元认知技能及其过程

- 对学习的掌握和控制

- 发展不同形式的智力：视觉 / 空间、身体动觉、审美和创意、音乐 / 听觉、语言、逻辑 / 数学、人际交往、自省、身体、科学 / 技术、直觉 / 灵感、社会 / 情感

- 社会性与智力发展健全

情感领域——涉及学习恰当的行为和互动的所有技能与过程

- 与同伴和成人建立关系

- 互惠和有回应的社会互动

- 表达和控制情绪

- 发展自我意识

- 同理心和理解他人的需要

- 情绪健康

心理动作领域——身体发展的所有方面

- 精细动作技能——使用手、手指、脚，手 / 眼、手 / 脚协调

- 大肌肉动作技能——大的身体运动，如坐，转身，扭动身体，保持平衡，控制头、

续表

躯干、四肢；大脑—身体协调，空间意识

• 位移技能——关于长时间移动和空间意识的大的身体运动，如爬行、跑步、攀爬、行走、单脚跳、跳远、跳高

• 大脑—身体协调、空间意识和节奏意识

• 认识身体，控制自己的运动（身体意识）；通过运动交流和表达想法

• 在身体协调方面获得信心和能力

• 身心健康

第二个层面：连接游戏和学习的认知过程、心智倾向是相关的，这种相关性是跨越儿童年龄、教育阶段和课程领域的，如表 4.6 的总结。积极的心智倾向是终身游戏和学习的基础，这就好比我们为了工作和休闲而接触到了新的工具、技术和新的机会。

第三个层面：儿童投入到各种形式的知识中，这些知识被定义为学习领域，或是幼儿园和学校课程中的学科领域，如读写、数学、技术、科学、创造性艺术和人文学科（对世界的了解与理解）。第 3 章中列出的三种课程模式以不同形式整合了各学科领域，但都反映了一条原则：儿童享受学习各个领域中的知识、技能和概念。熟练的实践工作者明白一个重要的教学理念：只要学科领域中知识的呈现方式是与情境相适宜的、有意义的，实践工作者便可以向幼儿介绍这些学科的知识。

表 4.6   联系游戏和学习的过程

认知过程和认知品质

• 注意、感知、观察、辨识、区分、模仿、探索、调查、专注、记忆、保持、提取和回忆信息、扫描信息、整合知识和经验、分类、归类、建立联系和关系。

• 合理运用已有经验制订行动计划，对行为进行反思，注意到事物的因果关系，使用元认知技能和策略——意识到自己的学习并有意识地控制。

• 做出假设并检验、预测、创新、组合、重组、推理，在不同的环境中转化知识和技能。

续表

- 做出选择和决定，建构知识，从活动中生成理解和意义。创造、辨识和解决问题。

- 用多种方式，书面语言和口头语言、手势、口型、符号、标志、艺术制品、图画、计划、雕塑等，交流想法、意义、知识和理解。

- 创造力、想象力、灵活性，在不同学习和经验领域之间建立新的联系。

- 聚合式思维和发散性思维、实践、重复、排练、巩固、诠释、重新调整、积累、掌握（"我能"的学习倾向）。

- 发展迁移能力，在相似或不同的环境中迁移知识和技能。

态度和心智倾向

- 好奇心和兴趣；内在动机和外在动机；开放性思维、灵活性、接触、参与、热情、独创性、创造力、独立性、相互依存性；愿意冒险；努力应对挑战和失败的能力；毅力、韧性、自我效能感（"我能"的学习倾向）。

学习的影响因素

- 情绪和情感状态；儿童和家庭的健康；家庭和社区的文化与经验；父母的压力和期望；社会性技能；学习环境——家庭、学校及社区；儿童与同伴及成人之间的关系的质量；儿童和家庭的教育取向；社会经济地位。

多样性的不同维度

- 自我系统：自我概念、自我意象、自我尊重、自我价值、自我效能感。

以潜在发展区 ①（Zones of Potential Development）为游戏环境和对象

从社会文化视角出发，波德拉瓦（Bodrova，2008）怀疑游戏和学业技能是否是矛盾或对立的。本书提到的许多研究表明，游戏活动支持、揭示

---

① 潜在发展区，意义同维果茨基所提出的最近发展区。——译者注

了儿童在各个学科领域的学习，并深化了有目的的、可能的和真实的学习成果，同时丰富了其细节。以学科方式获得的知识和理解有利于儿童主体性的发展，有利于儿童增强对自己所处社会与文化世界的掌控。儿童的掌控能力来自于知识、技能、自信心和胜任力。实践工作者可以以儿童的生成性理论和暂定理论为基础，确保他们的学习能带来发展。从这一角度来看，学与教是共同建构的过程，而不是单向的传递。但是，这些并不能说明游戏可以用作主要的课程传递方式。有关琳尼（Leanne）数学游戏的案例研究解释了这些原则。

案例研究

户外游戏：跳房子

琳尼（4 岁）选择用粉笔来画下跳房子的格子。她用脚量出了格子，并大声数到 15。她画下格子，在每个方格中写下数字，然后从 15 开始，倒着数回去。她跑出去找一辆自行车，但很快回来了。"我没有车子骑。"她继续画格子，倒着数数，并在方格中填写数字："15，14，13，12，11，10，9，8，7，6，5，4，3，2，哦不，我还需要一个格子。"她画了另一个方格："这儿，这是一个。这下格子全有了。"

她画的格子对于玩跳房子来说太小了，但是画格子和数格子似乎是这个活动的主要目的。琳尼喜欢数学，从她选择和应对类似活动所表现出来的自信心、自我调控能力和胜任力中可以很明显地看到她的主体性。在成人主导的活动中，她同样享受日常生活中的点人数、计算有多少儿童留下吃午饭或回家等。她自发地记录下她数的数，并乐于将记下的数字粘贴在公告板上以"提醒教师"。琳尼很好地理解了作为一种社会实践的数学以及数学可以运用到哪些环境中。在成长为一个数学家的过程中，她表现出胜任力和自信心，并享受为不同目的使用和施展自己的知识。

活　动

　　思考上述案例，并反思游戏是如何让琳尼展示她的数学能力和知识储备的。思考不同的学习区，讨论它们为儿童提供了哪些机会来应用学科知识。

四、作为一个整合过程的游戏

　　纵观上述三个层面，游戏发挥着整合内外部动机的作用。学习能够促进儿童的发展，因为儿童总是处于一种准备就绪的状态，他们时刻准备着尝试恰好在现有能力之上的事物。儿童穿梭在游戏—工作连续体中，在不同的活动中，他们将日常知识、技能和对于世界的理解结合在一起。正如我们在第 1 章中所见，学习和发展依赖于儿童内部的认知结构。认知结构的起源是复杂的，并深受儿童的社会经验和文化经验的影响。认知结构改变的过程渗透在游戏和学习中，并不断地塑造着大脑的结构：复述和练习可能带来神经联结的调整和改变；探索、重复和复习有助于建立新的联结，并形成更复杂的神经网络。儿童在游戏中发展探索和解释的能力：他们积极地寻找模式，验证假设并寻找可能的解释，这能提高思维、学习和理解的复杂程度（Gopnik，Meltzoff and Kuhl，1999）。游戏活动让儿童可以对一项任务施加一些结构或组织，这使他们理解自己的经验，并持续不断彩排着认知过程（Whitebread，2010）。随着儿童游戏心智的发展，他们会以创造性的方式组合材料、物体和想法，建立起很多新奇的联系，这也表明了开放性的环境、材料和资源的重要性。实践工作者对于儿童有时重复地进行游戏表现出担忧，但是通过更仔细的观察之后发现，由于儿童修改并拓展了游戏的对象和游戏伙伴，游戏的主题和模式也会发生微妙的改变。当儿童重复游戏时，实践工作者可以通过提供新的、有创造潜能的材料来激发儿童的兴趣和想法。

　　当儿童可以在游戏—工作连续体中联结他们的知识储备时，其学习进程就得到了社会和集体的支持。比如，探索、探究和发现是科学的基石；寻找模式和关系是数学的基础；历史中包含了同理心和有根据的想象；技术和创造性艺术包含了设计的能力、想象力、灵活性与自发性。学科领域丰富了儿童的学习，包括他们独特的探究方式、技能、概念框架，以及强大的"可用工具"。游戏性的导向（带有想法、规则、人际关系和材料的游戏）支持儿童在学科领域内外进行学习。

　　这三个理解游戏、学习和教学的层面为课程设计提供了一个框架，它考虑到了广度、平衡性、差异性、全纳性、不同学段的衔接和连续性。设计学习环境（室内与户外）是高质量早期教育服务的必要组成部分。

五、亦玩亦学的环境

　　高质量的环境支持了游戏、学习和教学之间的统一，并确保所有儿童都能进入环境，所有儿童都能被环境接纳。让材料以及室内和户外环境对儿童保持开放有利于儿童进行选择，但有一些限制也是必要的（如沙子和水不能靠近电脑）。如下面案例所提示的那样，实践工作者可以限制或许可儿童的活动范围。

> ## 案例研究
>
> **限制还是允许儿童的选择？**
>
> 　　在一个私立幼儿园，实践工作者每天轮换投放到儿童日常生活中的资源。儿童不能选择其他资源或将资源从一处移到另一处。在一次在职培训课程之后，带班教师意识到他们限制了儿童选择和学习的机会。她承认自己"迷恋"整洁，担心儿童弄得一片狼藉，担心成人要花费很多时间来进行清洁。在几次基于"可供性（affordance）"①概念的员工开发

---

① 可供性观点认为，人知觉到的内容是事物提供的行为可能，而不是事物的性质，而事物提供的这种行为可能就被称为可供性。简单来说，我们可以将功能可供性粗略地理解为事物的一种可能的意义，它描述的是环境属性和个体发生连接的过程。美国心理学家詹姆斯·吉布森（James Jerome Gibson）于 1977 年最早提出功能可供性的概念。吉布森认为，可供性是独立于人的物体的属性，但与每个人的能力又密切相关。1998 年，认知科学家唐纳德·亚瑟·诺曼（Donald Arthur Norman）将可供性概念运用到人机交互领域，相较于吉布森，诺曼更强调一定情境下可以被知觉到的可供性的意义，它不但与个人的实际能力有关，还将受到心理的影响。——译者注

培训之后，他们决定给儿童更多自由来选择他们自己的资源，并在不同的区域中使用资源。他们告诉儿童要负责清洁和保护好资源。实践工作者注意到，儿童拓展了资源的可供性，并提升了他们的游戏技能。他们用空心大积木来搭建城镇、动物园、公园、太空飞船，接着用乐高和百乐宝中的人物来开展角色游戏，通过这些活动，他们将小世界中的资源与大型建筑材料结合了起来，这拓展了儿童的想象游戏。小的建筑材料在角色游戏中有多种用途：古氏积木（Cuisenaire rods）[①] 变成了咖啡店里的薯条；小积木变成了海盗船上的金子和珠宝；玩具中的人物被放置在沙子里和装水的盘子里，并被应用于表演洪水、埋葬、溺水、失踪和被救援等游戏场景。实践工作者发现，这些新的游戏机会和学习机会使得儿童的创造力和表征能力变得日益复杂。

活　动

思考在你提供的环境或一个你经历过的环境中儿童进行选择的可能性。什么因素促进了或限制了儿童的选择？是否可能克服这些限制？这可能给儿童带来什么益处？

六、"可供性"概念

卡尔（Carr，2000）使用"可供性"概念来描述学习者和环境（包括人、空间、地点和材料）之间的关系。可供性涉及以下方面。

- 环境中能够感知的实际资源（人、物体、手工材料和工具）。

[①] 古氏积木是由比利时的小学老师乔治·古辛纳（George Cuisenaire，1891—1976）研发出来的，古辛纳将彩色古氏积木应用在数学教学上，因有了积木的辅助，其学生在学数学时更容易了解老师所教授的东西，并能在此种教学法中得到乐趣。古氏积木由十种不同颜色及长度的积木所构成，相同颜色的积木为相同的长度。——译者注

- 这些资源如何使用（这与"可供使用的工具"有关）。
- 还可能如何使用这种资源（这与"工具和用法"有关）。
- 这些资源可能如何促进或阻碍学习。

在瑞吉欧教育法中，基本的哲学观就是儿童应该能够获得"高可供性"和智力资源，以激发他们的学习（Thornton and Brunton，2007）。作为拥有更多知识或与众不同知识的他人，专家型的实践作者（美术教师）应该帮助儿童学习如何使用真实的"行业工具"，比如设计、建筑、计划以及广泛的艺术和手艺（Parnell，2011）。在参观了瑞吉欧地区的环境之后，帕克（Parker，2001）描述了她是如何以不同的方式使用熟悉的资源来支持儿童学习的。这些资源主要通过儿童的表征和艺术创作，为拓展儿童的思维和创造性提供了机会，尤其是拓展了他们的语言：谈话、交换想法、回忆家中的经验、在学习领域间建立联系、使用单词和概念进行游戏。

"可供性"概念与社会文化理论中的以下观点一致：强调"更见多识广的（或具有不同知识的）他人"，强调"支架"作为一种学 / 教的方法。

七、"支架"概念

"支架"（Scaffolding）的概念是一个流行的比喻，用来描述成人与儿童间及同伴之间支持学习的互动。这个概念从维果茨基的社会文化理论中发展而来，当代的解释包括聚焦于共同解决问题、互惠式的互动和主体间性。概念的重点可以着眼于教儿童如何在他们的家里和学校社区中使用工具和资源，当儿童能更有经验、更专业地使用工具时，可以向儿童提供最佳水平的挑战。

"支架"有很多种解释，它可以暗示一种一对一的关系，在这种关系中，教师、专家或更见多识广的他人保持对"即将学习什么"以及"教学将如何开展"的控制（Smidt，2006）。"支架"支持一种传递的模式，它与维果茨基强调的学习促进发展、掌握工具很重要、重视个体内部心理过程及个体之间心理过程关系的看法并不一致。工具是心理上的（思考、学习、记忆及存在和生成的方式），也是物质上的（游戏、电脑、零散的部件）。布鲁纳、卓莉和西尔瓦（Bruner，Jolly and Sylva，1976：24）给出的解释是，"支架"支持学习任务的关键功能与"导师"（同伴或成人）帮助儿童内化外在知识的方式有关，也与"导师"帮助儿童将外在知识转化为有意控制的工具（使用的工具／工具和用法，如第 2 章所述）的方式有关。通过互惠式参与，儿童自身的活动和心智倾向帮助合作构建了互动关系。"支架"包括根植于集体和文化中的活动。"文化支架"反映了不同社区所重视的知识；"集体支架"反映了同伴如何让彼此了解各自的游戏文化和实践；而个人支架则反映了个体兴趣、心智倾向和身份。

当儿童成为真正的数学家、设计师、艺术家、技术专家和科学家时，拥有高可供性的工具、手工材料和其他材料的学习环境可以为儿童的技能和能力发展提供支撑。

实践工作者可以通过以下几点来支持这些过程。

- 教儿童如何安全地、正确地使用工具，并不断提高使用工具的能力。
- 提供各种高质量的工具和资源，并对它们进行定期保养或更换（钝剪刀会使儿童受挫，幼儿使用胶枪和电钻会非常安全）。
- 创造使用资源来玩耍的时间，这样儿童可以学习以创造性的方式利用资源，并生成自己的问题和挑战。

实践工作者可以为有特殊教育需求的儿童提供更多活动和资源，以支持更多儿童进入游戏，并被游戏所接纳。防滑垫保证了角色游戏区域和桌上活动的安全、防滑。将一些乐器挂在墙上，这样残障儿童就可以使用它们了。一些视觉道具和手偶可用来表演故事，并激发儿童进行角色游戏和不同方式的交流。接下来的小节将阐述教师如何通过课程计划在游戏、学习和教学之间创造统一性。所举的例子与课程框架中的学习领域有关，并解释了儿童经验和活动之间的连接。

八、运用读写能力的游戏

游戏和读写能力之间的联系已被研究清楚地证实，有足够的理由支持我们规划出读写元素丰富的游戏环境，这个环境包含了信息和电脑技术，以及儿童的流行文化（Marsh，2012；Wolfe and Flewitt，2010）。在游戏中，儿童使用各种读写技能、概念和行为，并对印刷品的诸多功能与目的表现出了兴趣和了解。当儿童参加游戏性的读写活动时，他们不只是在假装读和写，而是表现得像读者和作家一样。这种根本性的区别让儿童能发现这类活动的意义和联系。用维果茨基的话来说，他们正表现得超过其真正的发展水平：他们正在生成的能力和暂定理论预测了未来（潜在）的进步，正如以下所示的四个儿童书写实例（见图 4.2）。

社会性—戏剧游戏为读写练习创造了环境，因为在编故事和讲述、假装、想象和象征性活动之间存在联系。在下文提到的《野兽国》案例研究中，一位工作一年半的教师通过使用含有"计划—工作—回顾"方法的共同建构方式（在第 3 章中已描述），在成人主导的活动和儿童自发的活动之间创造了连续性。

图 4.2　儿童书写实例

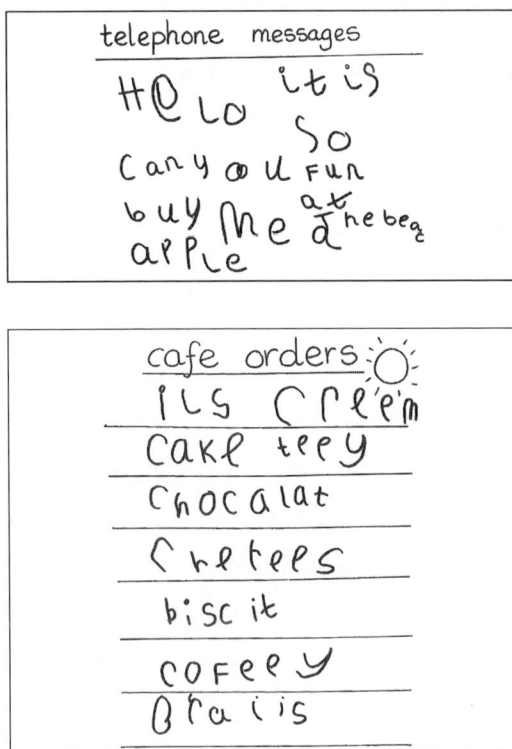

图 4.2　儿童书写实例（续）

📁　　　　　　　　　**案 例 研 究**

《野兽国》

　　尼古拉（Nicola）决定通过故事来发展儿童的角色游戏。儿童选择了莫里斯·桑达克（Maurice Sendak）的《野兽国》，它讲述了这样一个故事：马克斯（Max）旅行到了野兽居住的岛屿，并享受了一场疯狂而喧闹的派对。儿童计划将角色游戏区分成两个部分：一边当作马克斯的房子，另一边当作野兽的房子。儿童开始设计这个区域，他们制作或取来小道具及资源。他们为野兽取了名字，赋予它们性格，并将他们的想法用书写、绘画和涂色的方式表述出来。他们通过把自己安插到不同的角色和场景中编造冒险故事，从而扩充了这个故事。他们谈论如果离开或把野兽带回家一起住，父母会有什么反应，并写下了他们想象的内容。萨拉赫（Salah）描述了他如何教野兽懂礼貌并且不吃猫。耶莉卡（Jelika）打算做手偶，她每天把手偶带回家，并让她的家人也参与故事和剧本的写作，然后与朋友们分享。有一个小组制作了一份野兽食物菜单，然后计划了一场疯狂而喧闹的派对，派对中有许多数学活动。

儿童也运用了地理方面的读写能力：他们绘制野兽居住地的地图及从家中出发的路线。他们在角色游戏区表演自己的故事，教师将活动扩展到舞蹈和戏剧表演环节（加入野兽的角色，表演派对的疯狂和喧闹）。儿童可以随时使用写作角的材料和资源，儿童制作记录本，来记下他们的故事，这些书成为班级共享的资源。随着儿童兴趣的发展，教师提供了能够反映多元文化的、有关神秘生物和土地的故事与诗歌。教师主导的活动和儿童自发的活动在工作—游戏连续体中是一个整体，在其中儿童拥有各种机会来表达他们的想法。活动的范围包括了所有的儿童，儿童能够根据自己的能力和兴趣来参与活动。

这个案例解释了角色游戏是怎样成为一个创作过程的，这是因为儿童共同建构了游戏的框架、剧本和内容，他们理解故事情节、角色、事件顺序、对话和互动的特征，以此来引导游戏的进程。这些叙述包含了儿童的日常知识储备和想象力，使用了他们的社会文化知识。这类游戏叙述的灵感可能来自于成人告诉儿童的（真实的和虚构的）故事，以及儿童自己编造的故事。

随着游戏复杂程度的增加，儿童通过以下活动来分享他们想象力的产物，并组织和构建他们的角色游戏。

- 使用故事的元素来建构他们的想法。
- 创造新的意义世界。
- 向他人清楚地传达意义。
- 激发横向思维。
- 尝试一切问题和可能性。
- 创造、构思和扩展主题。

- 结合经验并创造知识。

- 获得新的体验。

- 在书面语言和口头语言之间建立联系（Booth，1994）。

对实践工作者来说，将游戏和读写能力联系在一起不仅需要灵活的计划、多样的资源，还需要与儿童互动，以表现对他们活动的重视，或者当一名欣赏他们的观众，支持其技能和自信心的增长。马什和米勒德（Marsh and Millard，2000）列举了实践工作者在课堂中应如何利用儿童的流行文化，包括漫画、杂志、网页、电脑游戏、电视、电影和流行音乐。他们认为，漫画有可能以游戏性的方式促进儿童读写能力的发展，例如以下方式。

- 分析故事结构。

- 理解单词及其含义变化。

- 认识到语言有趣的用法，如双关语、头韵、叠韵和拟声词。

- 对文本保持审慎的判断——认识到并质疑对单词的刻板印象。

- 在漫画、网站、游戏和其他"衍生"产品之间建立联系。

随着知识和能力的不断增长，读写成为一种儿童能够参与的社会实践。为了确保所有儿童都能获得并被接纳，书本应该有不同的材质，有能发出不同声音的按键，以及盲文和手语等交流系统。信息和电脑技术让儿童能参与结构化的或开放性的游戏，如涂色和绘画。对移动困难和动作能力有限的儿童而言，触屏能让他们接触到各种具有创造性的电脑软件。

九、运用数学能力的游戏

儿童通过参与家庭、社区和学校等不同环境中的日常活动成为小小数学家。在上学之前，许多儿童就表现出了数学方面的知识储备和能力，但研究表明，在幼儿园和小学中，这种丰富性和复杂性并不总能被辨识出来。儿童发明自己的策略以解决各种加法和减法问题，并发展出自己的表征计算系统，如划记法和特殊记数法（Carruthers and Worthington，2011；Worthington，2010）。儿童在游戏情境中遇到问题并发展自己的解决办法时，这些策略在游戏情境中十分明显。

　　实践工作者可以在儿童发明的策略的基础上创造环境，使得儿童在其中经历不同的表征水平，了解各种想法之间的内在联系，把自己非正规的策略与更为正规的数学符号系统联系起来。从社会文化的角度来看，弗里尔（Fleer，2010）认为，当儿童将日常知识和科学知识联系起来时，就产生了学习上的衔接，但这不是全部。随着儿童成长为更有经验的学习者和游戏者，他们能够整合社会和文化中的知识，并表现出对游戏规则和协商的元认知意识，请看下面的例子。

案例研究

制作棋盘游戏（Attfield，1992：85—87）

　　结合日常的文化和科学知识，珍妮（Jenny）、贝蒂（Betty）、李（Lee）和保罗（Paul）（6—7 岁）经讨论后决定制作一个棋盘游戏。讨论是由教师发起的，讨论认为玩具商店需要更多的玩具。孩子们去到一个安静的区域讨论他们的想法。

　　贝蒂：我们可以放一条赛道。

　　珍妮：或者我们可以先放一个就像青蛙在荷叶上跳回家那样的赛道。

　　李：在丛林中，在丛林中。

　　珍妮：那你得回你在丛林中的家。

　　贝蒂：或者你可以做一个大的，在其中一边有一条赛道。你要在赛道上转对了，然后才可以进入丛林。

　　珍妮：或者我们可以让幼儿做一个小游戏，比如把加法题放在荷叶上，他们需要做加法题才能跳到下一片荷叶上。

　　李：我喜欢珍妮的主意。

　　保罗：可以像珍妮说的那样……但还可以加一个骰子和一个游戏的筹码。你掷一下骰子，如果你跳到了一个写有东西的方格上，那么你就要按照上面写的做。

　　珍妮：这听起来不错，像是惩罚。

　　贝蒂：我觉得保罗的主意很不错，因为它很有趣。

珍妮：如果碰到了真的很害羞的孩子怎么办？他们可能因为要受到惩罚而哭。

保罗：我们可以出简单的加法题，比如"1+1"。

李：小菜一碟。

珍妮：这对你来说很简单，但对小宝宝来说不简单。

贝蒂：他们会伸出两根手指，然后数它们。

李：我们为什么不把这两个想法结合起来呢？

贝蒂和保罗：好的。

珍妮：为什么我们不同时包括加法题和惩罚呢？李，你刚刚怎么说的丛林？

这些儿童是熟练的学习者和沟通者，他们使用语言为不同的目的服务：解释他们的想法、推理、反思、共享信息。在向教师展示了想法之后，教师通过帮助他们反思其设计来拓宽他们的思维。

教师：在开始之前，你们要清楚地知道游戏者可以做什么和不能做什么，可以在这方面做点什么。游戏者怎么知道他要做什么？

珍妮：规则。

老师：对，你们需要一些规则。需要多少人玩这个游戏？

在进一步讨论和教师的参与下，儿童弄清楚了他们的想法，并决定简单地说明规则。珍妮列出了规则表（图 4.3），她的目的是表明规则，以使得游戏能成功。儿童打算在游戏的结尾设置一个池塘作为"家"，然后他们便去解决下一个设计问题了。

贝蒂：我们会在这里贴上池塘作为结束。

李：把池塘剪得大概这么大，把它翻过来贴在这儿。

珍妮：可以，但是如果游戏休息时贴的东西掉了怎么办？你找不到它了。这对游戏来说不是很好，你再也不能玩了。

> 李：那把它放在这儿。
>
> 贝蒂：等一下。我觉得我们应该在画出它之前设计一下。
>
> 李：在这张纸上。我们不需要放上一个巨大的池塘。
>
> 珍妮：我知道，我们可以有四个不同颜色的池塘。
>
> 保罗：是的，红色和蓝色。
>
> 珍妮：有绿色筹码的人要到绿色的池塘去。
>
> 贝蒂：是的，有红色筹码的人到红色的池塘，有黄色筹码的人到黄色的池塘，还剩哪个？
>
> 李：蓝色的那个。

这个案例研究说明了整合课程与教学法的实践模式中几个基础性的理论概念。这个活动是儿童自发产生的，并得到了大家共同的支持，教师在合适的时候提供了技巧上的帮助，并对儿童提出的问题做出了回应。儿童的元认知包括共同回忆先前游戏（成功的和失败的）的技能、游戏协商方面的社会文化知识、同理心和思维理论（了解更小儿童的思维和情绪）。儿童的兴趣为探询创造了空间，这种探询将他们从家庭、社区和教育经历中所得到的个人知识与共同的知识储备连接起来。儿童的暂定理论包含了数学技能：他们将数学作为一种心理工具（明白数学概念、规则和定理），以及一种文化工具（在有意义的游戏情境中应用数学）。他们的游戏表现出了年龄较大的儿童如何通过整合过程和结果，来发展他们的认知结构、复杂性和熟练度。

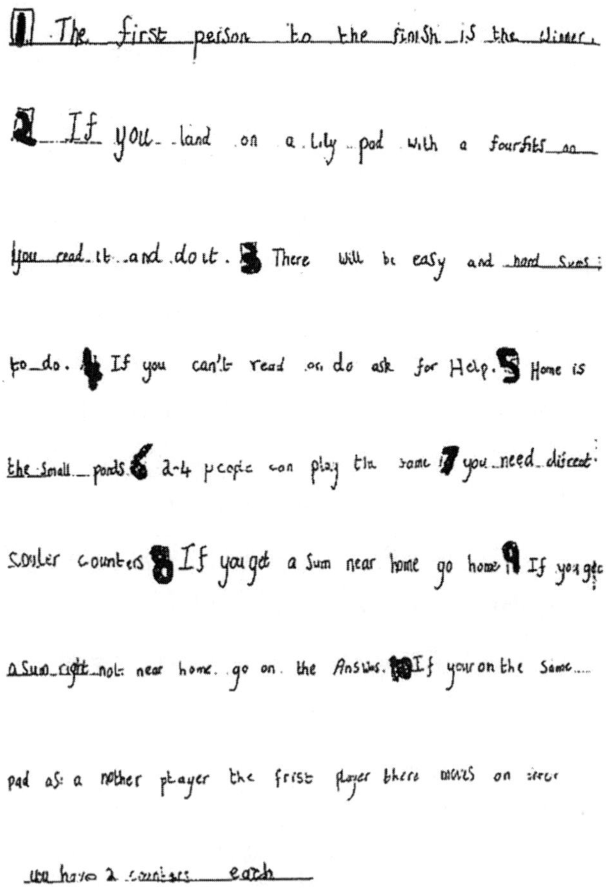

1. The first person to the finish is the winner.

2. If you land on a lily pod with a fourfits on you read it and do it. 3. There will be easy and hard sums to do. 4. If you can't read on do ask for Help. 5. Home is the small ponds 6. 2-4 people can play the same 7. you need discent scouler counters 8. If you get a sum near home go home 9. If you get a sum right not near home. go on the Answer. 10. If your on the same pad as a nother player the frist player there mous on. you have 2 counters each

图 4.3　珍妮的规则表

　　像所有学科一样，数学有其自身的语言——思考、推理、解决问题的方式，以及方法、法则和步骤。在解决数学问题的过程中，儿童成功与否取决于他们是否有熟悉的日常经验，以及有无相关的数学语言。探索和发现是儿童数学学习的组成部分（数学有什么作用），教师教儿童正式的规则及常规做法能让他们在学科范围内创造性地思考，独立地或合作地解决问题（我能用数学做什么）。

　　游戏活动提供了整合学科知识（科学概念）与儿童在校内外遇到的日常实践的机会。下面的案例展示了一些有创意的教学方法，这些教学方法保证了工作和游戏之间的一致性，并创造了游戏性学习的机会。

案例研究

运用信息通信技术进行游戏

汉娜（Hannah）拥有多媒体研究方面的学位，她热衷于在混龄班（学前班、一年级、二年级）中使用她的技能，并想要在信息通信技术方面做更多的准备。班上有一个关于动物的项目——在参观了当地的一家农场后，孩子们想要把他们的宠物带到教室。她对这些参观进行了录像，以记录他们的讨论，家庭成员也常常参与到讨论中。孩子们对相机感兴趣，并想要学习如何使用它。汉娜惊讶于儿童的能力和责任心，并支持他们关于"宠物新闻"项目的想法。他们的想法包括把电视演播室变为角色游戏区，让儿童充当记者和节目主持人。他们写新闻稿，并对儿童和家庭成员进行采访。年龄较大的儿童为较小儿童提供了读写和语言能力的范例：游戏中有同伴间的互动和共同建构的过程，同时还有汉娜对游戏的拓展。儿童运用了广泛的社会技能，包括分配角色、分享想法、安排展示以及互相学习如何关爱宠物。

运用历史进行游戏

朱莉（Julie）是一名刚取得教师资格的新教师，她在一所小的乡村学校工作。这所学校正在规划百年校庆，整个学校都在为维多利亚时代的主题而准备。朱莉对学校的旧记录簿做了一些研究，她发现了一位老师的故事。这位老师对儿童相当苛刻，且她的拼写十分糟糕。记录显示，这位老师后来因为她的拼写（而不是因为她对儿童的严厉惩罚）被解雇了。这个故事为朱莉在一、二年级进行教师主导的角色游戏提供了灵感。朱莉告诉儿童关于那位教师的故事，并让儿童在维多利亚校庆日的那一天穿戏服来学校，以为这个角色游戏做准备。她从一个剧场商店租了一套维多利亚时代的服装，然后以游戏的角色开始了她的一天。她检查了儿童的手和指甲，并用死记硬背的学习和训练来设计课堂，让儿童使用旧的石板和粉笔。她在黑板上写下了一些儿童能发现的错误的拼写。校长也扮演了一个角色，校长走进教室并以糟糕的拼写为由解雇了朱莉。

在这一点上，有些儿童有点分不清现实和想象之间的区别，他们想知道是否能让他们的老师回来。

十、为学段的衔接和连续性做出计划

虽然《基础阶段教育纲要》明确认可了游戏的价值，但我们仍担心从幼儿园过渡到学前班和小学一年级过程中那些更正规的学习方式，以及在课程和教学方法的连续性方面一直存在的问题。正如第 3 章中所讨论的，随着儿童在游戏中变得越来越熟练，游戏的机会反而受到限制。政策制定者认为，幼儿需要更多具有挑战性的工作，然而本书的一贯论点是，儿童需要更多具有挑战性的游戏，以及开发和设计他们自己的活动及项目的机会。

本书给出的例子表明，儿童的游戏偏好和学习方法随着其技能、知识和品质的发展而改变。休斯（Hughes，2010）证明了学前阶段之后儿童的思维和游戏的重大发展：儿童的思维变得更加有序，更有条理和逻辑；游戏变得更为现实，更加以规则为导向，并显示出对秩序、归属感和勤奋感越来越强的需要。儿童的游戏涉及了更多的认知活动（我能拿这个干什么），而不是感官探索和物理操作（这个是用来做什么的）。儿童积累关于游戏的知识，并成为日趋熟练的游戏者。随着游戏技能的发展，他们开始使用抽象形式的思维，维果茨基（Vygotsky，1978）的理论认为，行为产生于想法和符号，而不是具体的物体。

在对秩序的需求之下，儿童在以游戏为主的活动中表现出水平越来越高的组织能力、结构化能力和执行能力（如案例研究所示）。他们变得较少依赖成人的支持，因为他们更有信心分享想法、分配角色、承担风险和定义小组内的规则。在对归属感的需求方面，年龄较大的儿童倾向于依附同伴群体，而远离家庭单元。他们越来越多地建构自己与同伴相联系的身份，并喜欢表现技能、专业知识和天赋，这些确定了他们的地位。

同伴群体是童年中期主要的社会化主体。儿童从他们的同伴，

而非父母或老师那儿学习到童年的文化。同伴非常有效地（有时
是粗暴地）教给儿童社会规则以及遵守规则的重要性。同伴建立
了一定的道德秩序，而且这可能与成年人所建立的秩序有所不同。
（Hughes，2010：134）

休斯（Hughes，2010）认为，在儿童的工作和游戏中，可以显而易见地
看出儿童对勤奋感愈来愈强的需要：他们需要变得更有成效，需要实现掌控
感和成就感。这些态度和品质与他们的社会地位有关，因为游戏可以从同伴
那儿带来正面或负面的验证。儿童的游戏从物体游戏逐渐转向更抽象、更结
构化和有规则的游戏，儿童创造出许多富有想象力的角色。当年龄较大的儿
童参与社会性—戏剧游戏时，他们可能更愿意花时间去协商故事情节、定义
角色和指挥行动。他们理解游戏的目的，这会影响到游戏的内容和复杂性。
儿童逐渐从自发的、无意识的行为发展到更为结构化的、有意识的行为——
他们的游戏变得更像一场表演，包含了精心编排的主题、程序和动作，这些
往往来自儿童的日常经验、故事、电影和流行文化。

儿童喜欢规则游戏，如棋盘游戏和电脑游戏。在游戏中，他们与一名同
伴或一个角色比赛，获得成功有助于他们树立自尊，提高在同伴群体中的
地位。儿童的身份由他们的游戏能力以及同伴对这一能力的看法来定义。爱
好、收集和兴趣往往建构了他们的游戏，例如，足球卡片定义了社会地位，
并可以用于与同伴讨价还价和进行交换。

儿童（和成人）不会因为长大了而不想玩游戏，但他们所偏爱的游戏模
式会随着技能和能力的增长而有所改变。因此，为游戏中的衔接（不仅仅是
为课程中的衔接）做计划需要考虑到《基础阶段教育纲要》中规定的以及规
定之外的方面。6—7岁的儿童享受与成人和同伴在有规则的活动（如棋盘
游戏）中竞争，但是他们可能需要得到成人的帮助以掌握规则和惯例。建构
游戏中有很多进行衔接的机会。许多建构游戏的设备可以连接到计算机程序
上，儿童使用他们的技能和知识来解决复杂的问题，并扩展他们的创造力和
想象力，这使得儿童能够整合游戏性和勤奋感。儿童会越来越多地以有组织
的方式来学习和推理，因而游戏持续地为扩展并整合学科知识提供了环境。

儿童的发展模式差异很大，正如他们的游戏偏好和学习方法差异也很大。

为衔接做出计划应考虑对有特殊教育需求儿童的特殊照顾，以确保游戏（学习）的环境、室内和户外环境都能促进所有儿童的能力和潜力的提升。

通过保持游戏、学习和教学的统一性，游戏的机会可以延伸到早期教育阶段以后。总体上说，儿童需要如下内容。

• 时间、空间及品种多样的优质资源（这些资源不需要太昂贵，因为质量与资源的可供性有关）。

• 挑战、扩展、实践、掌握、巩固和迁移的机会。

• 得到更多或不同的见多识广的他人（同伴和成人）的支持。

• 有机会在来自家庭和社区的文化知识储备之间建立联系，以及察觉知识和经验之间的关系。

• 有机会树立自信心和自尊心，有机会在与他人游戏时体谅他人，并保护游戏 / 学习的环境。

• 让游戏变得有价值，有一定自由度和灵活性地设计其环境和活动。

下一章将探讨实践工作者如何将游戏与他们的教学框架、技巧和策略整合在一起。

活　动

你打算以什么样的方式来达到儿童选择和成人选择之间的平衡？对于你所处的早期教育机构中的儿童而言，"平衡"有什么不同？思考以下多样性的维度：年龄、文化、语言、种族、性别、有特殊或额外的需求。

有什么因素会限制你达到这种平衡吗？你将以什么方式来克服这些困难？

十一、拓展阅读

Carruthers, E. and Worthington, M. （2011） *Understanding Children's Mathematics: Beginnings in Play*, Maidenhead: Open University Press.

Goodley, D. and Runswick-Cole (2012) 'Reading Rosie: the postmodern disabled child', *Journal of Educational and Child Psychology*, 29 (2) : 53–66.

Hedges, H. (2011b) 'Connecting "snippets of knowledge" : teachers' understandings of the concept of working theories', *Early Years: An International Journal of Research and Practice*, 31 (3) : 271–284.

Hedges, H. and Cullen, J. (2011) 'Participatory learning theories: a framework for early childhood pedagogy', *Early Child Development and Care*, 82 (7) : 921–940.

Hedges, H., Cullen, J. and Jordan, B. (2011) 'Early years curriculum: funds of knowledge as a conceptual framework for children's interests', *Journal of Curriculum Studies*, 43 (2) : 185–205.

Kuschner, D. (ed.) (2009) *From Children to Red Hatters®: Diverse Images and Issues of Play. Play and Culture Studies, Volume 8*, Lanham, MD: University Press of America.

Lifter, K., Mason, E.J. and Barton, E.E. (2011) 'Children's play: where we have been and where we could go', *Journal of Early Intervention*, 33 (4) : 281–297, http://jei.sagepub.com/cgi/reprint/33/4/281.

Marsh, J. (2004) 'The techno-literacy practices of young children', *Journal of Early Childhood Research*, 2 (1) : 51–66.

Marsh, J (ed.) (2005) *Popular Culture, New Media and Digital Literacy in Early Childhood*, London: RoutledgeFalmer.

Saracho, O. (2012) *An Integrated Play-based Curriculum for Young Children*, New York: Routledge.

第5章
游戏与教学法

本章旨在完成如下目标。

- 确认在连接游戏和教学方法方面所面临的困境和挑战。
- 运用整合课程与教学法模式（第4章）思考成人在游戏中的作用。
- 运用并置模式（Juxtaposition Model）① 了解儿童的文化、视角和想表达的意义（Broadhead and Burt，2012）。

案例研究

玛丽（Mari）：邀请老师一起游戏

　　3岁半的玛丽一直观察着一群儿童在一起玩，但她没有能力或信心加入。玛丽邀请老师加入她的游戏。

　　玛丽：你坐上我的公交车。我是司机，你是妈妈。（她坐在驾驶座上，假装驾驶公交车。她握着假想的方向盘，并用嘴发出发动机的声音。）

　　老师：我们去哪里？

　　玛丽：我们去波特兰（Portland）好吗？

　　老师：离这儿很远吗？

　　玛丽：不会很远，那里不是很远。我去过那里，我们到动物园去。

---

① 并置模式，在本书中指兼顾成人的教学实践和儿童的文化实践的模式。——译者注

老师：那很好。我喜欢去动物园！到那里需要多长时间？

玛丽：我不知道，那里不是很远。

老师：要花几分钟还是半个小时？

玛丽：现在是什么时候？你看看你的手表。

老师：10点。

玛丽：那里不是很远。我们去看熊猫。哦，我们已经到了，没花多长时间。你也可以进来。

老师：我要付钱才能进去吗？

玛丽：是的。

老师：要花多少钱？

玛丽：（生气地）我不知道，你要看看才知道。（然后玛丽转过身去，没有了玩这个游戏的兴趣。）

　　我以一个与儿童游戏时不能做哪些事情的例子，开始了本章关于游戏和教学方法的内容。玛丽有信心寻求教师作为游戏伙伴：她分配游戏角色，与教师沟通假装的内容，并设定每个游戏者的游戏行为，这显示出她的抽象思维和符号思维。可惜的是，教师更为关注的是教学着眼点：她试图引出关于空间、时间、距离和金钱的概念。然而，这些接二连三的封闭式问题让玛丽感到生气和沮丧，这反映出教师未能进入角色或领悟游戏的精神。基于我自己的经验，当我受邀加入儿童的游戏时总是倍感荣幸，但这也需要高超的技巧，因为我要以儿童的方式，而不是成人的方式来进行游戏。

一、连接游戏和教学法：面临的困境和挑战

　　对于成人在游戏中的角色，当代的理论观点反映了对比鲜明的理论视角。研究表明，从出生开始，儿童天生就是主动的、好奇的、会社交的。研究同时发现，这些心智倾向可以激发出有知识的他人的增效反应。游戏不是

一种自发的、天然的活动，而是一种受到文化影响的社会实践：在熟练的同伴和成年人的帮助下，大多数儿童可以学会如何游戏，这一现象起始于家庭和社区中父母与兄弟姐妹的支持。父母和养育者是儿童最早的游戏玩伴，他们投入大量的时间与儿童一起玩游戏，教儿童如何做游戏，并通过游戏教育儿童（Gopnik，Meltzoff and Kuhl，1999）。在丰富并扩展儿童的游戏方面，教师扮演着与家长和养育者截然不同的角色。在某些条件下，以结构化的方法进行游戏指导对某些儿童而言可能是适宜的，比如有特殊需求的儿童，把英语作为第二语言的儿童，不同文化背景下的儿童。有些儿童需要得到支持才能进入游戏活动并建立游戏技能库，同伴在其中也具有一定的影响力。有经验的教师会在游戏—工作连续体中培养儿童"我能"的学习倾向，帮助儿童成为游戏高手（Jones and Reynolds，1992）。儿童彼此传授如何游戏，以及如何获得他们在不同地方所创造的游戏文化。

玛丽的游戏揭示了教师在思考自己在游戏中的角色时所面临的困境。在与教师工作的过程中，我发现他们往往对创设游戏情境充满自信，但对自己的角色却不那么有信心。研究表明，在英国，实践工作者在努力探索整合游戏与教学法的方法，但在这个过程中仍然有一些顾虑（Martlew，Stephen and Ellis，2011；Walsh et al.，2011）。在学前班中，教师倾向于创建游戏环境，并在游戏太过吵闹时控制这个游戏，同时他们也愿意管理以教师为中心的小组工作（Rogers and Evans，2008）。在一个聚焦于成人—儿童互动的合作研究项目中，费舍尔和伍德（Fisher and Wood，2012）根据教师对录像中做法的分析以及与教师的共同讨论，记录下了教师所面临的进一步的教学挑战。实践工作者认识到了他们在录像中的哪些地方干预过多，这些干预包括用不相关的问题和评论干扰儿童，有时甚至打断了儿童的思考。此外，他们在游戏中还表现得像在进行成人主导的活动一样：试图控制交谈，并频繁主导着对话（Fisher and Wood，2012：8）。

过多或过少的干预都会成为问题。儿童将自由游戏视作自己的秘密世界，他们应该有选择权、所有权和控制权（Wood，2013）。干预可能是一种侵扰，尤其是当成人以儿童不希望的方式限制或改变游戏的进程时。然而，我们知道，有些游戏（特别是表演游戏和社会性—戏剧游戏）对儿童的认知和社会能力提出了很高的要求。贝内特、伍德和罗杰斯（Bennett，Wood and

Rogers，1997）的研究表明，参与研究的教师发现了很多游戏片段，在这些片段中，儿童可以从成人的参与中受益，因为很多时候他们不知道该怎样进入游戏情景，或是怎样解决出现的问题。游戏活动有时候会因为儿童缺乏协商、合作或解决冲突的技能而中止。教师意识到，他们假定儿童有能力分享资源、接纳同伴、维持友谊。但实际正相反，在高度结构化的游戏中，资源和工具有着特定的使用目的，这就限制了儿童进行创造性的思考和自发的活动。这些矛盾源于关于自由游戏的信念、游戏教学法的理论认知，以及从政策立场看待游戏的方式。

二、《早期基础阶段教育纲要》中作为教学法的游戏

游戏是一种教方法的观点受到维果茨基理论的影响，但是在应用于政策和实践时，各方存在着不同的解释，这些解释既有工具性的，也有开放性的。《早期基础阶段教育纲要》特别强调有计划的、有目的的游戏，正如第3章所介绍的那样。在"游戏是教学法"（play as pedagogy）的话语中，游戏是一种直接教学和指导，以及"保持共同思考"（Sustained Shared Thinking，SST）的方式。在有效学前教育项目和早期教育有效教学的研究中，"保持共同思考"作为一个分析节点存在，它有着如下定义。

> 两个或更多的个体通过一种充满智慧的方式"在一起工作"，
> 以解决问题、理清概念、评估活动或扩写故事。（2010：157）

"保持共同思考"已经发展成为一种受到推荐的教学法，用以支持有效的教学实践。弗里尔（Fleer，2010）基本引用了"保持共同思考"这一概念来深化游戏、学习和发展理论，并提出了一种辩证的概念游戏模式，这一模式也受到了维果茨基的社会历史理论的影响。在这一模式中，成人的角色要建立在儿童的日常暂定理论和生成性理论之基础上，途径如下。

> 分析当前的游戏活动（评估的时刻）或是儿童发展（最近发
> 展区或潜在发展区）的关键时刻，并用这些机会来搭建游戏的概

念框架，以此来强调概念的发展，并使儿童有意识地对重点强调
的概念进行思考。（Fleer，2010：214）

　　弗里尔主张，教师应帮助儿童构建理论知识，这样他们就可以在游戏过
程中学到科学或学术上的概念。与"保持共同思考"类似，这些活动将会形
成新的心理形态和更高级的认知形式。弗里尔强调，概念上的游戏突出的是
混合了情感和想象的认知，但这个模式奏效的基本原理是教师要能够突出与
课程框架相一致的概念性学习。这些方法强调了维果茨基理论中与主流的教
学观点相一致的方面，因此"最近发展区"可能是由成人而非由儿童所创造
的。霍尔兹曼（Holzman，2009）提出了不同的看法，他认为"最近发展区"
完全不是一个区间或是一个社会支架，而是一种社会创造性活动，是一种由
儿童为了实现自己的目的而自主控制的活动。游戏是变革性的活动，因为儿
童总是不断地组织和重组角色、规则和关系，他们使用心理工具和物质工具
来创造、发明物体新的用途，提出新的想法，赋予游戏新的意义。如亨里克
斯（Henricks，2009：15）所认为的那样，人类的游戏应被理解为充满了奇
迹般的可能的特殊场所之一。概念上的游戏中所体现的教学目标与上述解释
相去甚远。
　　尽管实践工作者对"游戏是教学法"这一表述产生了疑惑，但是马特
鲁、斯蒂芬和埃利斯（Martlew，Stephen and Ellis，2011）提出，对实践工
作者而言，关键的挑战仍在于创造互动性更强和参与度更高的教学法。所以
实践工作者能够运用什么作为支持，以将游戏性的教学法整合进他们的实
践，并维持游戏、学习和教学之间的一致性呢？

三、实践工作者在游戏中的角色：教学框架和教学策略

　　教学框架（pedagogical framing）和教学策略（pedagogical strategies）
这两个概念较相似，它们可以帮助我们思考实践工作者如何支持儿童自发
的和成人主导的游戏。教学框架包括对课程内容与结构所做出的明智的决
定（如第 4 章所述）。教学框架并没有让成人控制环境中的一切。实践工作
者决定环境总体的特征，包括如何布置学习环境（室内和室外），提供哪些

资源，它们会被放在哪儿，儿童有多少选择，以及材料和活动是否可以结合。实践工作者还要决定如何分配时间，如何利用这些时间，以及用这些时间去达成什么样的目的。如何安排一天或一段时间至关重要，因为它决定了儿童是否有足够的时间来开展他们的游戏以及发展游戏的复杂性。

在这个灵活的安排之下，实践工作者使用一系列的教学策略来支持儿童的学习，如在儿童旁边工作和游戏，观察和评估儿童，引进新的游戏主题，提出新的想法，以及示范游戏的技能。实践工作者的工作包括回应儿童的游戏意图和儿童赋予游戏的意义，并允许意料之外的游戏的发展，这样才能保持游戏的动态过程，并发扬游戏的精神，而不是让游戏最终转向教学。师幼互动可以为不同的目标服务，如认识到儿童的意图和目标，回应儿童的想法，让儿童能够在不同的环境中使用和施展他们的技能，帮助他们处理争议。实践工作者应关注儿童在游戏中交流的意义，并以此为下次循环计划提供信息。

因此，实践工作者需要拥有双重视角，这包括理解"此时、此地"游戏活动对儿童的意义，以及决定下一个潜在的学习目标是什么。在实践中，这种双重视角可能会将重点转向积极回应的和短期的计划：儿童的兴趣和想法可能促使他们为一个项目做出计划，或为成人所主导的活动提供信息，这有利于建立工作和游戏的连续体，及成人主导的活动与儿童自发的活动的连续体。当前短期的关注点在于帮助儿童达成他们的学习目标，而长期的关注点在于实现课程框架，如《早期基础阶段教育纲要》中定义的成果目标。

这些教学框架和教学策略概念并不是把成人主导的游戏方法定义为了教学法，或者实践工作者的有优先权的计划和目的。布罗德黑德和伯特（Broadhead and Burt，2012）概述了游戏性的教学方法和游戏性学习的概念。他们提出了"并置模式"，这反映了成人和儿童的目的（见表5.1）。这个模式尊重儿童的文化实践，在这其中游戏有它自己的规则、程序、惯例和期望，但实践工作者也有发挥作用的余地。

表 5.1 并置模式（Broadhead and Burt，2012）

"结果开放的游戏"：理解游戏性教学法	"任何地方都能成为游戏场所"：揭示游戏性学习
这是一种让成人能够设想自己在创设和维持教育环境——这个环境要足够灵活，要允许儿童的兴趣与经验生成并发展——上所扮演角色的方式。在这种方式下，成人也有责任系统、灵活地辨识、记录和计划儿童的兴趣，寻找拓展儿童兴趣并将它们与儿童的生活和学习在更广阔的世界中联系起来的方法。	这些地方指从儿童的角度感知并接触到的环境及其可能性。儿童进入的是一切皆有可能的空间，无论空间大小，在这里他们都可以单独或与他人一起探索、开发环境，以满足从他们自己的头脑和技能中产生的想象、计划和记忆。
早期教育机构成为这样的一个空间和地点：成人在其中开发自身的潜能，并拓展其个人对游戏性学习和教学方法的理解。	早期教育机构正在成为这样一个空间和地点：儿童在其中探索他们的身份、潜能和兴趣，并通过游戏性的参与来拓展自身的可能性。

对于成人应该使用哪种互动方式，学界达成了一致的意见，这些意见包括如下特征。

- 支持和回应儿童所要表达的意义及其潜能；让儿童能够树立和发展自己的兴趣。
- 支持儿童作为游戏者和学习者所需的技能；丰富他们的游戏内容；挑战他们自己的想法和兴趣；提供额外的学习刺激。
- 为儿童在游戏中的进步制订计划，以发展游戏的复杂性和挑战性（更具挑战性的游戏和更具挑战性的工作一样重要）。

游戏性的教学法包括不同的互动、参与模式，详见以下各小节。

（一）做一位灵活的计划者

在运用游戏性的教学法来为儿童自发的活动和成人主导的活动制订计划时，一个关键的问题是：优先考虑哪种活动？这里没有正确的答案，因为这取决于活动的流程、儿童的年龄、是否混龄，以及多元社会的不同维度等因素。在共同建构的、积极回应的课程（第 4 章）中，实践工作者发现儿童的兴趣，并提出自己的想法和建议，这一过程就包括了**分享教学意图和目标**，以及为**预期的和潜在的学习成果**制订计划。儿童的**实际学习成果**用观察和评估（第 7 章）的方式得以记录。实践工作者要确保学习经验与政策框架是相关的，甚至超越政策框架的要求（教学、学习和游戏可以超出政策框架）。儿童的学习是**循环递归式的**（儿童参与各种各样的活动），也是**渐进的**（学习者变得更加熟练、有知识、有能力和自信）。他们逐渐提升参与游戏的技能，不同的游戏活动提供了修改、练习、挑战和提升技能的机会，游戏的成果包括学习上的提升和游戏方面的熟练。为预先设定好的、周而复始的话题或主题制订项目计划不适合儿童，因为儿童的兴趣可能会改变，一些游戏主题只能持续几天，而另一些则可能持续几个星期。

（二）做一名技能熟练的观察者

成为一名技能熟练的观察者是所有早期教育方法的组成部分，它有利于全纳性教育实践（Nutbrown and Clough，2013）。观察使实践工作者能够了解儿童的游戏活动，从他们的话语中理解他们赋予游戏的意义，辨识他们学习的潜能、过程和成果。但是，从儿童权利的角度看，观察游戏也提出了新的问题，因为儿童也拥有不受不当干扰地进行游戏的权利，往往当游戏发生在成人教学监管的控制之外时，游戏会变得更为有趣（Wood，2013）。成人需要知道什么时候撤出游戏并允许游戏自由发展，这可能是教师的一个有意识的教学决策。那么，做一位技能熟练的观察者有什么益处呢？

观察使实践工作者能够完成如下工作。

- 辨识可能发生的危险，确保儿童安全；对一些特殊的问题（如有儿童被排斥在外或受到欺负）保持警觉。
- 确保所有儿童都得到了关注。
- 敏锐地觉察到游戏中出现的新的（团体和个人的）模式和主题，并确定一些能够支持和扩展挑战的方式（这可能发生在游戏期间或游戏之后）。
- 了解每名儿童：知道他们行动和互动的模式、兴趣、行动计划、品质、文化方法和游戏技能。
- 了解儿童赋予游戏的意义和儿童的游戏意图；对儿童的游戏表现出兴趣和关注。
- 为个人和集体的计划提供信息。

- 提供证据，让儿童充分讨论他们的学习和游戏兴趣，并将这些讨论与父母、监护人和其他专业人士进行分享。
- 提供证据，进行批判性反思，评估所提供课程的质量，同时在理论和实践之间建立联系，提出问题并解决方案，支持自身的专业成长。

观察可以通过多种方式进行。幼儿教师在日常生活中自发地、持续地进行观察，与有计划地、系统地、有目的地进行观察之间存在差异。实践工作者需要决定如下内容。

- **观察的对象**：儿童个体、小组、成人与儿童的互动或是同伴之间的互动。
- **观察的时间**：游戏开始时、进行中、结束时或是整个游戏环节。
- **观察的范围**：观察一名儿童进行一项 / 多项活动，或是在一项 / 多项活动中观察几名不同的儿童。
- **观察的时长**：如果只是想知道一个小组或一个教室内正在发生什么，粗略的扫视就很有帮助。如果想要在特定的时间里聚焦于一名儿童 / 活动 / 一日常规，那么进行时间抽样则更有帮助。
- **观察的场所**：室内或户外，在特定的区域，如角色游戏区、建构区、玩沙区和玩水区。
- **观察方式**：参与式观察或非参与式观察。
- **观察的记录方式**：记笔记、照相或录像、填写核查表。

实践工作者可以根据以下信息的需求程度来调整观察策略。
- 某个特定的儿童还是某个儿童群体（群体分类标准可以是性别、朋友关系、能力）。
- 课程、具体活动、一日常规、室内或户外环境布置的有效性。
- 同伴之间和成人与儿童之间的互动。
- 将观察视为研究活动或专业成长活动的价值。

成为一个技能熟练的观察者需要时间和练习。以游戏为基础的观察应该被放到日常生活的计划中，以便在游戏（学习）的环境中将儿童视作游戏者（学习者）。参与式观察可以在游戏活动中与儿童互动时实施。可以使用记事本或核查表来记录信息，如儿童如何进入角色游戏区，如何进行交流和展示，选择了哪些游戏，发展了哪些兴趣和主题。可以用相机来记录游戏过程中发生的重大事件。在参与式观察中，实践工作者与儿童保持积极的互动有助于跟踪记录互动的影响（如在游戏中引入新的想法或资源），或是记录接下来在成人主导的活动中需要计划的教学要点。在非参与式观察中，实践工作者不需要参与活动，但是要在儿童旁边记录信息。他们可以使用肉眼观察或是相机拍摄的方式来记录信息，这些信息将可以用于接下来的反思和讨论。

观察儿童涉及伦理问题（Palaiologou，2012）。所有的观察应该对儿童保持敏感，观察者要意识到，成人在现场或在附近会影响游戏的动态过程和游戏的精神。儿童可能以不同的方式（以更为拘谨的方式，或是更为自我的方式）做游戏，或甚至根本不做游戏。观察还可能会产生一种不平等的权力关系，因为在观察的过程中，成人可能会闯入一些儿童想要保持私密的游戏领域。实践工作者还应该注意使用记录下的信息的方式，尤其是录像和照片，以及与谁分享这些信息等方面。但这种观察也有积极的一面，因为儿童通常喜欢看照片，并可以对活动发表他们的看法。这些方法有助于观察有特殊教育需求的儿童及残障儿童，有助于与父母和专业团队分享信息。系统化的观察可以让实践工作者在以下方面变得敏感：儿童掌握学校、家庭和社会文化工具的方式，以及这些是如何成为他们游戏的一部分的。这些深入的观察是具有文化敏感性的评估实践的组成部分（第 7 章）。

（三）做一名优秀的倾听者

成人可能发现不了儿童在开放性游戏中所创造的意义。倾听教学法（pedagogy of listening，Rinaldi，2006）能让实践工作者在儿童赋予游戏的意义和意图的框架之内，尊重儿童，并与其互动。带着尊重倾听儿童意味着情感上的交流互动，以及对儿童的多种交流和表征方式保持敏感，并表现出兴趣。理解儿童的抽象思维和符号性思维能够让实践工作者理解儿童游戏性的想法，以及他们转化和交流想法的方式（Dowling，2012）。

儿童在游戏中使用元交流技能，他们会谈论自己的所思所想、符号表征以及行动。再次引用霍尔兹曼关于"游戏即表演"的观点（第 4 章）：儿童的言语和行为表现得"好像"他们真的是另外一个角色，但当既需要顾及自身，又要兼顾他人时，他们就会交流彼此的行为。儿童通过在游戏中时进时退来建构游戏框架，定义和协商游戏规则，以及指导游戏的发展。这个过程涉及了不同的交流模式和观点选择能力。在成人主导的活动中被认为有着糟糕倾听能力的儿童，通常在游戏中表现出优秀的倾听能力，因为在游戏中他们的动机更强，参与度也更高。儿童需要仔细地观察和倾听，才能对复杂的信息做出过滤和筛选，以帮助游戏继续进行，并达成游戏目标。比如，在游戏中动作、手势、语言和符号可能被快速地结合在一起，为此，儿童需要在游戏进行的过程中弄清楚工具和符号的意义。因此，"倾听想法"也就是观察儿童的想法是如何通过多模方式表达出来的。

（四）成为一名优秀的沟通者

要成为一名熟练的共同游戏者，需要理解儿童的沟通技能：了解他们的手势、肢体语言和面部表情可能会有所夸张，因为这样有助于传递"这是一个游戏"这一信号。儿童会澄清一些符号和工具的意义，这些符号可能是口头上的，也可能是肢体上的。当成人受邀加入游戏时，他们需要留意到这些信号。要成为一名优秀的交流者需要互惠式的互动，例如：评价双方的行为，说出你的想法，提出开放性的问题和推论，对一些问题可以假装不知道，表达自己的情绪。上述这些都是有用的策略，它们能让实践工作者跟上游戏的动态过程，并让自己的言行举止符合游戏的精神。对待有特殊教育需求的儿童时，教师可以使用视觉或触觉的方式与其进行交流，如使用英国手语（British Sign Language，BSL）[1]、默启通手语（Makaton）[2]或布莱叶（Braille）盲文[3]，这有利于提升游戏的全纳性和游戏性。做一名富有游戏性的交流者需要回

---

[1] 英国手语是一门在英国使用的手语，主要有约 125,000 名英国成人和约 20,000 名儿童会使用这种语言。——译者注

[2] 默启通手语是一种辅助语言交流的手势系统，并不是一种类似于手语的"语言"。默启通系统除了手势，还包括图标等表示符号。默启通不仅适用于语言交流有障碍的人群，也适用于还没有开始说话或刚刚开始说话的婴幼儿。——译者注

[3] 布莱叶是当今世界盲人都在使用的盲文点字符号的发明人，他的发明对盲人贡献巨大。在布莱叶盲文中，每个在书写文字中用到的符号——具体来说就是字母、数字和标点符号——都被编码成为 2×3 的点码单元中的一个或多个凸起的点。这个点码单元包含的点通常使用 1 到 6 的数字来编号。——译者注

应儿童的想法、语言和行动，可以采取以下方式，如扮演一个游戏角色，表现出对游戏的兴趣并参与其中。如果合适的话，可在游戏中抓住"可以进行教育的时机"，但这应该加入到下一个阶段的课程计划中，以避免教师主导游戏。

由于游戏具有这些复杂性，在儿童的游戏中运用"保持共同思考"作为教学方法是很困难的，因为"保持共同思考"的互动在成人与儿童一对一的活动或教师主导的集体活动中更为典型。这些活动以口头交流为基础，有着清晰的教育目标。然而，这些特征在儿童自由游戏时的集体活动中并不常见。在一项针对德国早期教育的小范围的研究中，柯尼格（König，2009）发展了关于"保持共同思考"的理论，以辨识游戏中"有效的"教学互动的核心特征。通过记录教室中自由游戏时间里师生互动的过程，柯尼格（König，2009：59）的研究表明，教师对与不同儿童的互动保持着高度的适应性和敏感性，而且在多数情况下都是自发的，但研究者所观察到的最频繁的互动类型是"发起/跟从""等待和倾听""做出回应"。相反，"激励""拓展/区分"和"代表/挑战"这些互动类型却不能经常被观察到，尽管我们也许会认为，这些才是需要做更多的教学工作来促进儿童学习的地方。费舍尔和伍德（Fisher and Wood，2012）以及马特鲁、斯蒂芬和埃利斯（Martlew，Stephen and Ellis，2011）的研究有着相似的发现，这表明，当政策框架立足于概括游戏中"有效的"教学互动的结构时，我们需要谨慎地对待游戏，尤其是当它作为加强教学管理的一种方式时。

关于游戏的民族志研究揭示了儿童建构他们自己的教学常规的方式和互动方式，以及这些在游戏者建立起来的规则下是如何操作的。（Broadhead and Burt，2012；Cohen，2009；Edmiston，2008）。互动对儿童来说是有意义的，其意义在于促使儿童产生一系列动态的、想象丰富的想法，并依据情境赋予游戏意义，但在如"保持共同思考"这样的结构化的互动中，特别是当儿童想要排除成人或无视规则时，儿童可能不会接受互动（Wood，2013）。伍德和库克（Wood and Cook，2009）的研究是关于两名儿童卡勒姆和约翰的，他们的研究表明，这两个四岁的男孩常常会在成人在场时停止他们的游戏，而且他们还会将成人称作"巨人"（他们的游戏主题通常围绕罗琳所著《哈利·波特》中的故事，巨人在其中是巨大而有力量的，但有一点愚蠢，且经常被儿童以智取胜）。儿童有他们自己的方式来反抗教学对游戏的监视和管理。

（五）总是从游戏中获得启发

通过表达自己的热情，实践工作者传递着有力的信息，即儿童在游戏中所学习的、所做的与他们的"工作"一样宝贵。下面的案例研究就是很好的例子。

案例研究

喜悦之箱

雅基·班福德（Jacqui Bamford）是一名刚刚工作的助理教师，她与主班教师一起开发具有游戏性的教授读写能力的方法。她们打算完成课程的目标（为了达到理解小说和诗歌的目标，他们为儿童提供背景相似的故事，有着可预测的、重复模式的故事和韵律），但要用更多由儿童发起的活动，以及游戏性的学习经验来完成，这些儿童自发的活动和游戏性的学习经验具有以下好处。

- 通过儿童自发的活动和实践工作者指导的活动，让儿童对阅读和写作产生兴趣。
- 让他们有权力做出选择和决定。
- 鼓励他们变得富有创意和想象力。
- 让他们能够以多感官及多元的（身体的、认知的、情感的和社会的）方式参与活动。
- 在不同的课程主题之间建立联系。

在使用传统故事时，成人主导的活动聚焦于讨论每个故事的情节、角色、事件顺序和背景。儿童根据能力进行分组，每组获得三个箱子来制作微型的木偶剧院，用于展示他们所选故事的开头、中间和结尾。实践工作者为不同阶段的任务提供帮助。儿童制订相应的计划并完成舞台背景和布景。他们将一些角色粘贴到舞台背景上，将一些材料做成木棍上的木偶，这样便可以在舞台上来回移动它们。场景布置好了之后，所有人就等着表演揭开帷幕。

　　教师鼓励儿童重新讲述故事，并编写他们自己的版本。教师会建议儿童重写故事的框架（如对故事的情节和结尾做出改变）、写信（如大灰狼给三只小猪写信）、写台词（如小红帽回到家时跟妈妈说了什么）。箱子也为儿童提供了环境，使得他们能够在这一环境中，围绕故事中的角色来发展角色游戏，创编对话，续写和改编故事。实践工作者以共同游戏者的身份参与游戏，如他们会示范扮演其中一个角色，改编故事，引起儿童发问。在教室的角色游戏区中，成人主导的活动与儿童对读写能力及语言的游戏性探索建立了联系，比如：

- 金发姑娘给三只小熊写了一封道歉信。
- 把小红帽的电话留言捎给她的妈妈。
- 为小粉猪写一份制作桃子馅糕点的食谱。
- 导演自己的游戏剧本，并写下自己的故事。

　　接下来这个童话故事案例改编自《小红帽》，表现了儿童对故事情节、事件顺序、台词和结构的深入理解。

　　一开始，小红帽正在她的花园中玩。接着，她的妈妈问她：你可以带一些鲜花和红酒到外婆那儿吗？她说可以。所以，她提上她的篮子，穿上她的红外套，然后出发了。她的外婆说：你好，篮子里面有什么啊？小红帽说：外婆，是一些红酒和鲜花。然后她听见了一个声音说"放我出去"。然后她扯下外婆的外套，接着坏蛋大灰狼把她吃掉了。接着，她的爸爸听见了一个像肥肥的大灰狼的声音从外婆的房子里传出，所以他快快地跑到那儿，用力把门关上了。然后她的爸爸跑回家，告诉妈妈。然后妈妈跑到外婆家，他们哭得很伤心。结束。①

　　实施这些综合方法的结果是儿童能够实现读写能力的表现性目标，

① 儿童写的英文原文有许多拼写错误，用词也很稚气。——译者注

实现一些其他学习目标，形成一些学习品质，如提升自信心、胜任感和自尊心。"喜悦之箱"项目激励了有读写困扰的儿童，因为他们可以成功地以不同的方式、在不同的水平上参与读写活动。儿童阅读他们自己版本的故事，并在全校面前表演一些他们自己编排的游戏。

这个项目整合了课程中不同的主题领域。

- 设计与技术：设计箱子和木偶；使用身体技能和操作性技能，如绘画、器械连接、固定、裁剪。
- 数学：了解箱子和木偶的尺寸与大小；了解物体的面积；对物体进行测量；讲故事时运用数学语言和概念。
- 个人、社会和情感教育：合作、轮流、集体做出决定；同伴间的模仿和互动；同伴依附关系；对故事中的人物的同理心；通过故事探索道德问题；自尊心的养成。

活　动

使用并置模式（Broadhead and Burt，2012）来分析"喜悦之箱"项目，并思考成人和儿童在其中的不同贡献。思考"潜在的发展"及"游戏即表演"的概念。这些概念如何能够让你从儿童的视角理解游戏？这些概念如何能够让你理解自己的教学角色？你可以分析并分享实践中的例子，并在小组中讨论。

（六）为安全、可得性和平等的机会而监管

高效的实践工作者总是对儿童身体的、社会的和情感的安全与健康保持警觉。儿童有时候可能会表现出反社会行为，特别是当游戏离开成人的视线范围时。游戏为儿童提供了一种理解和掌握复杂的家庭、学校和社会文化的方式，因为玩游戏时会使用到一些强有力的概念，如优点和缺点、善良和

邪恶、正义和非正义、从属和排斥，所以儿童可能会对游戏成员表现出消极的或刻板的态度。在游戏中，可能会出现歧视或侮辱性的评论；逗弄可能会变成欺凌，比如，儿童会骂人或排斥他人。游戏让儿童能够在成人主导的世界中感受到力量，但这同时也会带来积极与消极两种可能性：他们可能以种族、性别、身体外貌和能力为理由来接纳或排斥他人。比如，伍德和库克（Wood and Cook，2009）发现了个别儿童被排斥于游戏之外的例子，以及男孩排斥女孩或干扰她们游戏的例子。对年龄较大的儿童来说，学校的操场是欺凌和攻击的理想场所。在这个场所中，特别是当这些儿童在同伴中的地位涉及挑战权威，以及想要在同伴群体的社会等级中占据一席之地时，这种欺凌和攻击行为会越发明显（Hughes，2010）。亨里克斯（Henricks，2009：35）从社会学的角度出发，把游戏者比作涂鸦艺术家，他们在社会等级墙上涂上自己的标记。

> 游戏的目的看起来似乎是捣乱和糟蹋东西，儿童通过这种方式来了解在世界反对和制止他们之前他们究竟可以做到什么程度。

如果儿童自己的界限和规则被冒犯了，他们有时会让成人进行干预，以解决冲突。但是，实践工作者需要反思他们"管理性"地干预游戏的理由，因为有些看起来像是"反社会行为"的行为可能只是叙事过程的一部分。在伍德和库克（Wood and Cook，2009）关于游戏中的性别话语和实践的研究中，他们记录的话语揭示了在成人干预中存在性别歧视。男孩的游戏通常是充满能量的、吵闹的，有时候会偏离场地侵入到角色游戏区。游戏主题包括追逐、死亡或杀戮、救援和被救援、顽皮的狗、鲨鱼和鳄鱼。主班教师和助理教师更倾向于干预男孩的吵闹的游戏，而不是女孩的安静的家务游戏，即使后者是刻板的或重复的（在家务游戏中，女孩总是重复地在清洁、整理和照顾宝宝）。

活　动

在你自己的教室环境内的游戏活动中，哪些管理性的干预比较典型？这些干预会因为儿童的年龄／性别而有所不同吗？

所有的教学环境都应该对社会多样性和文化多样性中的不同维度做出积极回应（第 3 章），并能够发展儿童的主体性和能力，从而能够指导儿童的学习和发展。儿童的家庭文化和社区文化也应反映在学校环境中。这不仅仅是要呈现可见的文化多样性，如食物、节日、服饰和礼仪的特征。儿童应该通过活动与同伴和成人共同建构学习，这些活动整合了他们生活的所有方面，包括他们学习和游戏的文化方式（见第 8 章的案例研究）。

对有特殊教育需求的儿童来说，想要确保他们可以参与游戏，就需要理解他们的游戏技能和潜在发展区。比如，丽娜（Lina）刚上幼儿园时，不愿意说话。她非常欠缺社交技能，也不知道如何做游戏。她在家的时候有很长一段时间只能自己一个人待在她的幼儿床上，很少获得外界刺激。在游戏中她很被动，花很长时间坐着并观看其他儿童的活动。教师和保育员一步步地鼓励丽娜参与游戏和其他活动，这其中包括一些对她的游戏的指导：最开始是在一对一的环境中，然后慢慢地让她参与到同伴游戏中。丽娜逐渐学会了主动与人交流和互动。她大约花了一年时间学习作为一个共同游戏者应具备的社会技能，比如加入游戏、承担并持续扮演一个角色，以及能够玩假装游戏。有额外或特殊教育需求的儿童往往需要在学习和游戏中小步地前进，并需花更多的时间来发展他们的技能和树立自信心。但这不意味着教师要采用高度结构化的方法对待这些儿童，他们不应被单独拎出来进行游戏指导。奥布莱恩（O'Brien，2010）建议采用出现在典型的日常环境中的自然主义教学策略，在日常环境中，成人将儿童视作有能力的而不是有需求的个体，并尊重不同的学习和游戏方式。通过做出适宜的调整，实践工作者将确保儿童以他们自己的方式、用他们自己的语言参与到室内和户外的游戏活动中。

高效的实践工作者应该确保儿童在情绪上是安全的。在第 2 章中，我们讨论了超级英雄游戏及追逐打闹游戏的益处和面临的挑战。不是所有儿童都能够参与到这些形式的游戏中来，尤其是当实践工作者努力在教室环境中营造民主、关爱的氛围时，他们也会对打斗游戏中涉及的道德和伦理问题感到困扰。解决这些问题有许多策略。

- 开展讨论，儿童可以在讨论中陈述他们对超级英雄游戏的感受并聆听彼此的看法。
- 说明社会中武器、攻击行为和暴力的真实情况。学前班儿童能够从媒体中了解冲突、暴力和战争，这为讨论奠定了基础。

- 发现问题及其发生的场所（室内或户外），以及这些行为会对其他儿童造成什么影响。

- 鼓励儿童去探索问题的解决方法。

- 让儿童一起判断教室和操场上发生的事情（见第 6 章）。这可以在圆圈时间完成，如果问题更为严重的话，那么可能需要分配专门的时间。

- 执行达成一致意见的解决方案，并监督其有效性。做好准备通过以下方式来支持儿童：教给他们解决冲突的策略，发展他们对自身行为的意识，让他们对自己带给他人的影响保持敏感。[1]

- 观察游戏，与团队成员讨论在以下方面是否存在问题：儿童正在扮演什么角色，出现了哪些有关平等和可得性的问题（如接纳和排斥），行使权力的是谁，性别角色及人际关系如何。

（七）做一名敏感的合作游戏者

琼斯和雷诺兹（Jones and Reynolds，1992）认为，实践工作者能够帮助儿童成为游戏高手。因而，适宜的教学策略应该支持学习和发展，而不应该造成干扰或凌驾于儿童发展之上。这仍旧是一个保持平衡的问题。在一个放任自由的环境中，儿童可能会错失成人的支持和指导。在一个高度结构化的环境中，儿童则无法机智灵活、充满创造性地解决问题。表 5.2 列出了一些适宜的教学策略，这其中包含了所有互动都应该对儿童和游戏情境保持敏感的指导原则（有趣的是，儿童也会在他们的同伴游戏中使用这些技能和策略）。

表 5.2　教学技巧和策略

> 观察、倾听、保持游戏性、幽默、提问、对儿童的主动行为和指挥做出回应、交流、演示、示范、鼓励、表扬、建议、指引、提议、挑战、选择角色、持续扮演角色、用儿童的语言游戏、教导、传授新知识、激励、提醒、拓展、建构、重构、转化、指导、再次指导、管理、监管、评估、诊断

---

[1] 关于儿童的冲突解决策略，可参阅《你不能参加我的生日聚会——学前儿童的冲突解决》一书。——编辑注

　　实践工作者需要花时间学习何时及如何在儿童的游戏中与他们进行交流互动，如何适应游戏情境，在不同的情况下应使用哪些互动策略，以及何时撤出互动。表 5.3 中列出了关键性的问题。

表 5.3　何时、如何及为什么要进行教学互动

- **何时参与其中？** 实践工作者持有什么样的假设（关于学习、游戏和儿童的理念）？
- **如何参与其中？** 教学的目的是什么？哪个目的最重要？游戏和互动的目的是什么？
- **抱着何种意图？** 教学互动为儿童和教师带来了哪些结果？

1. 何时参与其中

　　本书中的许多例子表明，那些习惯与具有游戏精神的成人相处的儿童更愿意请求成人帮助解决问题或冲突，或是邀请成人成为合作游戏者。随着经验的增长，儿童学会辨识他们需要什么样的帮助，哪些因素影响了他们与成人的互动。经验丰富的实践工作者就像是随身携带了一个有关儿童学习、游戏的模式和方法的记忆库：他们能够让儿童回忆起之前的主题和活动，帮助他们提高技能，拓展知识面，并在他们的学习和经验之间建立联系。因为实践工作者需要对安全性保持警觉，他们可以通过干预来避免问题的出现，预防意外事件的发生。干预可能会为儿童提供机会，帮助儿童认识到问题，并让他们学习解决冲突的办法或是安全策略，这些技能在其他情况下也可以用到。

2. 如何参与其中

　　实践工作者扮演着多种教学角色，采用多种教学策略。在儿童自发的游戏中，退后并让游戏发生是一个明智的教学决定。做一名合作游戏者需要遵从儿童的游戏目的和游戏意图，而不是绑架他们的思维以顺应课程目标。示范是一种有用的教学策略，因为创造性的模仿是早期学习的重要动力。布鲁纳（Bruner，1991）称之为"观察学习"（observational learning），并认为这是一个比"模仿"有着更复杂含义的词，因为儿童不仅仅是"复制"，而是创造他们自己的表现方式。实践工作者可以大声地说出思考、提问、行为反思和感受，以此积极地示范技巧、策略、态度、行为和学习步骤。这有利于

儿童在指导下进行再创造，儿童能够在他们的游戏中建构知识并创造性地使用工具进行思考和学习。

只要实践工作者让他们的互动与儿童的兴趣和需求相协调，直接教学便是基于技能的，且适宜的。直接教学可能需要共同解决问题的策略，比如将想法大声地说出来，在任务中交谈，示范技能，然后检查儿童做得如何。当儿童需要获得帮助以使用工具和材料，并创造新的使用方法、创建新的联系时，这些策略是适宜的。例如，在建构游戏中，许多工具和设备都相当复杂，需要专业的操作技能、技术语言，以及对设计和技术相关概念的理解。通过教授相关技能、概念和知识，实践工作者可以支持儿童发展创造力，提出新发明和新想法。随着经验的累积，儿童能够提升他们的计划、设计和建构能力，这其中反映了成人在真实情境中使用的许多方法。正如接下来的案例研究所示，随着在创造问题和解决问题方面变得更加自信，儿童建立起了作为成功游戏者和学习者的身份。

📁　　　　　　　　　　**案 例 研 究**

美术馆

　　乔、海伦、卡蒂和马丁（6—7岁）正在讨论他们的想法。他们想创建一座美术馆，并想用黑色的墙纸来展示画作（Attfield, 1992: 66–68）。他们已经剥落了墙纸，移走了U形钉，正在讨论一扇旧门和它上面的几个洞。

　　乔：我们可以把旧门拆下来换一个新的。

　　马丁：不能那样做，乔。因为如果拆了旧门，我们就找不到新的装上了。

　　乔：我们可以放一些卡纸在下面，因为那儿有洞。

　　卡蒂：嗯，是的，那样门会更结实。

　　海伦：是的，你可以用绳子穿过那些洞，就可以打开了。

　　卡蒂：不能那样做，有太多洞了。你会弄混的。

　　乔：在真的门上有一个大洞。你可以在那儿装上门把手。

　　马丁：我知道怎么做门把手。你可以找到那种螺丝，像你在浴缸上用的一样。你可以用一个螺丝，从另一边把它拧上去，然后你就有一个门把手了。

卡蒂：有好多小洞。我们可以用卡纸把这些遮住，并在上面涂上颜色，那个大洞可以用来做门把手。

海伦：对，然后你可以用线绕住把手，这样就可以像大厅里的门那样关门了。（这个任务成功地完成之后，儿童继续讨论墙上的壁纸。）

乔：我们需要在这儿（墙纸覆盖到门的地方）剪一剪，它太大了。

教师：别剪。别剪它，把纸折到下面去，然后用钉子钉住。这会让边缘比剪过的边缘更加坚实，边缘也会更加平滑。如果纸太大了，你总是可以把它折起来，但如果纸太小了，你就不能把它变得合适。

卡蒂去把墙纸粘贴在墙的中央。教师向她演示如何对齐墙角和墙的外边缘粘好墙纸。乔开始测量所需墙纸的尺寸，他把米尺放在墙纸的中央。教师向他们示范如何测量外边缘。儿童完成了墙纸尺寸的测量，他们需要把它从一卷墙纸上剪下来。他们测量，剪下一张墙纸，把它粘到墙上。每一面墙都需要墙纸，他们需要三张相同尺寸的完整的墙纸。

马丁：现在开始量下面这段。它有1.55米，是吗？

教师：对。你觉得这面墙需要多少张？

海伦：两张。

乔：嗯，三张。

教师：对，我觉得是三张。你们需要几张相同大小的墙纸？

乔和海伦：三张。

教师：等会我们剪下一张时，我们再把墙纸展开来，把这一张放在上面，标记出来，然后根据标记把它剪出正确的大小，怎么样？

马丁：那样会更快。

儿童正在测量另一张墙纸，它必须是1.20米长。他们放下一把米尺，然后用另一把米尺继续测量。第二把尺子的尾端碰到了附近的橱柜。

教师：你觉得我们需要用米尺量下面这段吗？我们已经有一米了，

我们还需要多长的墙纸？

　　卡蒂：我们刚才说 1.2 米。

　　乔：还需要 20 厘米。

　　教师：是的，我们只需要再多 20 厘米。用一个小一点的尺子会不会方便一点呢？它和米尺一样有厘米刻度。

　　海伦：它们一样的，不是吗？（怀疑地）

　　教师：我们来试一试。

　　海伦捡起米尺，检验她所测得的是否和老师的一样，然后她使用较小的尺子。

　　乔：这是一样的，海伦。

　　教师：当你不确定的时候，检验一下总是好的。

　　教师以协调者身份与儿童进行的互动有利于儿童新技能的发展，并调动儿童已有的知识。这个活动同时也进一步阐释了从工作到游戏的连续体的含义：游戏是由儿童自发的，儿童能够转化想法，更换游戏材料和他们所处的环境，从而满足自己的游戏意图。教师扮演着见多识广的他人的角色，他示范技能，将想法大声说出来，并促进儿童元认知活动的开展。他在积极地回应儿童，而不是为儿童带来干扰，他没有控制整个任务或是儿童的思考。儿童之间会互相帮助：他们热情高涨、十分积极地参与到这项任务中，因为儿童知道他们的同伴也在创造画作，并且他们的画作都将要展示在艺术馆里。游戏为他们的知识、经验和社会技能提供了一种整合机制，并促进他们更深入的学习。

　　不同类型的游戏需要不同形式的互动。为了成为一名成功的合作游戏者，实践工作者需要观察游戏，并理解儿童游戏的对象和伙伴。他们需要使用儿童的用语，这需要对游戏主题、规则、惯例、分组、玩伴、偏好及他们对空间和资源的使用保持敏感。接下来的例子展示了一位教师是如何在角色游戏中成功地与珍妮进行互动的（Attfield，1992）。

案例研究

噢，噢，我可怜的脚踝

珍妮（7 岁 2 个月）正在角色游戏区的健康中心扮演护士。教师扮演一名脚踝受伤的病人。

成人： 噢，噢，我可怜的脚踝。我该做什么，护士？

珍妮： 我认为你应该在家里待两天，平静下来，不要再揉它了。

成人： 它骨折了吗，护士？我可以坐下吗？噢，噢。

珍妮： 可以，你最好坐在这儿。我去拿 X 光片子……不对，你扭伤了。我要在用水浇它之前把它包扎起来。

成人： 你要用水浇我的脚踝？你为什么要用水浇我的脚踝，护士？它不是一朵花。

珍妮： 不，我是要给它拍点水上去，然后绑上这个绷带。（开始在成人的鞋子上缠绕绷带）

成人： 噢，噢，你觉得我是不是该把鞋脱掉？

珍妮： 哦，对。护士过来帮帮我（对另一个儿童说）……你拿着安全别针，当我做完这个的时候递给我。

成人： 我可以用脚踝走路了吗？还是我应该让它休息一会？

珍妮： 我会给你拐杖，你回到家时要把它放在板凳、桌子或软的东西上面。

成人： 我还得吃药来止痛吗？

珍妮： 我会给你一个药方。（写字时寻求帮助）

（接着，转向另一个被车撞了的儿童。）

珍妮： 我会在你的胳膊上缠绷带，你一定不要再那样把手放在桌子上，不然情况会变得更加糟糕。你还是可以踢足球，但尽量不要用你的手去顶人。另外，洗漱时小心不要把它弄坏了。好了，两周之后再来。

尽管互动的主要方式是基于成人的提问，但这些互动至少是开放的且与情境相关的问题。珍妮展示了她拥有的技能、知识和理解力，包括她对为同伴安排任务的自信心，她扮演的护士这一充满关爱的角色，她保持角色和假装性的能力，她对游戏的享受和积极性。教师注意到珍妮想要了解更多关于 X 光和骨头，以及石膏是如何固定骨折的骨头的知识。

实践工作者可能发现，跟随儿童不断变化的想法和兴趣、跟进计划外的游戏发展很有挑战性。仔细回想一下第 3、4 章中社会文化理论所阐述的，实践工作者是可以参与到动机来自于儿童的角色游戏中的，并且他们完成了其中大部分的协商和管理工作。成人应该回应儿童的主动倡议，但对游戏的控制程度应以不让游戏失去自发性为宜，不然游戏就会变为成人主导而不是儿童主导的了。实践工作者还应该知道什么时候撤出，让儿童继续他们的游戏。如下面的案例研究所示，这些方法需要实践工作者从不同的角度思考权力关系，以及当儿童违反或挑战教室规则时他们该如何回应。

案 例 研 究

警察、强盗和看门狗

在贝内特、伍德和罗杰斯（Bennett，Wood and Rogers，1997）的研究中，一位学前班教师吉娜（Gina）把角色游戏区建造成一个商店：儿童制造商品并为其标价，她期望儿童在买卖中会使用他们的数学知识。但是，儿童对扮演警察、强盗和看门狗更感兴趣，因此他们的游戏经常是喧闹的、嘈杂的、混乱的。吉娜认为，儿童应该拥有脱离成人的干预进行自由游戏的机会。但是，她承认，为了理解和支持这个游戏，一些干预是必要的。她没有禁止警察、强盗和看门狗的游戏，反而是在教师主导的活动中培养儿童的兴趣，鼓励儿童写下游戏场景的分镜脚本和草图，他们随后在角色游戏区里进行发挥、表演。教师通过反思发现，儿童想用警察、强盗和看门狗的游戏让他们的商店游戏更加活泼是意料之中的：他们的游戏比单纯的买卖东西更具有戏剧性，更需要情感的投入。在形成他们自己的游戏剧本和场景时，他们整合了来自于电视节目、电影和卡通的知识。

（八）成为一名研究者

高效的实践工作者也是好的研究者，他们对儿童的性格、心智倾向和学习品质有敏锐的洞察力。他们使用基于探究的方法来提升教学质量，并在有限的政策指令之外获得了自身的专业成长。儿童是复杂的、吸引人的，也常常是难解的。这向与儿童一起工作和游戏的实践工作者提出了许多问题和挑战，这些问题和挑战在日常活动中并不总能得到解决。成为一名研究者有助于实践工作者发展批判性的反思、思考和分析能力，并在实践中突出对平等和社会正义问题的关注（Genishi and Goodwin，2008；Yelland，2010）。本书中的许多例子来自于由教师和实践工作者完成的基于先进研究模块的小规模研究学习。他们研究的起因通常是迫切的现象问题，如教师理念之间的冲突，政策框架的要求或是对更好地理解游戏、学习和教学的纯真渴望。那些让实践工作者在自己的实践中成为研究者的研究表明，这一做法具有很多益处。

- 花时间退到游戏情境外，批判性地思考在早期教育机构中正在发生什么。
- 学习观察、记录和分析自身的实践技能和策略。
- 在所实践的集体中进行合作学习。
- 反思自身的实践现状，并想出提高实践效果的策略（有时基于整个学校的层面）。
- 通过提升自身的技能，拓展自己的知识面，感到自己有影响力。
- 能够挑战理所当然的假设和政策指示。
- 改变原先的理论和／或实践（Broadhead，2004；Carr et al.，2009；Edwards and Nuttall，2009；Fisher and Wood，2012）。

实践工作者可能还会了解到儿童是如何看待他们的角色和实践的。以下夏洛特·罗兰德（Charlotte Rowland）记录的案例研究可以为下面几个方面提供深入的见解：儿童是如何适应教室文化的，他们是如何设立自己的目标和兴趣的，他们是如何建构自己的游戏主题的，什么形式的权力和控制会在成人和儿童之间以及儿童与儿童之间流转。

案例研究

安静地听！

　　背景：教师以前曾观察到海伦（5岁4个月）一个人和想象中的小学生一起玩学校游戏。海伦问老师她能不能玩学校游戏。然后她收集了需要的东西并邀请两名儿童——哈立德（Khalid）和艾拉（Ella）——和她一起玩。阿比（Abi）参与了一小段时间，直到结束。

　　海伦：你们想要玩学校游戏吗？

　　艾拉：好的，我可以当F夫人吗？

　　哈立德：我想要当R小姐。

　　海伦：不，我是R小姐！

　　哈立德：哦！但是……

　　海伦：我们可以轮流。

　　哈立德：好吧。（*海伦坐在椅子上，拿起纸和笔。*）

　　海伦：现在是登记时间，所以你们需要竖起耳朵认真听。

　　艾拉：我是F夫人。

　　哈立德：什么时候轮到我？

　　海伦：安静地听！

　　哈立德：好的，R小姐。

　　海伦：现在我们开始，早上好，哈立德。

　　哈立德：早上好，R小姐。

　　海伦：现在我们会在地毯上一起做活动。我希望你非常非常仔细地听。

　　哈立德：但谁来当专职助手？

　　海伦：哦，你可以！

　　艾拉：我还是F夫人。

　　海伦：对，我知道。

　　哈立德：快轮到我了吗？

　　海伦：F夫人，请问你可以和哈立德坐在一起吗？因为他在不停地讲话，他应该听讲才是。

　　艾拉：（*移动到哈立德旁边*）是的，安静，哈立德。听R小姐讲话！

海伦：现在让我们开始。我们今天早上要做一些计算题。（阿比过来参与游戏）

阿比：我可以玩吗？我想要当 R 小姐。

哈立德：下一次轮到我。

海伦：你当你自己，阿比。

阿比：不，我待会儿再玩。

海伦：让我们现在开始好吗？听着，哈立德！我们会数到 20。

所有人：一起数到 20。（铃声响起：收拾时间到）

哈立德：没有轮到我！

海伦：你可以下次。

活　动

你如何解释这个案例？关于儿童对教学惯例的理解，它揭示出了什么问题？海伦不断地监管哈立德，她明显地内化了关于"调皮的男孩"的话语。关于师生之间强有力的关系以及教室话语的规则，儿童的游戏可以告诉我们什么？

观察既有实践价值也有理论价值，因为观察可以让实践工作者作为研究者去理解儿童的游戏文化和他们共同的意义系统（如第 3、4 章所述）。成为一名研究者还可以为评价和评估过程提供信息，这将在第 7 章中探讨。

四、那么，我们能够定义游戏的教学法吗？

本章证明了实践工作者在游戏中的角色是多面的、多层次的。指导原则是：成人的互动应该与正在发生的事情相协调，并尊重游戏的动态过程和游戏精神。成人主导的游戏和儿童自发的游戏都能够为儿童提供可以在其他活动中加以发展和拓展的想法和兴趣，包括支持技能和概念学习的具体干预。这并不是说游戏只有在实现课程的学习成果和表现性发展目标时才有价值。自发的、游戏性的互动有可能出现在成人主导的活动中，正如儿童有可能在他们的游戏中全神贯注、"专注工作"。然而，游戏不能仅仅作为一种教学手段，用以达成课程学习领域的表现性发展目标。游戏也是极其复杂多样的，因其对儿童的意义而受到重视。抛开教学的眼光来看，游戏是为了游戏而游戏；儿童是为了变得更会玩而游戏；对游戏的掌握涉及学习，但学习的内容一定要对游戏者有直接的用处。游戏对于成人来说是否有价值和兴趣则并不在游戏者的考虑范围之内。

活　　动

在你所在的幼教机构中，家长如何看待游戏？你以何种方式与家长沟通在家庭中开展的游戏活动？你认为儿童的选择和游戏方式存在文化差异吗？你怎样使用关于社会和文化多样性的知识来丰富你所提供的游戏？

五、拓展阅读

Dowling, M. (2012) *Young Children's Thinking,* London: Sage.

Nutbrown, C. and Clough, P. (2013) *Inclusion in the Early Years*, London: Sage.

Palaiologou, I. (2012) *Child Observation for the Early Years*, London: Sage.

Singh, A. and Gupta, D. (2012) 'Contexts of childhood and play: exploring parental perceptions', *Childhood*, 19 (2)：235–250, http://chd.sagepub.com/ cgi/reprint/19/2/235.

Yelland, N. (ed.) (2010) *Contemporary Perspectives on Early Childhood Education*, Maidenhead: Open University Press.

第6章

户外环境中的游戏和学习

本章旨在完成如下目标。

- 理解在户外环境中进行游戏和学习的原则。
- 知道怎样为保证户外环境具有全纳性、可得性和多样性而做计划。
- 制订与幼儿、家长（照料者）共同工作以控制危险和风险的策略。
- 了解如何为户外环境中的游戏做出计划，包括第一关键阶段和第二关键阶段之间的衔接和连续性。

　　本章将继续探讨在户外环境中，如何在游戏、学习和教学之间建立连续体。第4、5章和第7章中所描述的课程设计、课程组织和课程评价策略同样适用于户外环境，但还需要一些教学策略的引导，这些策略包括灵活地开展教学，观察儿童的表现，倾听儿童的声音，并对儿童发出的信号、邀请和疑问及时做出回应。户外活动应该能够让儿童通过自己的选择和兴趣来生成自己的目标，同时也应当体现广泛的课程目标。设计环境的方式要使学习无处不在，因为儿童会参与、投入其中，并接受其中一切可能的挑战和激励。冒险和挑战让儿童能够更好地掌控游戏、所处环境和自身。

　　户外环境将给实践工作者带来另一个层面的教学责任。因为在这样的环境中，实践工作者需要对儿童和自己的决策表现出更多的鼓励、信任和信心。这是由于户外环境会扩大选择和活动的可能性，增加了产生风险性游戏的可能性。这一观点并不是要限制儿童的选择，而是要关注他们对于风险

和危险的理解，并采用恰当的方法来保障他们的健康和安全。海伦·托维
（Helen Tovey）在许多场合做出了有力的陈述："真正的风险在于没有风险。"
这一原则是本章的基础。

一、户外环境中游戏和学习的原则

过去的 20 年见证了幼儿园重新燃起的对户外环境的兴趣。现在，我看
到了许多包含迷你森林学校、自然 / 野生区域、柳条结构和生态友好型花园
等的户外环境，这些环境中包括了用于种植食用性植物的田垄，用于进行
零散部件的游戏（loose parts play）的开放式空间，传统的固定游戏设施以
及沙和水。我看到了图腾柱、雕塑小径、成捆的干草、绳索制成的秋千和
桥梁、用于"闲聊和凉快"（一所学校的标志牌上如是说）的荫庇空间、感
觉空间和音乐墙。为了回应儿童的要求，某所学校建造了一个"户外衣柜"
（大型的花园棚），以收纳表演服装，并在附近建造了一个专门用来进行即
兴才艺展示的舞台。这个"户外衣柜"里还有防潮布、雨衣和长筒靴，用
以应对各种天气下的活动。这些发展都得到了关注户外游戏的政策的支持
以及资金上的资助。但与此同时，许多教师报告称，对于儿童而言，户外
游戏已经变得更像是一种释放压力的手段，因为上课期间有太多需要静坐
的活动了。户外游戏本身就十分重要，不应当受制于不恰当的教学法，只
成为释放压力的途径。

就像我们在第 3 章中看到的那样，在政策框架中，游戏处于一种模棱
两可的地位，这是因为游戏的价值和目标都被固化在政策文本所阐述的立
场中。户外游戏也是如此，它被赋予了促进儿童身心健康发展、对抗童年
期肥胖和久坐带来的不良影响、改善以电脑为中心的童年等价值。在户外
游戏中，我们可以看到幼儿园中的游戏和学校中的游戏之间的重叠，以及
游戏活动（Playwork）的专业性。英国四个游戏委员会（英格兰游戏委员
会、苏格兰游戏委员会、北爱尔兰游戏委员会和威尔士游戏委员会）的工作
已经在一些方面具有较高的影响力，他们倡导游戏，为游戏活动提供资金支
持，把游戏活动发展为一种职业，扩大学校和社区中的游戏区域。然而，托
维（Tovey，2008）指出，游戏活动还是被政策立场所左右，并反映了这些

政策立场中的主导性话语——光鲜亮丽的政策文件中的图片显示出儿童在很愉快地游戏，但是儿童常常是在篱笆围住的只有固定器材的区域内活动。这些游戏空间在规模、设计和设备多样性方面都有了非常大的改善，这反映了对儿童健康和安全的合理考虑。但是这样的游戏空间通常包含了成人对游戏进行监视和管理的观念。最近的户外游戏环境创设多纳入了可灵活调动的资源（比如零散的部件）、儿童游戏窝点和秘密空间、用于挖掘和玩泥巴的无植被的小块土地，以及具有挑战性的开放式固定器械（Broadhead and Burt，2012）。除了占主导地位的政策话语所论述的游戏价值外，户外游戏对游戏者仍然是有价值的，包括：游戏者在游戏中的所作所为和通过游戏获得的发展；游戏者从自身出发对游戏的掌控；游戏者对其身体、社会性和情感能力的掌控。户外环境不仅仅关乎游戏本身，实践工作者可以通过与自然建立积极的联系，通过鼓励儿童形成对环境负责任的态度，从而对儿童开展关于保护环境和可持续发展的教育（Wilson，2012）。

关于户外环境中的儿童和成人的研究也已经取得了稳定的进展。研究不仅仅关注游戏，还关注儿童参与的一系列活动。因此，整合课程与教学法的实践模式（第 4、5 章）以及并置模式（Broadhead and Burt，2012）包含了儿童如何以不同的目的——工作、游戏、学习以及"闲聊和凉快"——来利用户外环境。

二、户外空间中的"可供性"概念

在户外环境中，儿童应该享有不同的参与开放式游戏活动的机会，并且能够使用不同的资源。为持续进行的户外区域做计划并不是简单地把资源从室内移动到户外。户外学习环境需要能够提供不同"可供性"的资源，从而创造挑战和扩展的机会（Bilton，2010；Casey，2007）。在安排、组织户外环境时，可以将一些跨学科领域的技能融入其中，比如通过观察性绘画、图表、核查表、图片等来调查、探索、观察、收集和记录数据。实践工作者也可以设计（基于学科的）课程学习活动，发展儿童的概念性知识和技能。在这些结构化的活动中，游戏也仍然占有一席之地，因为儿童可以通过成为"生物学家""植物学家""历史学家""科学家""园丁""生态学家"和"设计师"而表现得"比自身高出一截"。儿童很享受与成人一起参与有挑战的活动。例如，在一个一年级和二年级混龄的班级（5—7岁）中，所有儿童都参与到了在学校场地上设计一个"野生"区域的活动中，包括搭建巢箱、蜂房和设计"昆虫城市"。在这一年中，儿童经常带着放大镜到户外，观察鸟类、昆虫和植物的生长，逐渐地变成了"生物学家"和"科学家"。他们越来越熟练地设下捕捉小昆虫的陷阱，把小昆虫关在一个狭窄的空间里一段时间，以便通过电子显微镜在电脑屏幕上进行观察。在这些活动中，绘画、雕塑和极其细致的观察性绘画自然地出现。同时，实践工作者还发现，他们从来不需要搜肠刮肚地去想接下来要教什么，因为儿童对想要学什么充满想法。这些开放式的活动使得儿童和成人可以共同建构具有灵活性和结构性的课程。在这些课程中，儿童通过游戏性的方式来学习、交流和展现他们的知识。

尽管成人希望运用具有坚实理论基础的游乐场教学法（playground pedagogy）来设计户外游戏环境，但是儿童对如何使用资源和创建自己的"秘密空间"有着不同的计划和看法。穆尔（Moore，2010）在一项关于儿童的"秘密空间"的研究中证实了这一观点。他认为：如果儿童会把某个地点称为"秘密空间"，那么就说明这一地点不仅被儿童认为是私密的，排除成人在外的，而且是儿童独立构建的。有时候这些"秘密空间"是物理空间上具有隐蔽性的地方，类似于小房间和洞穴，但有时候却是视野开阔的地方。无论如何，这些地方在儿童心中都是秘密的且私人的，因为儿童在这里做着自己所选择的、成人不知道其目的的事情。

户外环境丰富了"可供性"，拓展了儿童技能和能力的潜在发展区，并充实了同伴文化和个人游戏世界。同时，户外环境还提供了可扩展的冒险范围，儿童会在这个范围中自然地游戏，但这也成了成人非常担心的区域。

三、制订与儿童共同工作以控制风险和危险的策略

我坐在冰岛阿库雷里的一个咖啡店外，我注意到一个6—7岁的男孩正推着自行车上一条陡峭的小路，这条小路就在马路的旁边，与此平行的是一条通向教堂的阶梯。那一条阶梯大概有12组，每组有8级较短的台阶，每

组之间有一级较长的台阶，只有从阶梯的底部经过一段短距离才能到达穿过城镇的主路。男孩把他的自行车放置在非常中心的位置，并加速沿着小路往下骑，因此当他到达底部时，他不得不紧急刹车以避免冲出马路。站在台阶底部，男孩回头望着台阶微笑，接着又重复了几次。他没有戴头盔、护膝或其他防护装置。我对他拥有的技能、自信和能力感到惊叹，但从心底里对这一行为所面临的风险和危险感到不安。虽然生活不会时时刻刻都这样戏剧化，但这也仍是那些致力于每日工作的实践工作者所面临的压力。然而，就像利特尔和怀弗（Little and Wyver, 2010）认为的那样，随着儿童越来越独立，并变得不再那么依赖成人去帮他们做决定，学会辨认风险并对风险做出自己的判断是非常重要的技能。

对儿童健康和安全的考虑是有效并合乎道德的教育实践中不可缺少的部分，这就要求实践工作者预先对他们构建的户外环境进行风险评估，并达到一定的标准，当他们前往别的地方参观时也应该这样做。然而，"冒险"这一概念依旧是令人忧虑和害怕的，实践工作者担心儿童会时刻暴露在危险和意外事件之中。另外一种不同的观点则认为，"冒险"意味着超越自我界限，这包括意识到潜在的危险、评估挑战和采取相应的行动。安全的冒险是日常生活的一部分，它有助于形成自我效能感和积极的心智倾向，比如面对困难能坚持不懈，愿意尝试并从错误中吸取教训，灵活地控制身体，保持身体协调性，调节情绪（比如害怕和焦虑）。尽管儿童可能不总能意识到潜在的风险和危险，但他们很少蓄意地对自己或他人做出危险的行为。然而，许多儿童喜欢挑战他们的能力极限，喜欢看看"如果……会发生什么呢"。比如了在游戏中感受无畏、勇敢地应对害怕和焦虑的体验，增强游戏的情感强度，他们创造出想象中的困难和危险。就像我们看到的那样，当儿童在驯化、控制或杀害"怪物"和动物时，他们并不是在学习变得残忍，而是学着体验和管理情绪。然而，本部分的案例研究表明，安全和风险涉及了实践工作者的选择，包括是否阻止儿童使用某些材料和参与某些活动，或者是否与儿童、家长和专家合作，从而提升儿童对风险的觉察力和判断力。

利特尔（Little, 2010）在澳大利亚开展了一项规模较小的研究，调查了家长对冒险的看法与他们对自己孩子冒险行为的回应之间的关系。研究发现，家长在允许男孩和女孩参与户外冒险游戏这一问题上存在一些性别和文化差异。然而，参与研究的家长认为，某些冒险活动可以训练儿童的自理能力和控制力，从而使他们有能力应对和处理风险。利特尔（Little，2010：328）认为，冒险包括谨慎的含义，这意味着儿童需要健康的、积极的冒险活动。

这些发现与规避风险的文化是对立的。实践工作者有时过度解读了健康和安全的规则，从而彻底消除而不是减少了风险和危险。限制材料的提供和可能的使用方式会减少儿童的某些学习机会。托维（Tovey，2010）和凯西（Casey，2007）赞同减少风险就是减少儿童的经验这一说法。这一点在实践工作者禁止大型木制积木和空心积木的使用，转而提供轻便合成材料所制积木的环境中得以说明。我曾看见有些儿童四处投掷这种轻便积木，有些儿童用积木猛撞坚硬的地面或墙面——如果使用较重的木制积木的话，这类举动就很难发生。实践工作者制订的一些关于如何使用材料的规则限制了儿童的活动，并导致他们的游戏被认为是"淘气的"或"引起混乱的"，这些规则将会在以下案例研究中得到体现。

📁   **案例研究**

限制还是促进积木游戏的开展？

使用空心积木的户外游戏：阿尔菲（Alfie）、马克斯（Max）、约瑟夫（Joseph）、乔尔（Joel）、琳恩（Leanne）、亨利（Henry）。

成人将大型空心积木摆放成一个圆圈，积木之间有一些小的分隔，还有一个泡沫垫被放置在圆圈的中心位置。这项活动的目的是让儿童通过从一块积木走到另一块积木上，发展他们的大肌肉运动技能和位移运动技能（特别是平衡能力），以及让他们学会分享与合作。这个活动恰好在儿童的能力范围之内，但这只表现在前四分钟，儿童按照积木摆放好的样子来使用它们。琳恩假装摇晃并摔倒在垫子上。"看，我没办法做到。我不得不倒在'海洋'（泡沫垫）里。"于是，孩子们开始以此来进行游戏，其中有一些追逐打闹，例如他们"游"回积木并互相"救援"。

马克斯试着在积木之间跳跃，而不是一步一步地走。当他把一块积木叠放在另一块积木的顶部时，就提升了挑战难度，因为这样一来，积木之间的空隙就被扩宽，但马克斯尝试着跳过这些空隙。阿尔菲、乔尔和约瑟夫仔细地观察着，好像是在加入之前评估挑战的难度。于是，一个新的规则诞生了：他们从一块积木上跳到另一块积木上，最后跳入"海洋"（他们向前、向后翻滚的地方）中。教师介入其中以禁止他们的活动，因为这不安全。教师提醒他们，只允许搭建一层积木（不能叠起来）。于是儿童又回到迈步活动当中，在圆圈中行走，但这时他们彼此之间几乎没有交流。

　　使用空心积木的户外游戏：乔尔、阿尔菲、爱德华（Edward）、琳恩。

　　积木游戏的安全准则是儿童不能把积木堆在"高于肚脐"的位置。这个故事刚开始时儿童独自玩积木，几乎没有交流。阿尔菲说"我们已经建造了一架飞机了"，于是游戏发展为儿童共同建造一个有跑道的机场，和"一个可以让直升机降落的屋顶"。琳恩向大家提供了她的旅行经验，她排列了小椅子作为等待区域，并在地上放置了一些材料，作为"箱子在上面转圈圈的地方"。他们开始把积木搭建得更高，并尝试着脱离安全规则的束缚。他们先站在一层积木上，然后站在两层积木上，积木搭建的高度逐渐超过了肚脐的高度。教师介入游戏，提醒他们遵守规则。他们不得不降低机场的高度，并从地上开始搭建——教师观察着活动的一切直到结束，但是并没有询问他们关于游戏的事情。机场被拆除后，游戏就结束了。

活　动

　　你是否同意这一户外环境中设置的安全规则？思考理由并与你的同事分享。在你自己所处的建构游戏情境中有哪些规则？这些规则是促进还是限制了游戏的开展？还有什么其他可行的策略能够支持大型的建构游戏吗？

托维（Tovey，2010：80）认为，不仅仅是快乐的体验可以激发儿童游戏，儿童对极端恐惧和极端兴奋的渴望也可以激发儿童的游戏。以下案例研究体现了这些极端的情绪体验。

📁   案例研究

攀登架上的奥运冠军

在幼儿班的户外有一个大型攀登架，架子的一边是绳子和滑轮，固定在平台顶端。杰登（Jaydon）、埃米尔（Amir）、哈利德（Khalid）和阿什利（Ashleigh）在游戏中非常具有冒险精神，并且喜欢为自己设置挑战。今天，他们努力地把滑板车一个一个系在了绳子上，并拉动它们升上平台。他们合作得很紧密，每一个滑板车都放置在角落，阿什利负责不让其他儿童进入这个空间："你不能到这儿来——只有奥运冠军才可以。"在活动的下一阶段，男孩们开始环绕平台骑车：他们在相对狭窄的空间里尽可能快地骑行，并尝试着在角落里滑行。看上去，一切都尽在他们的掌控中，但是对于速度和"最棒滑行"的激烈竞争让他们实际上处于危险之中。教师一注意到他们的活动，就马上走近攀登架，满脸焦急。

活　　动

在这样的情境下你会怎么做？这里出现了什么安全问题？你将如何帮助这些儿童来评估风险和危险？你能够提供什么活动来发展这些儿童的滑行技能，并发挥他们体验速度和滑行的积极性？

所以，你能使用什么样的策略来保护儿童的健康和安全，但又能使他们有机会应对风险和危险呢？儿童需要学着去评估潜在的危险，从而参与到健康积极的冒险之中（Little，2010）。许多技能是十分必要的，比如观察、照料自己，集中注意力和保持谨慎等，这些技能能够让儿童用自己的方式在新

的情境中进行体验或实践。研究表明，儿童能够在游戏中表现出对自身和他
人安全的照顾与关心（Brouahead，2004；Edmiston，2008），在森林学校的
户外活动中也是如此（Knight，2011a；2011b）。在必要时儿童会向成人或年
龄较大的儿童求助，以解决争论，管理材料，寻求建议和解决问题。凯西
（Casey，2007：71）认为在户外游戏环境中，如果实践工作者能够承担户外
游戏中可能存在的风险，那么儿童就有机会去获得以下能力。

- 学习辨识风险，并为自己评估风险。
- 尝试并提升自身能力。
- 体验与处理风险有关的情绪——期待、满意、自信、兴奋。

父母、照料者和家庭成员的参与能帮助儿童领会户外学习环境的价值
和用途。实践工作者可以和父母、家庭就户外学习环境的益处进行交流。
专题讨论会和体验环节能够让父母有机会表达自己对风险与危险的不安和
害怕，并思考自己对这个问题的看法。就像托维（Tovey，2010：81）认为
的那样，关于风险的看法可能是多样的：在某种环境或某种文化中能够被
接受，不代表在另一种环境或文化中也能够被接受；对某个儿童来说可接
受的风险可能对另一个儿童来说就是一种危险。父母和家庭的参与能够帮
助实践工作者处理这一问题的多种可能，并克服自身的不安，特别是在森
林学校中，儿童会使用真正的工具、大型设备和资源，并考验他们身体上、
情感上和认知上的极限（Knight，2011a；2011b）。一旦父母理解实践工作
者已经考虑到了孩子的安全和健康，他们通常会成为热情的参与者，并且
会将允许儿童在户外环境中拥有更多自由和控制力的好处积极主动地传播
给其他家长。他们将会理解，儿童能够获得这样的环境带来的好处：知道
如何辨别风险和发展安全冒险的能力。

📁　　　　　　　　**案 例 研 究**

"绞刑树"

　　在一个拥有大型户外环境的小学里，五名女孩（9—11 岁）自豪地
告诉我她们的秘密据点和她们的游戏活动。她们已经设计了一个复杂的
追逐游戏，在这个游戏中，当你变得淘气时，巫婆 [游戏的领导者总是

沙琳（Charlene）] 会用她的魔法能力将你冻结。当这一切发生时，你必须保持静止，直到巫婆给你令牌。（沙琳向我展示了一个盒子，里面盛放着不同大小的水晶——最大的一个是具有最强魔法的，沙琳总是随身带着它，所以她总是拥有着魔法能力）。令牌能够让你解除咒语，这取决于你有多淘气（你越淘气，被冻结的时间越长）。女孩们接着告诉我，如果你很淘气，或者特别淘气，你将会被吊在"绞刑树"上。接着沙琳自豪地向上一指，然后说："那就是我们的'绞刑树'，我们会把你吊在那根树枝上。"

从某种程度上说，这看起来似乎是一个非常令人震惊的游戏主题。但是它也有积极的影响——当女孩们在与我交谈时都在微笑甚至大笑。"绞刑树"在这种文化背景下是有意义的，因为这个学校接近澳大利亚的墨尔本。大部分儿童知道凯利帮[①]的历史，他们还参观过墨尔本旧监狱[②]，凯利使用过的绞刑架依旧悬挂在那儿，并吸引了大量的游客前来参观。在萨顿－史密斯（Sutton-Smith, 2001）的描述中，这一案例可能会被视作带有黑暗和残酷游戏的特点。然而，在埃德米斯顿（Edmiston, 2008）、法克特（Factor, 2009）和凯利－伯恩（Kelly-Byrne, 1989）的描述中，儿童的游戏文化融入了神话／民间传说的主题。与埃德米斯顿（Edmiston, 2008）的研究一致的是，女孩们在游戏中创建了关怀伦理：游戏的参与是民主的，而不是强制的；她们不会"冻结"他人太长时间；她们在活动中表现出了愉悦，甚至是欢呼，特别是因为这个游戏和"绞刑树"对于成人和同伴来说是个秘密（没有人知道那是"绞刑树"，其他人认为那只是一棵树）。

---

① 指澳大利亚昔日家喻户晓的绿林大盗耐德·凯利（Ned Kelly）和他的团伙。他们曾经在不造成任何伤亡的情况下成功抢劫银行巨款；曾成功闯入警察局把警察反绑起来，夺走警服，自行穿上后外出招摇；也曾在一次与警察的冲突中杀死三名警察。但他也做一些接济穷人的善举。1879 年，警方悬赏 8000 英镑通缉他，这在当时是澳大利亚几个普通工人一辈子的工资收入。凯利在 1880 年被捕，同年十一月被执行绞刑。——译者注

② 墨尔本旧监狱曾经是高度设防的监狱，1929 年关闭，在第二次世界大战期间，曾为关押战犯而短暂开放过，现在变成了旅游景点。这个监狱之所以有名，是因为曾经关押和处决过澳大利亚昔日家喻户晓的绿林大盗耐德·凯利。——译者注

活　　动

你会如何回应？你如何理解这个案例？

下面的原则可以用来引导在户外游戏（学习）环境中拓展活动和资源的讨论。

- 理解如何保证游戏中的安全是一个成人和儿童共同建构的过程。
- 儿童应该与成人共同承担照料和管理资源的责任（包括资源的整理）。
- 成人应当尊重儿童的窝点、小房间和"秘密空间"，除非存在安全隐患。
- 儿童如果学会了用正确的策略来移动、举起、堆叠工具以及照顾自己、他人和资源等，他们就能安全地使用大型设备和资源来工作、游戏。
- 父母、其他家庭成员、多元化的专业团队成员应该参与到关于风险和安全的讨论中，从而确保方方面面都已经考虑到了那些有额外需求的儿童。这些成人也要能作为游戏合作者加入进来。
- 当儿童自发地提升挑战的水平时，游戏活动是随时变化的，任何时刻都可能出现潜在的风险。儿童可能会以成人没有预料到的或计划外的方式来利用资源。因此，成人有必要对额外的游戏调整进行低干涉的监管和观察。

四、为学段的衔接和连续性做计划

贯穿于本书的一个反复出现的主题是：游戏会随着年龄和经验的变化而变化，儿童也需要时间和空间来进行更加复杂和更具挑战性的游戏。当由游戏者制订规则时，简单的游戏就可以发展为更具社会复杂性的游戏，并且可能随着时间不断改变。在第二关键阶段中，儿童很享受把自己的兴趣带到项目中。因此，在复杂性、主体性、选择和控制并存的户外环境中，材料的可供性可以考虑扩展到社会性和智力的可供性上。穆尔（Moore，2010）的研究显示，她所研究的户外区域能够为儿童发展同伴文化和社交能力提供机会。同时，由于户外空间和资源具有灵活性，这些户外区域能够为儿童群体和个人管理、改造环境提供机会。儿童有着强大的动力来宣告和创造他们自己的空间，通常用以回应成人的监视和控制。户外游戏能够为儿童提供机会来发展多样化的技能和心智倾向。有些儿童担任着领导者的角色，并被其他儿童承认为游戏的领导者；年龄较大的儿童教年龄较小的儿童进行游戏。儿童学会了创造自己的文化，同时去适应学校的常规和文化。一些人认为，游戏的灵活性和复杂性是可以同时兼备的，这也反映了霍尔兹曼（Holzman，2009:30）的观点：与个人活动相比，儿童在集体活动中能够做得更多。

五、为全纳性、可得性（access）和多样性做计划

在第 2 章中，关于追逐打闹游戏和超级英雄游戏的讨论关注到了游戏中的性别差异，即男孩和女孩是如何游戏的，他们如何占领空间，以及游戏在小学会发生哪些改变（Jarvis，2007；2010）。人们很容易接受男孩和女孩的游戏存在着差异，男孩需要更多的空间，因为他们精力更旺盛，女孩则会非常乐意在边上闲逛和放松聊天。然而，当代研究促使实践工作者对在游戏空间中，特别是在户外，会发生什么这一问题进行了不同的思考。我们已经看到，公认的游戏的特性与益处包括儿童可以在游戏中获得自由、进行选择、掌控游戏进程、自主地开展游戏，以及为发展儿童主体性和行使权力提供了机会。从后结构主义和后发展主义的视角来看，游戏为儿童提供了一个场所，在这一场所中，儿童的身份得到持续的探索、讨论和检验，其中包括关于性别、性、性向的讨论（Blaise，2005；2010；Grieshaber and McArdle，2010）。人们并不总是清楚游戏中会发生什么，会出现什么样的结果，因为儿童的游戏文化包括他们自己的目的、仪式和实践。因此，关于男孩"需要"更多空间这一观点可以有不同的解读：一些男孩选择球类和追逐游戏，他们能够占用更多的空间，因为在这个过程中他们展现出了受重视的男性气质。这意味着有些女孩和男孩认识到，他们只能使用剩下的次要空间。看一看第 7 章中关于诺亚方舟游戏（Noah's Ark play）的案例研究，你将会注意到一个女孩安静地在长凳下玩玩偶，同时一些男孩英勇地与危险的动物搏斗。当目标儿童扮演一条凶猛的狗时，他会吓唬这个女孩，另外四名儿童（两个女孩和两个男孩）坐在橱柜上观察着这个表演。这不仅仅是空间使用方式不同的问题：不同的话语和实践决定了谁能够使用空间，以什么方式使

用，带着什么目的使用，以及会产生什么影响。就像布莱斯（Blaise）认为的那样，特定形式的女性气质的产生与特定形式的、被高度看重的男性气质有关。因此，性别意识并不是先天存在的，而是在社会文化实践中建构和产生的。儿童会不断地接受信息，这些信息告诉他们如何做一名男孩或女孩，以及社会如何期待他们展现出各自的性别角色。因此，作为男孩（女孩），他们通过许多不同的方面（衣着、发型、身体动作）、游戏技能，以及选择和使用玩具、游戏、空间、友谊和游戏主题的方式来成为男孩（女孩），并表现得像男孩（女孩）。

　　性别化的游戏技能在拥有更多空间、更多自由且成人偶尔监管较少（例如休息时间）的户外游戏中会体现得更加明显。如果实践工作者认可男孩和女孩是以不同的方式进行游戏的观念，那么就存在加深性别刻板印象的危险，因为他们不会去质疑带性别色彩的话语和实践。但如果游戏是关于儿童的自由、选择和控制的活动，这也会构成一个问题：成人是否应该介入以及如何介入以确保游戏中的性别平等（对于使用空间、资源和活动进行平等的选择）。

活　　动

　　在休息时间，对儿童游戏进行一些观察。空间是怎样被利用的？谁在使用空间？男孩和女孩在空间的使用上存在差异吗？你将运用哪些策略来发现进入游戏和进行游戏的机会的差异呢？

　　多样性的另一个可能影响户外游戏的方面是文化多样性，体现在父母和儿童对待冒险的不同态度（Little，2010）。在一些文化中，男孩和女孩会经历不同的以家庭为基础的育儿实践，这些育儿实践会期待女孩是安静的，并且与母亲或家庭中的女性亲近。男孩则可以获得时间和空间来进行身体的或积极的游戏。这些区别会被转移至童年时期。比如，在榆树小学的一个行动研究项目中，幼儿班的实践工作者注意到了许多英国亚裔女孩和新搬来的、来自索马里难民家庭的女孩，女孩们选择的活动都是安静坐下来、在桌面上进行的活动，在那里常常有女性实践工作者陪伴着她们。实践工作者发现，想要鼓励女孩们拓展其游戏技能很困难，在户外，这些女孩也会紧密地待在成人身边，紧紧地攥着成人的手，而且不参与到活动中。在行动研究进行到一年的时候，机构中的工作人员与一位英语翻译助理合作，联系了当地社区的领导来讨论如何让儿童更多地参与到积极的游戏活动中去。通过让父母（主要是母亲）参与其中的方式，这些女孩逐渐地效仿不同的活动。他们还让一些学前班和一年级儿童参与她们的户外活动。这个方法被证明是有效的，因为比起实践工作者来说，年龄较大的儿童更能在户外游戏中带动年龄较小的儿童，并且这也塑造了关怀伦理。

作为榆树小学行动研究项目的一部分，所有儿童都参与到"应如何重新设计户外环境"的决策当中。其中一个关键点是男孩和女孩用不同的方式使用空间。比如，当足球被大力踢出去或穿过其他游戏场地时，"足球运动员"会占据大量的空间，并妨碍到其他儿童。在最初的设计阶段，六年级儿童（10—11岁）针对教师和来自学前班以上的儿童进行了调查。这包括询问他们最喜欢的游戏区域和活动，以及他们想要改变或增添什么。所有儿童都很乐于设计自己"梦想的游戏场"，那里有城堡、一个宏伟的赛道、配备月球车和空间站的月亮，同时还有一些更为切实的建议。

最终他们达成了共识：用于球类游戏和追逐游戏的可利用空间应该有所缩小，用于"散步"、进行规则游戏和使用不同种类设备的空间应该有所扩大。随后，他们再次讨论了这一观点，足球运动员每周有两天能够在午休时间使用更多的空间。儿童关于游戏活动的想法包括翻花绳游戏、拍手游戏和舞蹈以及游戏箱。

（一）翻花绳游戏

儿童想要设计游戏箱，这样他们就能够把游戏和活动需要的材料放入一个塑料收纳盒中，然后很方便地将它们带到户外。一位教师建议儿童可以带绳子来学习玩翻花绳游戏，灵感来源于她自己童年时期对这个活动的爱好。花绳是由几根绳子系在一起组成的，长度足够绕在手上，并能创造出不同的样式［我是在小时候读《猫的摇篮》(*Cat's Cradle*)①时了解到这个游戏的］。翻花绳游戏被证明是受女孩和男孩欢迎的游戏，并成了有同伴和成人参与的常规活动。当处于第二关键阶段的儿童外出参加学校旅行时，他们已经拥有了专门为旅行而制作的花绳。

（二）拍手游戏和舞蹈

在榆树小学，另一个受欢迎的活动就是拍手游戏。这个活动常常出现在 5 岁左右的儿童中，这些儿童还不能用一种常见的语言进行沟通，但确实都有与他人交流并建立友谊的需求。来自不同国家的儿童都参与到了拍手游戏中，这些儿童来自孟加拉、波兰、索马里、巴基斯坦、英国、爱沙尼亚、中国、卢旺达、尼日尼亚、沙特阿拉伯、埃及和泰国等国家，他们身上都带有各自的文化印迹及所在社区的通用语言。其中一名儿童用他自己的语言进行吟唱并做动作，然后他的伙伴会牵起他（她）的手，尝试着加入，他们一边说，一边欢呼，同进还摆动身体。这个游戏非常受欢迎，于是教师联络了家长和社区工作人员用影像把游戏记录下来，以便能够在家里播放。父母非常高兴地提供了更多建议，有些父母还与成人、儿童一起进行示范。这些儿童吟唱的歌曲以英语和儿童的母语记录下来，作为可供日后参考的资源。

舞蹈是儿童之间的另一座文化桥梁，因为它包含了家庭的传统和实践。许多儿童对《舞动奇迹》(*Strictly Come Dancing*)②等电视节目很熟悉，并对宝莱坞舞蹈很感兴趣，这显示出儿童家庭中存在相同的流行文化基础。儿童希望在户外环境中能有个表演的舞台和卡拉 OK 机。他们使用便携式摄像机来记录表演内容，讨论所取得的进步并设计新的常规。再一次，当教师注意到了游戏过程中儿童的舞蹈时，他们发动社区中的关系，寻找志愿者来到学校，教儿童和成人相应的舞蹈。舞蹈活动非常需要体力，而且也证明了大多

---

①《猫的摇篮》是美国黑色幽默作家库尔特·冯内古特（Kurt Vonnegut）的代表作之一。这本小说的标题源自一个爱斯基摩游戏：孩子们在游戏中试图用绳索捕捉阳光。这一游戏类似于国内的翻绳游戏，也有不同的称法，如线翻花、解股、挑绳、挑花线。最常见的玩法是两人轮流翻，每人翻一次，就能出现一个新的花样。——译者注
②一档由 BBC 播出的电视舞蹈大赛真人秀节目。——译者注

数男孩也十分喜欢舞蹈，这也许是因为他们看到了舞蹈有展示能力的可能性，而且许多男孩看到了男性家庭成员也在家里或社区中跳舞。

舞蹈引发了对于服装装扮的需求，因此教师准备了一个盒子，用来装一些织物和他人捐赠的各种漂亮衣服。其中最受欢迎的一件是紫色的亮片裙，几乎所有男孩都穿过，他们同时还佩戴头巾和首饰。换上裙子就像换上了一个不同的身份和一种不同的生活方式。来自于英国亚裔文化的孩子习惯于穿着颜色丰富、具有大量装饰的服装来庆祝节日和庆典，所以服饰盒子也许为他们提供了融合不同身份和实践的机会。

（三）游戏箱

两个关键阶段中存在着一个共识：当儿童来到户外时，他们总想要"做些什么"。这推动了游戏箱的设计，箱子里面包括花绳和其他小的装备，比如绳索、豆袋坐垫和小型桌游，其中有一些是儿童自己设计的游戏道具。在参与游戏设计的过程中，他们需要考虑游戏的持久性和稳定性。六岁儿童们努力搜集、购买、定制了桌子和长椅，用于布置"闲聊和凉快"空间。另一个共识是，他们需要遮阳的地方，因而他们寻找不同的解决方法，包括使用遮阳帆。然而，这些东西超出了预算，儿童决定优先考虑其他物品，但是仍然把遮阳帆作为愿望清单上的一项。

十岁的米拉（Meera）想要为残疾儿童设计一个游戏箱。她患有弱视，因而在大多数的小学户外活动时间，她都需要远离足球运动员和追逐者，几乎无事可做。米拉的游戏箱包括她与朋友一起设计的棋盘游戏，以及很小的装有"闪光物"的珠宝盒。在秘密的游戏和仪式中，这些手工制品有许多不同的用途。当米拉毕业时，她坚持留下了箱子供其他儿童使用。这些相对简单的策略确保了米拉可以创造自己游戏的地点和空间。

整个学校项目持续了一年时间，负责人是一位参加过森林学校培训的游戏协调者。学校利用操场的一部分空间来创造自己的森林学校，森林学校是由教师、家长和处于第二个关键阶段的儿童共同建造的。虽然可利用的空间不是很大，但其中的小路被设计得弯弯曲曲，所以在校门和中央的火坑之间有一段对儿童来说很长的距离。密集的植被遮盖了学校的其他场地，从而又加大了空间距离感。在这一空间中儿童的隐蔽处随处可见，同时工作人员会依据空间的容量定期投放自然材料。学校号召家长捐赠穿不下的长筒靴和防水雨衣，从而让儿童能不受天气的限制在这片区域玩耍。孩子们还参观了一所乡村里的森林学校，在那里，他们能够运用在自己的森林学校中学到的技能，并在这样一个大得多的空间里"探险"。

这些项目显示了整个社区参与改造学校操场和户外环境的价值。儿童的意见和看法是设计和实施不同项目的关键。尽管梦想中的操场包括一些幻想的元素，但他们的确能够成功地提出解决问题的实际方案。他们不希望有太多固定的设备，同时，教师越来越信任儿童的能力，他们也增加了更多零散的部件。因为这个项目占据了许多时间，所以课程目标被纳入到其中的许多计划和设计任务中。与此同时，儿童对游戏的参与、动机以及他们明显表现出的对于自身成就的自豪感和对游戏的持续需求也值得我们注意。

六、学段的衔接和连续性

贯穿本书的一个主题是，在 5 岁之前儿童的游戏不会减少，反而变得更具复杂性和挑战性。许多关于早期教育机构中的游戏的研究，特别是关于户外游戏的研究，忘记了理解游戏的进程。出于对健康和安全的考虑，美国禁止了很多儿童在休息的时间进行户外游戏。在英国，对于年龄较大的儿童来说，游戏时间可能充满了艰辛，因为他们需要在用柏油碎石铺成的荒地上争夺游戏空间。我们需要再一次提出这个问题：当我们限制和控制儿童的游戏时，我们到底在阻止儿童做 / 变成什么样的人？

回顾第 2 章，关于游戏文化和游戏实践的研究记录了儿童在游戏中如何利用主体性和选择权。儿童越来越关注与同伴的游戏，这涉及建立身份、获得权力、培养领导力和控制力。儿童常常被视为很好的游戏者和游戏领导者。儿童撤出游戏以找到属于自己的游戏空间，并以此作为质疑成人的规定和排斥同伴的方式。其中有些活动需要被成人所接受，而这些活动既要符合安全的要求，又要秉承着儿童与成人间相互尊重的原则。与儿童共同设计的户外游戏区域可以支持游戏的连续性和进程的发展，因为在这里，游戏的灵活性和复杂性会被认为是儿童创造、发明和实验的来源。儿童能够持续地创造出孕育着无限可能的特殊地点，从而做一些不寻常的事情，并体验其带来的不同效果（Henricks，2009）。

七、拓展阅读

Bilton, H.（2010）*Outdoor Learning in the Early Years: Management and Innovation*（3rd edn），London: Routledge.

Brown, F.（ed.）（2003）*Playwork Theory and Practice*, Buckingham: Open University Press.

Casey, T.（2007）*Environments for Outdoor Play: A Practical Guide to Making Space for Children*, London: Sage.

Knight, S.（ed.）（2011a）*Forest School for All*, London: Sage.

Knight, S.（2011b）*Risk and Adventure in Outdoor Play: Learning from Forest Schools*, London: Sage.

Little, H.（2010）'Relationship between parents' beliefs and their responses to risk-taking behaviour during outdoor play', *Journal of Early Childhood Research, 8（3）*: 313–330.

Wilson, R.（2012）*Nature and Young Children: Encouraging Creative Play and Learning in Natural Environments*（2nd edn），Abingdon: Routledge.

第7章
评价儿童在游戏中的学习

本章旨在完成如下目标。

• 概述评价的目的和原则。

• 描述不同的评价方法和策略，以及这些评价方法与策略是如何被运用到实践中去的。

• 分析关于儿童游戏的案例，从而描述有效的评价实践。

维果茨基（Vygotsky，1978）反对以学究的方式将游戏纯理性化，但他也认为，只有深刻的内部分析才能帮助我们理解游戏对于幼儿的意义。前面章节讨论的许多研究案例都说明了深刻分析的重要性，特别是对于理解儿童的动机、选择和兴趣，以及支持游戏的条件而言。高效的实践工作者擅长于观察、倾听、计划、交流沟通、评估和反思。通过批判性反思，他们能够找出实践中的问题，质疑先前的假设，并触及公平性和多样性方面的问题。

本章通过使用第4章和第5章提到的整合课程与教学法的实践模式，解释了有效的评价实践是如何支持游戏的。有效的评价实践关注两个方面：一个是关于对课程政策框架内外的学习的评价，一个是关于如何理解作为游戏者和学习者的儿童的评价。

一直有人担忧政策对标准、测量和问责的过分重视，以及在这样一个狭隘的、聚焦于预设目标的文化中，儿童的个人学习成果成为优先考虑的问题（File Mueller and Wisneski，2012；Grieshaber and McArdle，2010）。因此，有效的评价实践需要具有"政策无涉性"，以便实践工作者既可以考虑到国家政策框架的需求，又不让框架中的这些需求来主导复杂的目的——评价要在一个整合的方法内发挥作用。鉴于此，本章描述的评价原则与当代社会文化理论是一致的，因为评价不仅仅是一项技术性实践，也是一项本质上与儿童的积极形象紧密相连的伦理性实践（Carr et al.，2009；Carr and Lee，2012）。在早期教育的民主模式下，儿童被视为是有能力的、有弹性的、强壮的、能干的（Parnell，2011）；他们未被看作是有缺陷的、与狭隘定义的发展目标或课程目标不相容的。学习是指在不同的社区和社会实践中儿童参与角色的转换和认同感（自我形象、自我概念和自尊感）的转换。儿童游戏的案例研究将会呈现以下方面的实践策略：观察、描述、记录、关于儿童学习的论述证据以及评价与批判性反思的结合。

一、评价的原则和目的

评价和评估是有效教学的核心，同时也被看作是一个与有效教学互补的过程，它能够使实践工作者完成以下任务。

- 理解儿童的性格、品质、身份、选择和动机。
- 在文化适宜性的基础上，更好地了解儿童的学习与发展。
- 对儿童的进步和成就做出有根据的理解和评价，并反映出多样性的不同维度。
- 利用评价信息，用共同构建和具有反馈性的方式来设计课程。
- 对为儿童提供的服务的质量和有效性进行批判性反思。
- 记录能够与家庭、教师和其他专家一起讨论的信息，并与家庭、社区文化建立联系。

评价和评估有助于实践工作者批判性地反思为儿童提供的早期教育服务和早期教育实践的质量和有效性。这些评价与评估同样被运用于游戏中，因为游戏往往是儿童主导的活动，它能够反映儿童的游戏意图和其赋予游戏的意义，而这在正式的、成人主导的环境下不那么明显（Edwards，2010）。加深对作为游戏者和学习者的儿童的了解，增强对置于游戏和学习环境中的儿童的认识，能够帮助实践工作者提升关于游戏和游戏者多样性的文化意识。实践工作者可以通过以下方法来提升这一意识。

- 理解儿童的兴趣、选择和目标。
- 识别游戏的模式和主题，以及这些游戏是如何针对儿童个人和群体逐渐发展的。
- 微调为儿童游戏所提供的服务，并通过和儿童共同进行活动来共同建构学习活动。

二、评价的形式

评价一共有六种形式，它们被用于不同却又相辅相成的目的。

- **形成性（formative）评价**：实践工作者需要更好地了解儿童的进步和成就，并对儿童有全面的了解，包括了解他们的身份、特点、心智倾向、兴趣、游戏选择、学习模式、朋友选择和参与游戏的技能。在游戏活动中，实践工作者关注于儿童的游戏意图及其赋予游戏的意义，并通过与儿童、其他成人的讨论、思考来对游戏进行解释。形成性评价能够告知教师如何计划下一项学习活动，包括空间、时间和资源。儿童和家庭应该被纳入这些评价过程中。

- **自比（ipsative）评价**：这一形式的评价直接考虑儿童本身，而不是外在的规范和期待，它关注的焦点在于发现儿童在学习和发展中的细微改变。自比评价对于那些有特殊的或额外教育需求的儿童以及残障儿童来说是适宜的，这些儿童可能会出现学习困难或无法达到发展常模和既定学习目标的情况。（用这种方法）实践工作者能够策划相应的活动，并进行适宜的交流，来支持儿童在特定领域的发展。

- **诊断性（diagnostic）评价**：这是一种详细的评价形式，是一种由专业人员来执行的专门测试（比如，识别儿童是否有听力问题、发展迟缓问题或语言发展障碍等）。诊断性评价要求实践工作者在特定的环境中观察儿童，记录儿童所遇到的困难和挑战，设计适宜的支持，并与专业团队进行沟通。如果需要以游戏为基础的干预，活动应该与儿童的能力、品质和潜力相符合。

- **总结性（summative）评价**：这是一种在某一特殊时刻及时地对儿童的进步和成就简况进行概述或简单描绘的评价，这个过程通常涉及课程目标以及每个儿童具体的学习成果。总结性评价能通过儿童在一系列环境中的参与情况来识别儿童的进步，从而对他们的学习和发展做出一个完整的解释。在《早期基础阶段教育纲要》中（Dfe，2012a），总结性评价出现在对 2 岁（发展性测查）和 5 岁儿童的评价中（学习目标）。

- **评估性（evaluative）评价**：这种评价方式是核对评价信息，使其能够提供儿童长时间以来所取得的进步和成就，能使实践工作者回顾所提供的课程的有效性，并认识到改变和提升课程所要做的首要任务。评价和评估能够支持实践工作者进行专业性学习和批判性反思。
- **信息性（informative）评价**：实践工作者整合评价信息，并与家长、照料者、教师和其他专家一起讨论。实践工作者会强调重点关注的领域，以作为日后提供支持的关注点，或在幼儿过渡到下一环境时告知同事。

儿童通过与不同见多识广的他人一起游戏和工作来学习，随着这一过程的发展，他们会参与越来越复杂的活动，使用更具技巧性的方式进行游戏，并将更自信，更有能力。儿童能够发展出相应的品质和能力来发起并计划自己的游戏，并表现出感兴趣的领域和知识储备。日常知识和想象力会被融入进来以指导、丰富儿童的游戏。儿童运用自己已有的知识、技能和理解力，并以创造性的方式去使用工具和资源。在存在和不断发展的过程中（Holzman，2009），儿童发展了独一无二的身份认同感，并以不同的方式把自己和集体活动中的同伴、成人联系起来。评价应该反映这些微妙之处，因为学习和学习者的身份一直都处于发展中（Carr et al.，2009）。有效的评价是一个建构知识、理解儿童及实践的过程，这个过程超越了能够轻易主导实践的儿童发展核查表，也超越了基于课程的"打钩题"。

三、评价过程

这六种形式的评价可以用作理解儿童游戏的意义与目的的途径，而且能够记录、沟通儿童所取得的游戏成果。然而，在通过游戏来评价儿童学习的过程中，依旧存在一些教学困境。

教学困境

- 如果实践工作者未能认识到游戏的潜力，那么游戏可能不会受到重视。如果游戏主要被视作对工作的奖励或用来填充空闲时间，那么评价就会失去其潜力。
- 儿童有时候不得不去挣得他们的游戏机会 / 时间（比如黄金时间）。但是，从本质上来说，这违背了儿童参与游戏的权利。
- 游戏所带来的结果几乎没有相似之处，所以实践工作者需要理解游戏的即时性及潜在成果。
- 儿童在游戏中所表现出的技能和知识可能无法转换到其他形式的活动中去（反之亦然）。
- 实践工作者发现，想要获得有说服力的证据来证明游戏、学习和教学之间的关系是很困难的。但随着时间的流逝，这些证据会通过儿童的游戏选择、游戏模式以及游戏中发生的事件越来越清晰。
- 由于游戏看起来可能是混乱的，或不可预测的，所以很难将成人的目标与儿童的目标联系起来。
- 儿童需要充足的时间来发展其游戏的复杂性。
- 成人常常会判断哪些是"好的游戏"，或哪些是"坏的游戏"，并定义什么形式的游戏才具有教育价值。
- 花时间去观察和理解儿童的游戏有一定的难度。

有效评价的核心原则是成人应该基于儿童的知识储备（第 4 章）来评价儿童的游戏，这些知识储备来自于家庭和所在社区的文化实践。如果未能做到这一点，可能会导致学习者与课程的不匹配，从而使得成人主导的活动占多数。布鲁克（Brooker，2010）关于社区文化多样性的研究表明，当儿童和他们的家庭不理解基于游戏的方法时，就会出现不匹配的问题。杜兰德（Durand，2010）也提出了一个问题，即当关于儿童的理念、价值、实践和社会化目标在家庭和学习环境中完全不同时，会发生什么？

当我们谈论到儿童的"最佳开端"时，必须承认，我们所服务的儿童和家长并不和我们在同一起点上。他们来自不同的地方。他们的看法不一样。他们的行为不一样。他们不会以一样的方式

　　说话或使用语言。（Durand，2010：837）

　　如果我们在游戏中加入上述考虑，那么学习者和课程的不匹配就可能影响儿童接下来的学习旅程，特别是当他们的家庭经历、语言和文化没有得到承认的时候。以儿童的知识储备为基础是基本的教学原则（Hedges，2011a；2011b；Hedges，Cullen and Jordan，2011），但是评价这些知识储备极其具有挑战性。这是一个持续的过程，在这个过程中，需要质疑主流的关于学习、发展和游戏的普遍话语，挑战个人信仰、价值观和判断力，并需要把跨文化的能力考虑到伦理实践中去（Genishi and Goodwin，2008）。

活　　动

　　瑞吉欧教育法中的评价基于"倾听教学法"，它被定义为"倾听想法——关于儿童及成人的想法和理论、问题和答案"（Rinaldi，2006：15）。

　　在具有文化敏感性的评价背景下，这个概念意味着什么？我们该如何倾听想法？课程框架会因重视可见"成果"而低估倾听想法的重要性吗？

　　我们可以看到，游戏并不是单一的活动，而是融合了许多不同过程的复杂活动。随着儿童发展他们的游戏技能，我们可以看到一系列的成果。以下原则能够支持符合伦理的评价实践。

- 实践工作者需要复杂的教学知识来观察儿童的游戏，并以儿童的视角来解读和理解他们的游戏。
- 实践工作者不应该根据被狭隘定义的课程成果来控制儿童的游戏。
- 实践工作者需要清楚自己的活动目标及儿童的活动目标。后者可能会表现出儿童在游戏中所融入的知识储备。
- 实践工作者应该通过与儿童和家庭合作建构的方式来使用评价信息，从而在游戏中为儿童提供挑战和延伸。这应该是一个双方信息相互交换的过程。
- 在观察和记录儿童的游戏时，不应该强制进行不适当的干涉和监视。

四、个体发展与游戏计划

对有额外的或特殊教育需求的儿童以及残疾儿童来说，基于游戏的评价能够确保他们的游戏偏好和所提供的游戏之间匹配。个人游戏计划（IPPs）能够与个人教育计划（IEPs）一起发展，前提是在实施计划时能够尊重儿童对游戏活动、游戏伙伴和集体的选择。在第 3 章中，我们注意到，游戏能够与高度结构化的任务和常规相结合，这些任务和常规有助于儿童学习原子化的技能并填补课程目标中被遗漏的空白。奥布莱恩（O'Brien，2010）认为，这些实践不能帮助儿童完全地发展他们的能力和潜力。如果游戏技能需要直接由成人来教授，那么理想的情境应包括同伴，这样的干预才会是自然的，而非治疗式的。个人游戏计划和个人教育计划应该自然地与儿童的游戏选择、游戏动机相适应，就像皮特（Peter）的案例中展现的那样。

案例研究

皮特的游戏计划动机

皮特患有脑瘫，他常常需要努力地协调自己的身体，并控制不由自主的动作，因而身体的发展总在实现微小但持续的进步。他很喜欢用体育器材来设计布局，这让他可以在木板上练习平衡、在盒子之间跨越（尝试跳跃）以及攀爬楼梯。这些活动设计需要大量的努力和高度的专注力。皮特4 岁时在医院建立的儿童发展记录档案说明了在标准化评价参照下他做不到的事情，而这些标准化评价是基于"发展常模"且针对正常的 4 岁儿童的。这是一个有缺陷的评价模型，并且对于皮特来说是不适宜的，因为他不是一个正常的 4 岁儿童，且无法以正常的方式发展。

在皮特所在的幼儿班级中，实践工作者一致认为应该尽可能地按照皮特的想法去游戏。皮特想要在一块平衡木上走，而这块平衡木架在了两个 A 形的梯子上。他们想要降低高度，这样能在皮特摔倒时，最大程度地降低对他的伤害。但皮特却执意与他的同伴行走在同样高度的木板上，并坚持把平衡木从较低的档位移回较高的档位。于是，在与皮特的团队和父母商量之后，实践工作者在木板下面放置了一张防碰撞的毯子，并说服皮特允许他们在他行走过程中待在旁边，以便在必要时伸出手帮助皮特保持平衡。然而皮特几乎不接受帮助；摔倒或撞在某物上是他日常经验的一部分，他总是笑着轻松应对。

实践工作者以录像的形式记录下了对皮特的详细观察，这补充了皮特先前的档案袋记录，同时还向实践工作者展示了皮特的能力和学习品质，包括他用来克服困难的策略和意愿。这是自比评价当中值得赞扬的范例，这是基于皮特的进步、活动形式以及他长期以来的成就的评价模式。

皮特的案例研究显示出基于儿童强项的评价模式的价值，这个评价模式关注了儿童做好准备、愿意且能够参与活动的学习品质以及能提高其学习动机的心智倾向（Carr et al.，2009），尽管皮特的案例看起来（至少对于成人来说）包含了一些风险。关于儿童进步和成就的循证讨论需要儿童、父母、照料者和其他专业人士的参与，并且这种讨论要能帮助实践工作者把儿童在不同环境中获得的经验建立联系。我们并不总能预测儿童的学习模式：他们有时会突飞猛进，有时也会出现困难、挫折以及潜伏期，特别是在经历变化、疾病或情绪压力时，甚至会出现倒退。儿童在课程领域中是以不同的速度获得进步的，这既基于兴趣和学习方式的不同，也可能受到文化的影响。如果课程不适宜（太正式、太多安静坐下来的活动和教师控制），儿童可能会决定止步不前或改变他们的步调与动机，从而与其自身的需求相一致。儿童的学习表现向教师和家长展现了儿童视角下游戏的价值和目的。那么，全纳式评价的指导原则是什么呢？

指导原则

英国的四个组成国的课程框架都承认基于观察的评价的价值。第4章所呈现的理解游戏的三种水平为检测学习过程和内容提供了框架。设置这些框架的目的是识别游戏模式和儿童的兴趣，并记录真实的学习成果（可能与计划好的成果不一致）。实践工作者可以倾听儿童的想法并赏识他们的能力与品质。

表 7.1 所列出的策略也许能够帮助你处理上面提到的教学困境。实践工作者应该关注儿童、环境和课程。下列策略纳入了"基于儿童强项的四个维度的评价"（Carr，2001），四个维度是描述、讨论、记录和决定，接下来将会简要论述这几个方面。

表 7.1　评价的技巧和策略

- 看看评价的情境。你将选择什么类型的评价？
- 收集学习证据的最佳方法是什么？看看第 5 章关于观察的内容。
- 这个活动所预设的学习目标是什么？儿童的游戏意图和目标匹配吗？
- 潜在的学习目标是什么？根据游戏活动以及游戏者先前的经验，考虑灵活处理的程度。
- 活动是如何开展的？哪些评价是以结果的方式呈现的？
- 记录不同情境中的学习证据，以发现儿童是如何使用、应用和转换知识与技能的。让团队成员都参与到这个记录的过程中来。
- 记录长时间以来的学习证据，以便理解儿童的游戏主题、学习方式、学习品质和持续的兴趣。
- 与团队成员，包括助手和学生一起讨论观察方法，从而比较和挑战一些看法。警惕对儿童做出狭隘的判断——因为在那些不符合早期教育机构期许的行为背后，有可能存在着文化适宜性问题。与父母和照料者分享观察结果。
- 使用总结性评价、形成性评价和诊断性评价探寻儿童有哪些能力，下一步可能做什么。为挑战、扩展和巩固做出灵活的计划。
- 对具有学习困难和额外的或特殊的教育需求的儿童，用评价来确认个人教育计划和个人游戏计划。
- 提前将评价信息纳入到课程计划（短期、中期和长期）中。

1. 观察与描述

观察是基于儿童强项的评价方式的基础，它能够评价一系列游戏活动，包括室内和户外（Broadhead，2006；Carr et al.，2009；Carr and Lee，2012）。实践工作者需要关注儿童在以下时刻的表现。

- 独自游戏
- 共同游戏（成对或一组）
- 和成人一起游戏

由于游戏会越来越复杂，所以有效的评价实践应该反映不同类型的、跨学习和发展领域的游戏的价值，以及主题和户外环境是如何支持儿童在游戏中取得进步的。

2. 讨论与档案袋评价

档案袋评价能够为儿童提供关于活动的记忆，并且能够创建一个关于一段时间内儿童所取得的进步的文件。在瑞吉欧教育法和特·沃里奇课程模式中，所有阶段的活动都会被记录，其中包括一些对话片段，从而显示儿童的暂定理论和知识储备。档案袋评价显示了儿童在实践过程中的学习（Carr et al.，2009），而并不仅仅是学习成果。实践工作者利用这些证据与儿童一起探讨项目，支持并扩展他们的学习，激发进一步探索。儿童也被纳入到评价过程当中，这能够使他们发展元认知技能，并将这一技能反映到学习中去。教学记录"使学习可见"，并能够支持儿童的控制感的发展。

实践工作者使用不同的策略来记录儿童的学习（见表 7.2）。

表 7.2　记录和讨论证据的策略

- 收集一段时间以来的证据。
- 寻找学习模式、游戏的意义和儿童的兴趣。
- 判断学习是怎样通过挑战儿童思维的活动得以拓展的。
- 与团队成员、父母、照料者和其他专业人士分享对某名儿童的观察。
- 让儿童参与自我评价（比如，通过第 4 章中的"计划—工作—回顾"过程）。
- 为反思、评估和课程 / 员工发展提供证据。

游戏中的注释记录下这些证据的重要性，并成为更多持续的学习故事中的一部分（Carr et al., 2009），这些注释提供了一些有意义的叙述，而不是铺天盖地的"打钩题"。叙述应该关注具体的学习过程和成果。

> 朱迪（Jodie）调查了水轮。她发现可以通过调整倒入的水量来使得水轮的转动速度变快或变慢。她询问老师是否使用沙子也能有同样的效果。她测试了她的想法，并向小组成员描述她从中学到了什么。

> 安德鲁（Andrew）喜欢在邮局中玩耍。他假装自己是邮递员，将包裹按不同的大小分类，并学习如何为它们称重。他了解到，重的包裹需要花费更多钱。他决定给朋友们写信，并在写他们的名字时寻求了帮助。他通过查字典来帮助拼写。在这个环节中，他一直扮演这个角色，并发现自己需要一个更大的邮递箱，他打算在下一个环节制作。

> 肖恩（Sean）和乔安妮（Joanne）一起玩生面团。他们都能够用面团滚出香肠的形状，并且能够使用表示相反意义的数学语言（胖/瘦、最胖/最瘦、长/短、最长/最短）。他们把"香肠"搓成不同的形状，比如三角形、长方形、正方形。乔安妮说："这个是圆形的。"肖恩告诉她说，这是"圆圈状的"，乔安妮接着也使用了这个单词。他们把面团搓成了"蠕动的虫子"，并决定用面团搓出不同形状的"房子"。他们把虫子和房子联系起来，并自发地创编了关于虫子和房子的故事。

以这种形式描述儿童的学习能够使实践工作者避免做无关痛痒的描述（比如"乔安妮和肖恩喜欢玩生面团"），并且能够提供对儿童游戏中复杂性和多样性的解释。实践工作者可以使用不同的策略来记录观察（见表 7.3）。

表 7.3　有效的评价策略

- 在日记本或可粘贴的便利贴上写下关于重要事件的笔记，放进儿童的记录。
- 对重要事件和发展进行简短的说明，并附上行动计划来说明接下来将为儿童提供哪

些服务。

- 挑选儿童游戏的"成果"——室内和户外表演游戏、社会性—戏剧游戏的布局、制
  图、绘画、即兴写作、建构、计划和照片。这些成果将被附上注释来显示其重要性，
  并与团队、家庭成员分享。这些材料将在儿童的成果记录中或某种展示中得到核查，
  从而成为一段时间以来儿童学习的证据。
- 对于有特殊教育需求的儿童来说，影像记录是很有用的，详细的证据有利于进一步
  的反馈。儿童乐于观看自己的游戏录像并做出自己的理解和解释。这些信息还可以
  与父母和照料者分享。
- 核查清单能够发现儿童经历中任何重要的缺失，并能够为保证计划的广度和平衡性
  提供信息。
- 对计划进行记录，以显示学习成果是如何融进成人发起的和儿童自发的游戏中的。
- 可以用儿童计划书（包括儿童的评论）做注释，来记录这些计划是如何实施的。

在评价中存在着伦理方面的担忧，因为观察可能会打扰儿童，并让儿童
觉察到自己是在游戏。基于游戏的评价不应该破坏游戏的自发性，敏感的
实践工作者应尊重儿童的隐私权和保密权（只要不存在危险、风险或伤害）。
当儿童的游戏未向成人开放时，他们会传达某些信息来表达自己的不满，比
如选择沉默、远离成人，或者停止活动。全方位的评价方法能使实践工作者
在成人主导和儿童主导的活动之间建立联系，由此，工作和学习不再分离，
或是得到不同程度的重视。许多实践工作者开始核查儿童在《基础阶段教育
纲要》中的个人档案，并将它们转交给下一个班级或学校。而父母和照料者
也可以丰富儿童的个人档案，可以把儿童在家中的游戏、学习与幼小衔接阶
段儿童的游戏和学习建立关联（Brooker，2008）。这些关联能够使实践工作
者对蕴含在儿童的选择与兴趣中的文化多样性保持敏感。

3. 记录并解读证据

以下是教师所做研究中的一个案例，说明了应如何记录和解释儿童的
游戏。

案例研究

桑杰夫（Sanjiv）和小红帽木偶

桑杰夫是第一代亚英混血儿童，在家中，他们使用所在社区的通用语言来沟通，他的妈妈不会说英语。在他刚到幼儿园前几个月，他是班里面最沉默的，他把大量的时间花在了观察别人的活动上。孩子们都阅读了小红帽的故事，桑杰夫被故事中的木偶深深地吸引了，木偶"外婆"在这一头，而木偶"狼"在另一头。桑杰夫转动着木偶来展示两个角色，并渐渐地开始接近成人，来展示他正在做什么。几周之后，他开始说出单词"外婆"和"狼"。他玩木偶的行为显示：他能够表演这个故事，却不能用语言表述出来。实践工作者在桑杰夫的记录中提到了这一点，同时，他们也花时间与桑杰夫及其他儿童一起，结合动作和姿势来复述这个故事，并加强语言训练。

幼儿班的老师与翻译助理（EMA）联系，询问桑杰夫的妈妈是否愿意加入一个专门针对母亲的在校英语学习小组。在幼儿班学期结束之前，这个小组会在每周的某两天用一个小时进行活动。这使得妈妈们可以在一个安全且熟悉的环境中学习，并在活动结束后顺便接孩子。翻译助理也会与家庭保持联系，探讨游戏的目的以及儿童在所处环境中学到了什么。家长也能够表达他们对儿童是否在学习以及学习了什么的关心，并讨论在家庭和社区中，游戏通常以什么样的形式出现。这项正在进行的工作增强了人们的跨文化理解和敏感度，而不是单单由学校来主导家庭中的实践。

活　动

你对游戏中的文化多样性的看法是什么？杜兰德（Durand, 2010:836）认为，文化表现在儿童早期经历中的两个方面：父母对自己角色的概念和儿童对语言的学习与使用。在探索你所在环境中的游戏时，考虑这两个方面。关于家长对游戏及其角色的看法，你了解多少？关于儿童使用语言的多样性，你注意到了哪些？这又将如何影响游戏？考虑诸如评价游戏、全纳性、理解游戏角色和规则、理解儿童的假装性等问题。把这些问题放入桑杰夫的生活背景中来考虑。

五、评价社会性—戏剧游戏

　　在第 2 章中，我们概括了表演游戏和社会性—戏剧游戏的一些益处。在表演游戏和社会性—戏剧游戏中，儿童也许能够显露一定水平的能力与动机，而在其他形式的游戏或成人主导的活动中这些是难以显现的。就像布罗德黑德（Broadhead，2004）所指出的那样，从 3 岁起，儿童就能够通过参与社会化、合作化的游戏来获得快速的进步。在"如果……将会怎样"和"好像……"形式的游戏中，儿童会做出意想不到的、创造性的变换，例如，他们会表现得"比自身高出一头"，因为他们在想象可能的自己和可能的身份（Holzman，2009）。

　　下面的社会性—戏剧游戏案例是由库克（Cook，2003：Appendix 9）记录的，它证实了为理解游戏的复杂性而在游戏中仔细观察的价值。学前班的角色游戏区域正在进行诺亚方舟活动，这次主要观察的是 5 岁的卡勒姆（Callum）（目标儿童，TC）。观察持续了 10 分钟，并提供了一份活动记录以及一份语言记录。SG 表示小组，CG 和 CB 分别表示与卡勒姆交谈的女孩和男孩。

📁 **案例研究**

诺亚方舟

　　有三名儿童在角色游戏区（两个男孩和一个女孩）。TC 走入了角色游戏区域并往里看。

　　TC- 自言自语：这里有多少人？三个。我可以在这里玩。我能够装扮自己。

　　他走出区域，并寻找一名伙伴。

TC-CB：托比（Toby），你愿意过来到家庭角里玩吗？

TC 没有得到语言上的回应，但 CB 跟着 TC。两个男孩开始翻腾装扮盒，以寻找动物服装。另外两个男孩已经进入了角色，但是很难得知他们的主题。

他们坐在两个橱柜的顶端，用椅子爬到那里并坐着摇晃双腿，看着 TC 和 CB 进入角色游戏区域。

CB-TC：他害怕跳下床，因为他认为踏入了某人的厨房。

TC 找到了一个小狗头饰、尾巴和两只手套。他的朋友帮助他穿上了这些。

CB-TC：小狗你好。

TC-CB：汪汪。

TC 趴在地上缓慢爬行。没有人跟着他，于是他开始脱掉装扮服饰。另一个 CB 开始说话。

CB-TC：我要当爸爸。

TC-CB：我要当竹子（bamboo）①，它非常狂野和凶猛。就像人猿泰山和大象在谈话。

很快，我就明白了他说的其实是狒狒（baboon）……TC 尝试着捡起小狗服饰，并再一次穿上。对 SG 说话。

TC-SG：我是一条凶猛的狗。

TC 接着围着屏风外跑，同时吓唬一个 CG。她回应了。

CG-TC：坏狗。不要，坏狗。

TC 继续追逐。CG 逃跑，并藏在长椅下面。

TC-CG：我在吓唬你呢。

TC 脱下了他的全部服装，并游荡到另一个 CB 那儿，他正在穿猴子服装。

TC-CB：我要成为你现在的样子。我要当狒狒。

TC 边跑边拍打胸脯。两个女孩和一个男孩加入进来，所有的儿童决

---

① 此处是儿童发音错误，儿童其实想说 baboon（狒狒），此处发音为 bamboo（竹子）。——译者注

定用一把椅子爬上去，坐在工作长椅区域。

　　TC-SG：谁想成为诺亚方舟？

　　CB-SG：谁想要看到你长什么样子？

　　TC-SG：我们在寻找鲨鱼。我将拯救所有人。

　　CB跳了下来，并跟着TC拿起一根塑料芦笋。

　　CB-TC：这是用来杀死鲨鱼的。我将猛击它们的头部。

　　两个男孩继续进行着这个主题。TC和CB假装在游戏区域的边缘游泳。另一个CB加入了他们。

　　TC-CB：任何会游泳的人都能杀死鲨鱼。快，这里有一条鲨鱼。

　　TC发现了一根跳绳，并尝试在头周围挥动它。他挑选了一个茶壶，并与两个男孩说话。

　　TC-SG：鲨鱼讨厌茶，这就是为什么我要拿着茶壶。

　　TC假装把茶倒在所有地方。

　　TC-SG：我要把茶叶倒在大海的所有地方。

　　CB-TC：我没办法站在水上。

　　TC-CB：我们再一次把它倒满吧。

　　CB找到一个水壶，并假装把水倒在每一个地方。

　　CB-TC：这里已经装满了。

　　TC-SG：这里面有一条鲨鱼（用非常大的声音说道）。

　　TC跑进了角色游戏区域，并用他的茶壶敲击地板（想象成鲨鱼）。所有儿童跑了进来，并跳到了长椅上。

　　TC-SG：鲨鱼在吃你的腿。

　　CB尝试着进行一个不同的主题，并倒在了地板上。

　　CB-SG：我是一只鳄鱼。

　　CB-CG：鲨鱼死了。我们来挠它痒痒吧。

　　CB-CG：我还活着。

　　TC尝试着介入，并再一次改变剧情。

　　TC-SG：我能够听到那个地方发出了咆哮声。你们能帮我找到它吗？

　　TC再一次拿起茶壶，并开始在长椅下面做清扫的姿势。

TC-SG：打它！打它！我仍旧在寻找鲨鱼（大声地）。

TC 倒在了地板上，对自己大笑。

TC-CB：你扔掉了它，鲨鱼不会睡觉（指的是他的茶壶）。

TC 起来，并绕着游戏区域的外面跑，对着 SG 大吼。

TC-SG：有一些鲨鱼在这下面。

他捡起了地上的一片布料。

TC-SG：我要用我的抹布，它们就会离开。

TC 边叫边跑进了角色游戏区域。

TC-SG：快跑。你几乎被那个东西吹倒了。

在工作长椅下面有一个拿着娃娃的女孩。

TC-SG：我是一个好人。

活　动

可以用不同的方法来分析和理解这个小故事。从《早期基础阶段教育纲要》的视角来看这个小故事，我们能够识别一些个人、社会、情感发展，语言和交流，以及认识世界方面的学习目标。但这仅提供了对游戏片面的、有限的理解。

所以，我们怎样才能对这个故事中所蕴含的社会性和象征性的复杂程度有更深层次的理解呢？阅读这个小故事，并在吸引你注意或令你疑惑的事件处做笔记。与同事或小组一起讨论。现在，看一看游戏的特点和品质（见附录），并识别儿童的能力。

做一个批判性地思考：这里存在关于权力、选择和全纳性的问题吗？这些儿童，尤其是目标儿童，是如何表演性别角色的？谁主导着游戏？有什么目的？动物游戏中有什么角色？引发了什么样的行为和反应？

在小组中讨论你的答案，并思考这个小故事带给你的启示，以及它如何帮助你理解游戏的复杂性。

六、发展个人游戏计划

针对有特殊教育需求的儿童的实践准则（DfEE，2001）建议儿童应该有个人游戏计划（IEPs），以清楚地说明他们的需要以及成人该如何满足这些需要。赛义德和盖琳（Sayeed and Guerin，2000）进一步发展了个人游戏计划这一理念，这可以帮助实践工作者确保他们所提供的服务能满足拥有额外的或特殊教育需求的儿童以及残障儿童的需要，这基于以下几点。

- 高期待
- 精心的计划
- 高质量的服务
- 能够达到的潜能

实践工作者使用基于游戏的评价来完成如下目标。

- 为作为游戏者 / 学习者的儿童建立新的期待
- 辨识儿童具体的需要和兴趣
- 支持儿童发展的长期目标和短期目标

具有特殊教育需求的儿童可能会有普遍存在的或具体的学习困难。然而，许多这类儿童也会像他们的同伴一样，在同样的游戏—工作连续体中发展游戏技能，只不过是以不同的方式来进行。针对儿童发展的测查表倾向于以发展常模为基础，即以那些具有相似年龄与背景的儿童的普遍期待为基础。课程政策（如《早期基础阶段教育纲要》和第一关键阶段）中的学习目标和成果展现了一个正等级的能力、知识和理解框架，但学习内容的先后顺序会因人而异。因此，当实践工作者看待具有特殊教育需求的儿童和残障儿童的进步与成就时，他们更容易发现这些孩子的缺陷，而不是意识到他们的优点，这可能会影响到他们对游戏以及广泛且平衡的课程的参与。

实践工作者可以运用整合课程与教学法的实践模式（第4章和第5章），同时结合其他技巧与策略来让儿童参与游戏，并成功地参与到不同的活动当中。但他们需要考虑以下条件。

- 关于儿童以及具体典型症状的专业知识（比如自闭症、唐氏综合征、注意力缺陷和多动症）
- 所有损伤（听力、视觉、言语、语言、交流、社会、运动）的本质及其影响
- 儿童对于自己能力和潜力的看法

诺威奇和凯利（Norwich and Kelly, 2004）认为，在关于有特殊教育需求的儿童和残障儿童的研究环境中，引导儿童表达自己的看法并不仅仅是一个技术问题，其中也涉及复杂的伦理考虑和其他具体因素。引导儿童表达关于游戏的看法需要考虑以下原则，这些原则可以用于早期教育的评价当中。

1. 儿童的能力和特点
2. 询问者的能力和特点
3. 引导儿童表达看法的目的和对儿童看法的采用
4. 早期教育机构和环境：权力、关系和情感因素
5. 伦理和人权考虑（Norwich and Kelly, 2004：45）

沟通与合作是为儿童提供有效服务时必须具备的方面，父母、照料者、专业人士以及儿童/家庭是最好的信息来源。基于游戏的评价能够使所有涉及的人都来提供他们对于儿童的观察和了解，以向着共同的目标一起努力，并确保可得性和全纳性（参见第8章恩的故事）。如果一名儿童在游戏的某一方面存在困难，也许问题不是出在儿童身上，而是出在实践工作者为儿童提供的服务和资源上，或者出在实践工作者对儿童的印象上，而这些印象是需要被改变的，就像皮特的案例研究所显示的那样。纳特布朗和克拉夫（Nutbrow and Clough, 2013）发表了一项关于早期实践工作者的行动研究，研究中记录的儿童关于全纳性和归属感的看法常常与成人不同。为了回应儿童的看法，实践工作者设计了具体的改变、干预方案，从而提供更具有包容性的政策方针和教育。

七、作为伦理实践的评价和评估

实践工作者可以利用这些评价和评估来审查他们为儿童提供的服务，随着时间的推演，还可以逐渐洞察到每一名儿童的学习规律、进程、能力和学业成就的发展。然而，评价不仅仅是一个用课程目标或学习成果来绘制儿童发展图谱的技术性过程，这种从技术性角度进行审查的做法只能提供有限的信息，这些信息仅仅会让实践工作者去解决与国家政策框架有关的问题，并且从技术角度进行审查会与政策所倡导的方式相一致（比如在读写能力方面"提升标准"，激发"未达标的男孩"或解决"肥胖危机"）。在 1999—2012 年间，英格兰已经颁布了四个版本的《基础阶段教育纲要》，这反映了不断变化着的各种影响因素，比如政治上的意识形态、媒体恐慌以及对学业表现进行排名的虚假比较下的下意识反应。

另一个看法则认为，评价是一种伦理实践。实践工作者可以通过批判性反思来提高专业知识和能力，这些批判性反思能够通过创造性地回应儿童生活中各方面的多样性来了解他们自身的能力，从而调整政策框架。在本章所描述的评价方法中，儿童的看法也被采纳，因为这些看法能够最好地解释儿童了解和学习社会、文化经验的方式。此外，把评价看作是一种伦理实践认可了以包容的、民主的和参与式的方法来实施早期教育的做法，这种做法也体现了本书第 4 章所倡导的整合课程与教学法的实践模式所支持的原则。然而，实践工作者必须对一个事实做好准备，那就是，理解儿童的看法会挑战指导政策的话语以及教育、课程计划和评价中的实践（Wood，2010c）。尽管政策框架定义了质量和有效性，但仍可能导致文化之间的距离与不和谐，因为普遍性的话语享有特权。实践工作者需要通过对制度文化与实践、个人评价和偏见进行批判性地反思来传达相信儿童的权利和能力这一原则。实践工作者所提供的服务的质量和有效性应该从符合当地情况以及能够反映儿童、家庭和社群多样性的方面来理解。

审查与知识建构能够和谐共处吗？许多实践工作者使用在线版的《早期基础阶段教育纲要》，它能够跟踪记录儿童在学习目标上所获得的进步。这些数据可以用于在整个班级或某一小组来分析儿童取得进步和成就的模式。

案例研究

查询数据

乔（Jo）是一名经验丰富的幼儿教师（也是学校评价和有特殊教育需求儿童之间的协调者），她非常擅长用查询数据的方式来说明自己对于儿童之间的区别的关注，尤其是对男孩、女孩成就区别的关注。她从数据中看出某些模式是存在的，但并不知道其中缘由，这些解释更为复杂，且需要进一步与《早期基础阶段教育纲要》和第一/第二关键阶段的团队进行分析、讨论。乔还与级别较高的管理者一起，使用学校层面的数据讨论她对男孩和女孩之间表现的差异的担忧，特别是在写作方面。用这种类型的数据去鉴别儿童的缺陷（较低的手部协调性；缺乏专注力；不能记住混合的拼读）是很吸引人的。然而，乔和她的团队批判性地测查了他们所提供的服务和教育，他们关注儿童的读写活动是否与环境相关且能够激发儿童的投入、参与和兴趣。他们探讨了其中的原因，紧接着针对为儿童所提供的服务和实践做出了重要的改变，以确保所有儿童能够参与到更多的、自发的活动中，拥有更多的户外活动时间，并有机会在各种环境中使用和运用读写技能。

这些反复的和融合的评价与评估过程将使实践工作者批判性地参与游戏。高效的实践工作者应该是好的研究者，并且不惧于处理具有争议性的问题——无论这些问题是来自他们自己的理念和价值观，来自他们与儿童和家庭的接触，还是来自他们广泛的阅读和研究。真正重要的不是接受浪漫的或理想主义的游戏，而是处理困难的、令人不安的问题。这些问题包括儿童的选择、权力关系、全纳性和排斥性、有风险的和冒险的游戏，以及把游戏当作颠覆成人规则与意图的场域。当代关于游戏的学说从不同的理论和方法视角来看待这些问题，并通过与儿童一起研究，而非实践工作者单方面对儿童进行研究的方式来解决这些问题。我们可以一直从儿童身上学习，因为他们是技巧高超的游戏者，并且能够教会我们在生活中游戏的力量。

活　动

批判性地检查你所在环境中使用的课程框架。在这些课程框架中，评价的目的是什么？对你的角色和责任有什么期待？把政策框架中对评价的指导与你自己的评价方式做对比。通过阅读这一章节，你觉得你需要提升或改变哪些方面？

八、拓展阅读

Brooker, L. （2008） *Supporting Transitions in the Early Years*, Maidenhead: Open University Press.

Carr, M. （2001） *Assessment in Early Childhood Settings: Learning Stories*, London: Paul Chapman.

Carr, M. and Lee, W. （2012） *Learning Stories: Constructing Learner Identities in Early Education*, London: Sage.

Carr, M., Smith, A.B., Duncan, J., Jones, C., Lee, W. and Marshall, K. （2009） *Learning in the Making: Disposition and Design in Early Education*, Rotterdam: Sense Publishers.

Genishi, C. and Goodwin, A. Lin （2008） *Diversities in Early Childhood Education: Rethinking and Doing*, New York: Routledge.

Lifter, K., Mason, E.J. and Barton, E.E. （2011） 'Children's play: where we have been and where we could go', *Journal of Early Intervention*, 33 （4） : 281–297, http://jei.sagepub.com/cgi/reprint/33/4/281.

Vallberg Roth, A. and Månsson, A. （2011） 'Individual development plans from a critical didactic perspective: focusing on Montessori and Reggio Emilia-profiled preschools in Sweden', *Journal of Early Childhood Research*, 9 （3） : 247–261, http://ecr.sagepub.com/content/early/2011/04/ 22/1476718X10389148. full.pdf.

第8章

发展中的游戏

> 本章为总结性章节，旨在为你所在的早期教育机构的专业发展提供支持，并通过参与以下方面提升你的批判性反思能力。
>
> - 教学困境。
> - 改变游戏的进程。
> - 个人的价值观、理念和态度。

尽管游戏不是童年期唯一的学习方式，但游戏对于儿童来说仍有很大益处，包括：游戏能够让儿童形成积极的心智倾向，能让他们在面对学习时展现出一副"我能"的姿态。通过本书所介绍的整合课程与教学法的实践模式，儿童可以从游戏中获得更大的益处。最后一章呈现了一些可以用于了解实践工作者专业发展的活动和案例研究。这些案例研究开展于一系列早期教育机构中，实践工作者都有参与到合作研究之中。在这些研究中，实践工作者阐明了自己的教育原则，并处理了自己在实践中遇到的问题和挑战，从而为早期教育的改革和创新提供了案例。每一个案例都可以成为实践工作者用来进行讨论和批判性反思的对象。要成为一个能够进行批判性反思的实践工作者，你需要挑战价值观、理念和假设，并愿意从一个批判性的视角去看待有关公正、多样性和社会正义等方面的问题。

一、教与学的理论基础

　　国际研究强调，支持早期教育机构中的实践的理论基础非常复杂。实践工作者需要对课程的不同领域所涉及的概念、技巧、用于询问和调查的工具、不同的思考和推理方法理解得非常透彻。实践工作者需要理解教与学本质上是统一的，理解不同学习领域之间是如何联系的，以及儿童在活动过程中建构起怎样的联系。

　　实践工作者的专业知识包括共同的和个人的价值观、准则、愿景以及理念，这些影响着早期教育机构的理念。教师的专业知识并不是静态的，一名熟练的实践工作者往往对他所提供的服务有着自己的批判性思考，并愿意去提高服务的质量。他们从自身的评价、同事的评价以及相应的研究中收集证据，来支持自身的发展，并确保课程框架不会变得像紧身衣一样成为儿童的束缚。实践工作者从儿童的生活中获取灵感，因为儿童不断将新的想法和能力融入早期教育机构中。一些年龄较小的儿童已经能够非常熟练地使用触屏电脑，一些年龄较大的儿童比成人更擅长使用信息技术。儿童正在把富有教育意义的和游戏的未来带入早期教育机构中，而实践工作者必须做好准备，愿意并有能力对此做出回应（Yelland，2010）。接下来的部分是基于前几章所论述的主要原则与理论框架的，它主要关注整合游戏、教学与学习的方法。

二、学习如何游戏：恩的故事

　　恩（Em）的故事来源自黛安·卡德莫尔（Diann Cudmore，1996）所做的一项研究。黛安是波蒂奇项目（Portage Program）①的一名家庭访问者。波蒂奇项目是一项针对有特殊教育需求的儿童的早期教育干预项目。而家

---

① 波蒂奇项目（Portage Program）是为 0—4 岁有特殊需求的儿童服务的、基于家庭的教学项目。该项目主要教授儿童新的技能，以及指导家长 / 监护人促进儿童的全面发展。波蒂奇项目最初于 20 世纪 70 年代中期在美国威斯康星州的波蒂奇地区发展起来，并随着时间的推移不断满足广大家庭的需要。——译者注

庭访问者的职责在于与家长一起工作和做游戏，因为家长正是儿童第一个也是最重要的老师。家长和波蒂奇项目的家庭访问者一起，来共同促进儿童的学习和发展，使得儿童能够进一步开发自己的潜能。在波蒂奇项目中，游戏中的教与学是统一的，儿童的个人计划也会被包含进波蒂奇项目的目标中，并通过一系列的游戏活动得以实现。波蒂奇项目基于家庭访问者和儿童家庭之间的双向信息沟通，以便家长与家庭访问者共同交流观察到的信息和教学策略。

　　黛安的硕士论文关注于一个患有唐氏综合征、名叫恩的两岁女孩。黛安之所以决定这样做，一部分原因是她对于其他学者提出的一个研究假设产生了质疑，即：有特殊教育需求的儿童能够通过自己主导的自由游戏来进行学习。从她自身的经验来看，她发现家长对于这些儿童作用巨大。家长可以帮助儿童学会如何游戏，并支持儿童在游戏中学习。恩的故事解释了中介学习经验（mediated learning experiences，MLE）理论（Sayeed and Guerin，2000）①，该理论认为，成人可以通过支架的方式来支持儿童的游戏和学习。从对儿童的回应的观察来看，儿童对与成人的互动总是敏感的，因而成人是媒介，调节了游戏的意义与重要性、儿童对游戏的胜任感、儿童与成人共同参与游戏的程度，以及儿童对行为的控制（Sayeed and Guerin，2000：82-83）。因此，恩的故事解释了学习的社会文化理论，并表明平衡游戏的灵活性与结构性是十分重要的。

　　黛安决定集中力量支持恩的假装游戏。在开始她的研究前，她发现学习困难的儿童总被认为是发育迟缓的，而不是发展上有差异。这使得黛安开始关注恩的差异性以及她的潜能，而并非那些与发展常模不一致的不足之处。恩在很多方面面临困难：语言、讲述、听力、记忆力、认知加工和身体协调。恩、黛安和恩的母亲都在学习默启通手语。这种手语将手势与发音相结合，帮助儿童通过动作表达出意思来进行交流。黛安也证实了恩需要很多机会来练习、巩固新学到的技能，教师要通过感官刺激和支架策略来鼓励恩参与到游戏中。黛安将恩参与到游戏中的场景用录像记录下来，

① 中介学习经验指的是学习者接受经过中间人转换过的经验和刺激，中间人通常包括学习者的父母、老师、兄弟姐妹或其他相关人员。——译者注

并与恩的母亲分享、讨论恩在游戏中取得的进步和成就，并为恩日后的活动做进一步的规划。

在第一个游戏情境中，恩的母亲向恩介绍了一个布娃娃，并示范了一系列动作：把布娃娃放到床上，给它盖上毯子，并通过语言引起她的注意。恩模仿了这些动作，但过了一会儿，她又开始了另一项活动。她把这个洋娃娃从床上拿了起来，并把它和一块面巾（小毛巾）丢到了妈妈跟前。恩的妈妈以为恩想要给这个布娃娃洗脸，于是就示范了这个动作给恩看。

但是，恩心中想的是另一件事，可她很难用语言表达出来。她把布娃娃靠在床上，并给它盖上毯子和面巾。没过多久，又发生了类似的事情。恩捡起这个布娃娃的尿布，并在她妈妈面前摇晃，于是她妈妈又认为她想给这个布娃娃穿尿布。恩立即又把尿布从这个布娃娃身上脱下来，并盖在它身上。

黛安指出了在这个游戏情境中父母所遇到的一些教学困难。为了让恩投入到假装游戏中，父母使用了大量的资源和方法。但由于恩不能用言语来表达自己的想法，父母往往很难跟上她的游戏节奏。为了支持恩的学习，他们常常会照很多有关游戏情境的照片，像给布娃娃洗澡、梳头发、喂食、把布娃娃放到床上。例如，一张照片里有一把勺子、一个碗，还有些巧克力块（巧克力正是恩最爱吃的甜食，而这些也被用来作为恩成功使用手语与他人交流时的一种奖励）。每张照片都是薄薄的，塞在书里，成为帮助恩学习手语的共享资源，这些照片也可以作为额外的提示来帮助恩传达想表达的意义和目的。这些照片有时会给恩提供积极的帮助，但有时候也会让恩分心。恩在手语的运用和沟通技能的掌握方面已经取得了很大的进步，但偶尔也会对这些书本感到沮丧。有一次，她指着那张有勺子、碗和巧克力的图片，看起来是想要吃里面的巧克力，而这又使得她从正在进行的表演活动中分心。这也说明了，即便带着最美好的目的去支持儿童的学习，有时候也会事与愿违。对于黛安和恩的母亲而言，游戏活动中的一大重点正是理解恩想表达的意义，而他们也正在从依照自己的意愿对恩进行教学向依照恩自身的意愿进行教学转变。

经过三个月的学习，恩在游戏和学习中取得了很大的进步。当她学会用手语来表情达意时，她与人交流时变得更加轻松了。

在接下来的游戏时间中，恩有几次使用手语表达"床"……

在接下来更成功的一个游戏情境中，她还用手语模仿"饮料"。恩假装自己喝水，并给了我一杯水。然后在我的提示下，恩也给了布娃娃一杯水。恩还完成了其他事情，例如，她学会了假装给布娃娃梳头，假装为布娃娃洗澡等。

恩有时也会有不配合的情况。例如，当我在向恩展示一个布娃娃，并问她"这是谁"时，恩显然没有将她的目光从手中的床上用品上移开，并且一直在举着、摇晃着她手中的床上用品。

尽管恩看了看布娃娃，也看了看我，但她依然忽略了我的问题。恩坚持了自己的意愿，她一边很坚定地嘟囔着，一边有力地指着床铺，打着"床"的手语，很明显，她是想要把这个布娃娃放到床上去。（Cudmore，1996：57）

这种师生互动的错配被证明是很有价值的学习经验，因为这不仅能让我们看清恩的学习模式，而且突出了成人与儿童之间的互动是有效互动还是无效沟通。

问题发生的原因常常在于成人所采用的沟通方式，即"转移注意力"，这一策略并不能很好地将恩从她自身的想法中吸引过来。而成功的交流往往发生在这样的情境中：成人顺着恩的引导，并结合恩自己挑选的玩具和她自己选择参与的游戏，来对恩的游戏活动做出评论，提出疑问，并以相应的行动来做出回应。（Cudmore，1996：58）

这些基于实践的证据将对挑战原有的假设、设计游戏活动，以及形成更有效的互动提供有价值的帮助。恩的母亲和黛安可以利用这些证据来支持恩的游戏经验的连续发展。这项研究同样说明了自比评价（第 7 章）的重要性，即成人在设计游戏活动时，应该从观察到的游戏模式以及儿童的心智倾向出发（而不是仅仅依照固有的教学目标）。基于自己的研究，黛安提出了一个表演游戏核查表，这个核查表包括了下面四个阶段中的 30 种行为。

1. 自我假装和以物代人

2. 以物代物

3. 有顺序的假装行为／物体

4. 角色游戏

　　黛安和恩的母亲使用的这个核查表不只是对儿童所掌握的技能和能力的系统整理，还提供了游戏中儿童典型行为的范围，这将在游戏中用以与恩的行为进行对照。这也使得他们能够追踪恩的发展，并根据她的爱好和游戏选择设计出相应的游戏活动。尽管中介学习经验对于有特殊需求的儿童而言是一种很有价值的教育方法，但在调节游戏时，很关键的一点仍然是将关注点聚焦在儿童的动机和意愿上。对于恩来说，以成人作为媒介的游戏和学习经验将有助于提升她的沟通能力，使她能富有想象力地去使用符号和工具，并提升她作为游戏者的技能。

三、"计划—工作—回顾"的方法：阿曼达的故事

　　受朱莉·费舍尔工作（第3章）的启发，阿曼达·克西（Amanda Kersey）决定将"计划—工作—回顾"的方法应用在她的学前班／一年级儿童身上。作为一个刚刚获得职称的教师，阿曼达想要将自己的教育观、教育理念与教学实践结合起来，而"计划—工作—回顾"这一方法将有助于她支持儿童发展自主性、独立性及自发的活动。由于其他课程的需要，阿曼达决定不将这一方法用于整个班级的日常教学过程。因为这太浪费时间了，而且从实际而言，她也不能保证儿童做出的计划能包含全部课程内容。她将班级划分成若干个小组，通过小组制订计划的方式来推广"计划—工作—回顾"这一方法，这样，每个小组可以轮流为每天下午的活动安排制订计划。阿曼达还请一位老师来帮助儿童制订计划，并为他们提供支持。在回顾时间里，儿童可以在小组范围内讨论并展示他们做了些什么。"计划—工作—回顾"这一方法对于刚接触的儿童而言不是一件容易的事情，因而在前半个学期，阿曼达都在教儿童做计划的技巧、一日常规以及儿童预期达到的结果。阿曼达使用了一间教室来确保儿童能充分地享用优质的教育资源（游戏工具、游戏材料和游戏设备）。例如，儿童能够在书写区使用用来制作书本的游戏材

料，这也与阿曼达教授读写技能的方法有关。

阿曼达决定使用计划表来记录儿童所制订的计划和他们的反馈。后来，这些计划表又演变为计划书，用以记录儿童的活动。计划表可以让儿童计划两个活动，并预留空间来填写反馈内容，从而在回顾时间中用作讨论的补充。以佩里（Perry）（其中一名儿童）制订的计划为例，在这个活动过程中，我们可以看出佩里做计划能力的提升以及阿曼达是如何记录儿童学习的。

佩里—10 月份

在学前班刚入学时，佩里已经可以使用图画来表达他的计划。阿曼达记录了他的计划（见图 8.1）。

到了 3 月，佩里已经能够写下自己的名字，并能更熟练地表达他在计划中想要做什么（在写字桌上用砖块建成一座塔，并制作一张砖块地图，见图 8.2）。佩里做了一些小盒子，把小盒子拿到了写字桌上，并放了一些塑料字母块进去。在回顾时间中，阿曼达记录下了他的评论。

我建了一座很棒的塔。我把一块扁平的积木垫在脚下，这样我可以把塔建得更高。

很好，我做了一本书。你必须找到盒子里装的是什么。

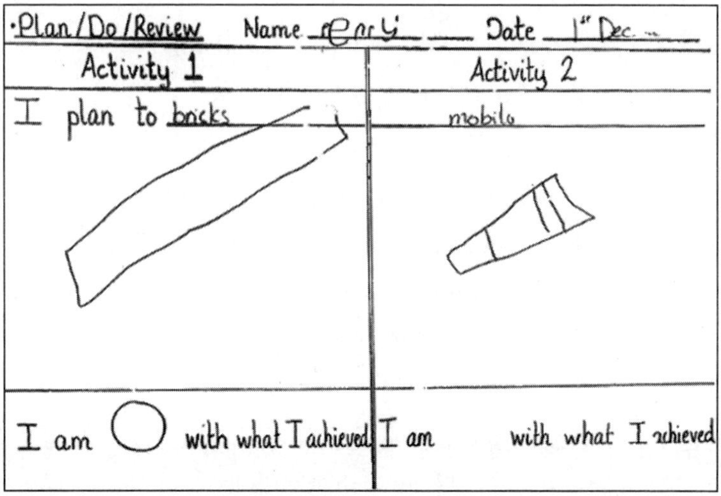

图 8.1　佩里的计划表 1

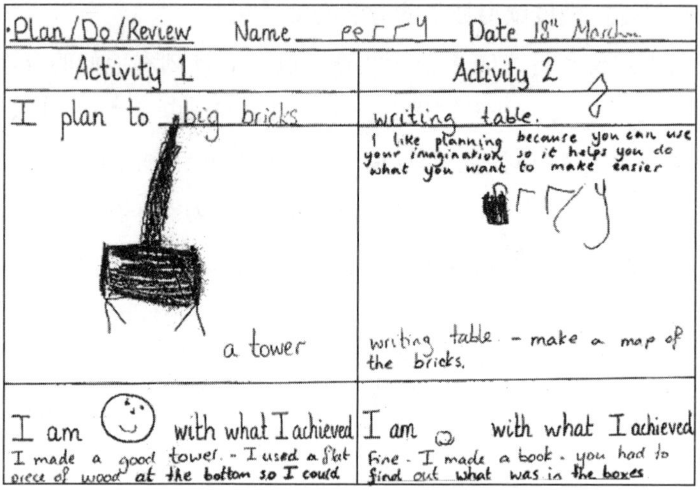

图 8.2　佩里的计划表 2

　　到年末时，佩里有了更宏大的计划，并且表述得更加复杂。佩里计划和他的一个小伙伴建一座木偶剧院。在他的图画中（见图 8.3），他展示了木偶站在箱子四周，举着杆子把幕布升起来。佩里之前看过木偶剧，并想要自己做幕布。这是一个儿童自发的活动，活动中涉及了一些复杂的问题解决技巧：如何制作幕布，如何将杆子固定在箱子内部前面的位置，以及如何在开场时将幕布升起来。

　　在完成这座木偶剧院后，佩里又和他的小伙伴们编写了一个关于小熊的剧本。在回顾时间里，佩里这样描述他们的木偶剧。

　　　　一只鳄鱼悄悄地爬了过来，吃掉了熊群的所有食物。鳄鱼又爬上楼，把熊群的床都吃掉了。熊回到了家里，看到了鳄鱼吃掉了他们所有的东西，就用熊掌狠狠地打了鳄鱼的鼻子。于是鳄鱼爬回水里，游走了。好一个淘气的鳄鱼！

　　通过这个儿童自发的游戏，阿曼达已经可以对佩里所取得的进步和成果做出评价。佩里的一言一行已经展现出他能够按照顺序组织一个故事，并包含故事应有的结构（起因、经过、结果）。佩里可以很好地理解故事情节，并且和《三只熊》的故事联系起来，但是他把故事中的金发姑娘换成了淘气的鳄鱼。佩里创造性地改编了传统的故事情节，并为给这个故事添加了新的角色和新的意义。

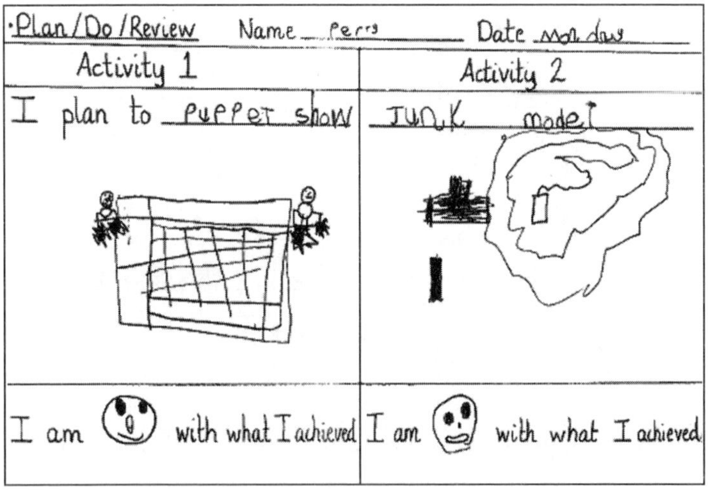

图 8.3　佩里的计划表 3

露西（Lucy）、凯特（Kate）和柯丝蒂（Kirsty）也开始参与到书写区的活动中，她们开始制作与小熊主题相关的书本和木偶，并编写了一些有关小熊的故事。儿童在回顾时间中的反馈反映出了他们的学习、活动以及元认知能力的掌握情况。

露西做了本关于泰迪熊的故事书（见图 8.4）

这些小熊住在森林里。他们看到了一座房子，一只熊径直爬进了这间房子，上楼去睡起了觉。我打扮成一只熊的样子，而我其实是一只来自北极的树袋熊。我穿了很多的衣服，因为北极是个很冷的地方。

图 8.4　露西的计划表

柯丝蒂造了一间房子，还做了一本书（见图 8.5）

　　我建了一间泰迪熊的房子。我需要把五个正方形放在外面，再用四个三角形来建屋顶。一共有三只小熊住在房子里。下次我得把房子建大点，这样它们就能住得更舒服。

　　我为妈妈做了一些泰迪熊的书。我觉得写作很容易，但画图就很难了，因为画图有一些难度。

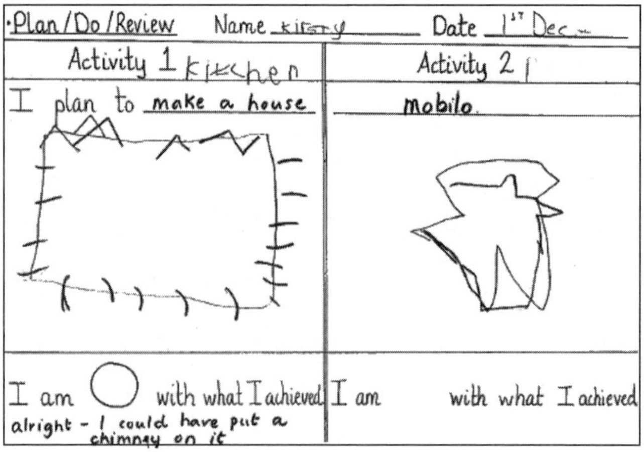

图 8.5　柯丝蒂的计划表

凯特做了一只熊和一本书（见图 8.6）

　　我发现把小熊的手指放到小熊的身体上面是很困难的一件事。我用一些塑料制品来做小熊的头，又用一些卷纸来做小熊的腿。我得用一些圆环来做小熊的身体。我用胶水把这些部分粘起来。你必须使用一点胶水，不然这些部分就不能粘在一起了。我喜欢我做的小熊。下次，我会给这只小熊涂上颜色。我做了一本关于小熊的书。我觉得画画是件容易的事，但写出正确的单词就很难了。我会把这本书读给你听。

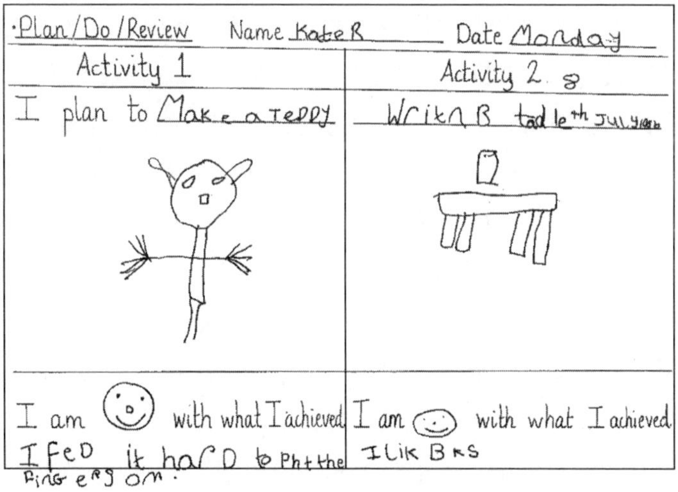

图 8.6　凯特的计划表

　　这些案例展现出，当教师鼓励儿童做出计划并反思自己的学习和自发的活动时，儿童能很好地完成活动。露西的故事展现出了她对地理知识的运用，尽管她把树袋熊放到了错误的半球里。柯丝蒂和凯特则是有能力的"技术专家"和"设计师"，她们能够运用精准的数学语言，并能够灵活地运用数学知识。这些儿童也展现出了反思自身学习的能力，并能思考将来如何做不同寻常的事情。这种"计划—工作—回顾"的方法为鼓励儿童自主评价，教会儿童学会学习提供了时间和机会。以上例子也反映出儿童能够按照顺序排列事件，能够使用过去式来反思自己所做的事情，并能将原因和结果联系起来，从而为后续活动做计划。在这个过程中，儿童还综合运用了多个学科的知识，包括数学、技术、地理和读写。

四、幼儿班里的创新：卡西的故事

卡西（Cathie）受到瑞吉欧教育法（第 3 章）的启发，想通过多种媒介来培养儿童的创造力。儿童可以使用丰富的游戏资源和游戏材料，包括不同种类的油画棒、铅笔、粉笔和蜡笔，不同尺寸的刷子，各种类型的纸张以及用于画画的工具、胶水，还有许多的拼贴画材料。卡西的团队设计了一些活动，儿童会在其中学会如何使用这些游戏材料和游戏工具，以及具体的游戏技巧，这些在儿童的自发活动中都可以得到发展。这些活动包括：观察绘画，混合颜料，挑选工具、艺术材料和设备来创造不同的效果，将艺术材料和具体的技能结合起来，如缝纫和编织。当然，儿童也会欣赏一些艺术作品，以及参观一些在学校举办的艺术展览，这些需要儿童、教师、家长的共同努力。儿童的这些艺术作品都做得很棒，却没有一件是大人的功劳。除此之外，儿童还要负责保管好所使用的游戏工具和游戏资源，并在使用完毕后自己整理好。

在这一过程中，卡西鼓励儿童去探索这些游戏材料，带着自己的想法去游戏，将看过的故事联系起来，表达出自己的想法和经历的事情，学会应用所掌握的技能技巧，重视自己和他人的创造性。儿童还有机会在画架上、平坦的地面上和用于更大活动的地板上来开展他们的活动。儿童或是独自一个人，或是成对，或是以小组的形式进行创作，而一些作品则需要全体儿童的参与。儿童的这些作品会受到重视，在很显眼的位置展出，并且在整个房间里都不会有成人的作品。儿童的灵感源于游戏材料的品质、选择的自由、玩游戏的能力和想法，以及在与实践工作者频繁的交流中得到的支持。儿童将自己的作品与创作过程中的这份愉快的体验结合起来，并且充分体会到，创造性从来就不仅仅属于少数有天赋的人。

五、创建一所游戏型学校

一所小学任命了一位课程协调员，专门负责 3—11 岁儿童的游戏活动。

这位课程协调员为全校提供游戏活动的建议和方案，并发现、了解教师的需求。她制订了一份为期三年的关于资源获取的滚动计划。同时，她还需要花时间和儿童一起游戏，以体现其角色工作。此外，她还需要提供一些对技术技巧和建构能力有更高要求的设备来支持儿童的游戏。教师鼓励年龄较大的儿童在每周固定的时间段与年龄较小的儿童一起玩耍，年龄较大的儿童也能在其中享受到当游戏指导者的乐趣。这次整个学校方案的另一个衍生品是重新设计了户外游戏环境，同样包括对额外资源的利用，对不同游戏区域的划分（如球类游戏区、追逐游戏区以及可以坐下来的休息区）。教师、进餐助手和儿童都要学习传统游戏，并且在很短的时间内，这些方法的运用解决了一些行为问题：从前每天都要上演的"淘气儿童"在校长办公室门外嬉戏打闹成了过去式。

在这些例子中，每一位实践工作者都将游戏融入了学校文化和氛围中。实践工作者创造条件来提升游戏服务的质量。实践工作者也做好了准备去适应或改变室内外学习环境，提供更多合适的资源，空出更多的时间来指导不同种类的游戏。实践工作者的教育方法反映出他们对于自己在游戏中所扮演的角色的价值观和理念——他们有信心也具备丰富的专业知识来组织游戏活动，并且从某种程度上来说，他们愿意去承担实践中的风险。

六、知识储备

下面这段摘录基于苏珊·艾萨克斯关于罗丽学校（Raleigh School）这一试点学校的相关研究（Boyce，1946），它解释了"知识储备"的教学定义（第 4、5 章）。在罗丽学校上学的儿童大多来自贫穷的（用现在的话说就是社会经济地位较低的）家庭和社区。博伊斯女士（Boyce，1949）用实例说明了实践工作者应该如何调整教学实践，从而与儿童学习中所蕴含的文化本质，以及儿童从家庭、社区那里得到的学习经验相适应。她更深入地洞察到，儿童在家庭中学到的数学知识同样也受到社会阶层的影响（在前十进制时代，12 便士等于一先令，也就相当于现在的 5 便士）。

对我们而言，教数学是件容易的事，因为儿童在家庭和社区里都有着丰富的数学经验。一些儿童一周六天都自己吃饭，他们在慈善机构领取免费的早餐，再用一些铜币（几便士）就可以换来一顿大餐（常常包括一些薯片、蛋糕或者一便士馅饼），并让父母再给自己一些买下午茶的糕点、面包和人造黄油的钱。他们还会带上半个便士去学校，用来买牛奶……

即便是那些需要受更多关照的儿童，也了解很多关于经济状况的消息。这些儿童知道交房租的截止日期，并知道如何躲债。这些儿童中的绝大多数会帮家里做一些差事，并且他们都是很成功的购物者，即便他们往往只能用很少的钱来买食物。每一次外出或买新衣服都意味着要先存钱，或者使用一周的零钱。我们有一个"便士银行"，儿童可以在"便士银行"中以 1 便士或 6 便士的币值将父母的积蓄存进去。儿童饶有兴趣地观察着存钱的流程，他们还可以自己在"存折"上查询存进去的钱。当然，他们还会把自己以及弟弟妹妹的样子画在硬币上。这一系列的直接经验为受关照的儿童提供了实用的知识背景，而这些往往是那些家境优越的儿童所缺乏的。（Boyce，1946：157–158）

博伊斯女士记录了很多有关儿童在家庭与社区中参与的游戏活动，因此也说明了一个重要的原则——实践工作者要对儿童的知识储备具有社会与文化上的敏感性。很多课堂上教的东西往往与儿童的实际生活经验相脱节。例如，一名学前班教师想知道儿童在角色游戏区（一个超市）中使用了多少关于金钱的数学知识。然而，教师通过仔细观察以及对游戏活动进行分析后发现，这里并没有用到任何数学知识，因为交易使用信用卡（在放钱的抽屉里还有一个刷卡的地方）。所以在这个游戏活动中，没有实现从成人主导的金钱观念的教学到儿童游戏活动的转变。使用观察到的信息作为评价的依据，教师猜测是否是现在的儿童（不像博伊斯班级中的儿童）在交易中更少接触到数钱和找零钱的活动了，因为现在这些活动都更高科技了，人们更多地使用银行卡，或电子设备来进行支付。

七、游戏记忆

　　恐惧、焦急、危险和不确定等概念都是我们所熟悉的儿童游戏的主题。这些情绪可能富有想象力地存在于儿童的心里以及现实的物质情境中。在我 4 岁到 7 岁的日子里，我沉浸在以自己为中心的世界里。在我的世界里有两个鬼魂，一个在阁楼上，一个在煤窖里。如果我爬上阁楼时没让台阶吱吱响，就不会惊扰到熟睡的鬼魂。这样我既可以安心地玩哥哥的轨道赛车，又可以听最新的流行音乐。不过我不经意间弄出的响声怎么没有惊醒那些鬼魂呢（看来这只是我想象中的胜利）? 要完成上楼梯不发出任何响声可不是一件容易的事情，我要扭着身子，沿着楼梯慢慢爬。这也是与鬼魂抗争的必要仪式中的一部分。我会尽量避免一个人下煤窖，除非有时我要帮大人装煤油（不过我相信大人在的时候鬼魂是不会出来的）。那些鬼魂总会在晚上的时候出来，而且还会在当地的坟地与从破旧的墓穴中爬出来的骷髅头相遇。而精灵则住在花园里，他们需要一种"香水"（玫瑰花瓣和水的混合），以此来保护我，使鬼魂和骷髅头不能伤害我。我在采集花瓣时总是遇到麻烦，但即使偶尔会被训斥也还是要去，因为我更需要抚慰自己受伤的心灵。

你分享？你是否向其他成人保密了呢？你创造出了什么样的想象中的危险？把这些与实际游戏中所要承担的风险相比较，你发现了什么？

八、提升游戏服务的质量

实践工作者，而非政策制定者，才是在教学环境中提高教学质量与学习质量的核心。实践工作者处在一个非常有影响力的位置，他们通过对教学实践的批判性反思和对教学理论的掌握来构建出非常详尽的教学知识。本书提到的大多数实践案例都是基于实践的研究项目提出的，早期教育专家会一起来解决在早期教育机构中遇到的问题和挑战，并对于将游戏整合到他们提供的服务中这一问题创造属于他们自己的"设计者版本"。接下来的两个活动将促使我们对游戏的理念、价值观和假设进行批判性参与。

活　动

分享有关游戏的价值观、理念和态度

这个游戏可以通过团队，或与家长及儿童照料者一起合作的形式来展开。每一位成员都应写出一小段高质量的游戏片段。这个片段可以在室内和户外进行，可以是独自游戏、平行游戏或合作游戏，可以有成人的参与，也可以没有成人参与。团队成员们应该以小组的形式合作，讨论一个高质量的游戏应具有哪些特征。以下方面可以作为参考。

- 观察到的游戏类型。
- 儿童的数量。
- 可利用的资源，以及它们的使用方法。
- 成人是否需要存在，如果需要，那成人应该扮演怎样的角色。
- 可利用的时间，教室/游戏区域的布局。
- 在游戏中发生了什么——游戏如何展开？游戏"成功"了吗？谁

是领导者？你对儿童有哪些了解？

将分析结果写在一张大白纸上，并与其他小组进行分享 / 对比。如果从整个学校的角度来看待游戏，而这个活动是其中的一部分，那么这些分析将有助于促进与游戏相关的政策的发展，还要考虑到游戏在《基础阶段教育纲要》、第一关键阶段和第二关键阶段中的连续性与衔接。

活 动

与游戏相关的个人理念与理论

结合自身的知识和经验，以及对实践层面的游戏的分析，讨论以下问题。

- 你理想中的游戏的价值与实践中的有什么不同吗？
- 你能说出是什么限制了你的游戏实践吗？它们是如何影响到你提供的游戏服务的质量的？思考一些规则，并思考它们是如何限制或促进游戏的开展的。
- 你提到的限制 / 规则可能会发生怎样的改变呢？
- 为了提高你为儿童提供的游戏服务的质量，你需要关注哪些方面？

在小组中讨论并分享你的观点。你可以借助书中所提到的案例和游戏例子，也可以通过自己的观察来分析。一个十分钟的片段就足以提供相当多的有价值的信息来进行分析以及批判性反思。

九、未来发展方向

提升幼儿园、学校中的游戏质量持续受到关注。然而，对于许多早期教育专家而言，如何将游戏、教与学联系起来仍然是一个挑战。对于年轻人而言，如何寻找游戏空间也是一个巨大的挑战。尽管《联合国儿童权力公约》认为游戏是基本人权，但这项权利也可能受到阻碍，甚至被忽略。戴维西和伦迪在一项关于儿童对自己游戏权利的解释的研究（Davcy and Lundy, 2011）中指出，还有许多因素限制了儿童的游戏权利，这些因素包括安全问题、游戏的可得性、对游戏的监管、游戏场所离家的距离以及街道上被汽车占据的空间等。

我希望本书能够鼓励实践工作者以及学生去批判性、创造性地思考有关游戏是什么以及如何提供游戏服务的问题。政策文本所认为的"教育性游戏"是一种技术手段，只是从表面上说明游戏是有秩序的和可被预测的。但是游戏的实施往往会受到一些阻碍，可能是一些功利主义的框架，也可能是我们人为制造的界限，这些界限包括政策、学术理论以及对游戏是什么和如何做游戏的期待。回归到亨里克斯（Henricks, 2006：1）的那句有哲理的话——游戏是充满可能性的实验室。我们必须对此保持一个开放的态度——儿童可以自己创造出很多可能性，而我们则要通过专业性的实践去帮助他们。

十、拓展阅读

Markström, A. (2010)'Talking about children's resistance to the institutional order and teachers inpreschool', *Journal of Early Childhood Research*, 8（3）：303–314, http://ecr.sagepub.com/content/8/3/303.

看完却记不住内容？微信扫码，15分钟听完全书主要内容，并获取思维导图。

附录
理解游戏的复杂性

我尝试着去描述一些能够说明游戏复杂性（尤其是表演游戏和社会性——戏剧游戏）的游戏特质。这些不是标准，而是在我们仔细观察儿童的行为和互动时所看到的游戏特征，这些可以用作教学工具或分析游戏的研究工具，但前提条件是要仔细地观察和倾听，从而更好地了解儿童赋予游戏的意义和儿童的游戏目的。

一、游戏的技巧与知识

- 使用记忆与回忆的策略
- 确定一个主题——情节、人物和故事脉络（剧本）
- 协商出一个游戏框架，并制订游戏规则（游戏内容）
- 遵从自己的想法，并倾听大家的意见
- 能够通过与他人协商、合作达成共识
- 改变游戏目标、游戏材料、游戏情境和游戏中的动作
- 通过语言、符号、标志和手势进行交流（具象思维）
- 交流假装游戏，确定角色和动作，传递相应的意义和目的（元交际）
- 在游戏中时进时退（距离问题）
- 排练角色和动作，指导或管理游戏
- 接受他人的指导和管理
- 能够坚持并发展游戏中的角色

- 通过想象力和创造力来融合或重新融合想法
- 有同理心 / 能理解他人的想法
- 创造、认识并解决问题
- 表现出动机、需求和兴趣
- 倾听、合作、调整并完善自己的想法
- 使用元认知策略——预测、指导、检查、反思、评价

二、社会情感与交流的技能和过程

- 以小组和大组的形式与同伴、成人交流
- 与同伴或成人谈话
- 表达自己对一些行为的想法和评价，并给出相应的指导
- 加入一个游戏或活动
- 安排角色，扮演一个角色并投入其中
- 协商规则，并遵守这个规则
- 能够进行独自游戏、平行游戏、成对 / 小组合作游戏
- 使用道具 / 为物体赋予相应的意义
- 使用抽象性思维来表达出赋予游戏的意义和假装的内容
- 提供其他可选建议
- 在游戏中掌控好自己，组织好他人
- 理解自己和他人的情感
- 管理好自己的感受和情绪
- 使自己不参与指导、协商、发展和拓展游戏
- 与同性和异性建立友谊
- 使用冲突解决策略
- 倾听他人 / 理解他人的想法

三、调查、探索及问题解决的技能和过程

- 创造、认识并解决问题
- 近距离地细致观察
- 提问并回答问题
- 通过感官来了解游戏材料的性质和性能
- 使用精细动作技能来了解、控制并使用游戏材料
- 使用各种工具来协助调查
- 能够注意并对原因和结果进行交流
- 使用描述性语言表达出自己所经历的事情、感受和想法，并准确地组织、说服与表达出来
- 借助不同的媒介来表达想法
- 使用特定的术语来描绘并分析经验（例如数学、科学和技术层面的经验）
- 感知并描述关系
- 感知并描述类别
- 在现有的和新的知识之间建立联系
- 能够做出预测，并对想法／假设进行检验
- 描述活动并传递信息
- 与他人合作并达成共识
- 向同伴或成人寻求帮助

四、富有创造力和想象力的技能、过程

- 理解假装游戏中的"如果……会发生什么"和"好像……"的本质内涵
- 能够完成、表达并发展假装游戏
- 分清想象和现实
- 将想象和现实结合起来
- 提出想法，并将想法与想象通过不同语言和媒介表现出来（画画、涂色、制作模型、书写、拼贴画、印刷、建筑和布局）

- 将材料和资源结合起来
- 转变游戏材料和资源（用一个事物来代表另一个事物）
- 享受感官体验
- 敢冒风险，提炼想法，把想法变成实物 / 作品
- 口头表达或是借助其他媒介来表述抽象的想法
- 充满感情地回应经历，并通过口头表达或不同媒介来表达情感

参考文献

Alcock, S. (2010) 'Young children's playfully complex communication: distributed imagination', *European Early Childhood Education Research Journal*, 18 (2) : 215–228.

Anning, A. and Ring, K. (2004) *Making Sense of Children's Drawings*, London: Sage.

Attfield, J. (1992) 'The possibilities and value of assessing children's learning through play at Key Stage 1', unpublished MEd thesis, University of Exeter.

Bennett, N., Wood, E. and Rogers, S. (1997) *Teaching Through Play: Teachers' Thinking and Classroom Practice*, Buckingham: Open University Press.

Bilton, H. (2010) *Outdoor Learning in the Early Years: Management and Innovation* (3rd edn) , London: Routledge.

Blaise, M. (2005) 'A feminist poststructuralist study of children "doing" gender in an urban kindergarten classroom', *Early Childhood Research Quarterly*, 20: 85–108. doi: 10.1016/j.ecresq.2005.01.002.

Blaise, M. (2010) 'Creating a postdevelopmental logic for mapping gender and sexuality in early childhood', in L. Brooker and S. Edwards (eds) , *Engaging Play*, Maidenhead: Open University Press, pp. 209–219.

Bodrova, E. (2008) 'Make-believe play versus academic skills: a Vygotskian approach to today's dilemma of early childhood education', *European Early Childhood Education Research Journal*, 16 (3) : 357–369.

Booth, D. (1994) *Story Drama: Reading, Writing and Roleplaying Across the Curriculum*, London: Pembroke Publishers.

Boyce, E.R. (1946) *Play in the Infants' School* (2nd edn) , London: Methuen.

Brady, L.-M., Gibb, J., Henshall, A. and Lewis, J. (2008) *Play and Exercise in the Early Years: Physically Active Play in Early Childhood Provision*, London: Department for Culture, Media and Sport.

Bredekamp, S. and Copple, S. (eds) (1997) *Developmentally Appropriate Practice in Early Childhood Programs Serving Children from Birth Through 8* (revised edn) , Washington, DC: National Association for the Education of Young Children.

Broadhead, P. (2004) *Early Years Play and Learning: Developing Social Skills and Co-operation,* London: RoutledgeFalmer.

Broadhead, P. (2006) 'Developing an understanding of young children's learning through play: the place of observation, interaction and reflection', *British Educational Research Journal*, 32 (2) : 191–207. doi: 10.1080/01411920600568976.

Broadhead, P. (2010) 'Cooperative play and learning from Nursery to Year One', in P. Broadhead, J. Howard and E. Wood (eds) , *Play and Learning in the Early Years: From Research to Practice*, London: Sage, pp. 43–59.

Broadhead, P. and Burt, A. (2012) *Understanding Young Children's Learning Through Play: Building Playful Pedagogies*, Abingdon: Routledge.

Broadhead, P., Howard, J. and Wood, E. (2010) (eds) *Play and Learning in the Early Years: From Research to Practice*, London: Sage.

Brooker, L. (2006) 'From home to home corner: observing children's identity maintenance in early childhood settings', *Children and Society*, 20: 116–127.

Brooker, L. (2008) *Supporting Transitions in the Early Years*, Maidenhead: Open University Press.

Brooker, L. (2010) 'Learning to play, or playing to learn? Children's participation in the cultures of homes and settings', in L. Brooker and S. Edwards (eds), *Engaging Play*, Maidenhead: Open University Press, pp. 39–53.

Brooker, L. (2011) 'Taking children seriously: an alternative agenda for research?', *Journal of Early Childhood Research*, 9 (2) : 137–149.

Brooker, L. and Edwards, S. (eds) (2010) *Engaging Play*, Maidenhead: Open University Press.

Brown, F. (ed.) (2003), *Playwork Theory and Practice*, Buckingham: Open University Press.

Bruner, J. (1991) 'The nature and uses of immaturity', in M. Woodhead, R. Carr and P. Light (eds), *Becoming a Person*, London: Routledge/Open University Press.

Bruner, J.S., Jolly, A. and Sylva, K. (eds) (1976), *Play: Its Role in Development and Evolution*, London: Penguin.

Carr, M. (2000) 'Technological affordance, social practice and learning narratives in an early childhood setting', *International Journal of Technology and Design*, 10: 61–79.

Carr, M. (2001) *Assessment in Early Childhood Settings: Learning Stories*, London: Paul Chapman.

Carr, M. and Lee, W. (2012) *Learning Stories: Constructing Learner Identities in Early Education*, London: Sage.

Carr, M., Smith, A.B., Duncan, J., Jones, C., Lee, W. and Marshall, K. (2009) *Learning in the Making: Disposition and Design in Early Education*, Rotterdam: Sense Publishers.

Carruthers, E. and Worthington, M. (2011) *Understanding Children's Mathematics: Beginnings in Play*, Maidenhead: Open University Press.

Casey, T. (2007) *Environments for Outdoor Play: A Practical Guide to Making Space for Children*, London: Sage.

Chazan, S. (2002) *Profiles of Play*, London: Jessica Kingsley.

Chen, J.-Q., Masur, A. and McNamee, G. (2011) 'Young children's approaches to learning: a socio-cultural perspective', *Early Child Development and Care*, 181 (8) : 1137–1152. doi: 10.1080/03004430.

Christman, D. (2010) 'Creating social justice in early childhood education: a case study in equity and context', *Journal of Research on Leadership Education*, 5（3）：107–137.

Cohen, D.（1993）*The Development of Play*（2nd edn）, London: Croom Helm.

Cohen, D. and MacKeith, S.A.（1991）*The Development of Imagination: The Private Worlds of Childhood*, London: Routledge.

Cohen, L.（2009）'The heteroglossic world of preschoolers' pretend play', *Contemporary Issues in Early Childhood*, 10（4）, 331–342. doi.org/10.2304/ciec.2009.10.4.331.

Cook, J.S.（2003）'Progression and continuity in role play in the Foundation Stage', unpublished MEd thesis, University of Exeter.

Corsaro, W.A.（2004）*The Sociology of Childhood*, Thousand Oaks, CA: Pine Forge Press.

Cowie, B. and Carr, M.（2004）'The consequences of socio-cultural assessment', in A. Anning, J. Cullen and M. Fleer（eds）, *Early Childhood Education: Society and Culture*, London: Sage, pp. 95–106.

Cudmore, D.（1996）*Developing Dramatic Play in the Portage Programme*, unpublished MEd thesis, University of Exeter.

Davey, C. and Lundy, L.（2011）'Towards greater recognition of the right to play: an analysis of Article 31 of the UNCRC', *Children and Society*, 25: 3–14. doi: 10.1111/j.1099-0860.2009.00256.x.

DCELLS（Department for Children, Education, Lifelong Learning and Skills）（2008a）*Framework for Children's Learning for 3–7 Year Olds in Wales*, Crown Copyright, www.wales.gov.uk（accessed 7 November 2011）.

DCELLS（Department for Children, Education, Lifelong Learning and Skills）（2008b）*Play/Active Learning Overview for 3–7 Year Olds*, Crown Copyright, www.wales.gov.uk（accessed 7 November 2011）.

DeVries, R.（1997）'Piaget's social theory', *Educational Researcher*, 26（2）: 4–17.

DfE（Department for Education）（2011）*The Early Years: Foundations for*

Life, Health and Learning. An Independent Report on the Early Years Foundation Stage to Her Majesty's Government, www.dfe.gov.uk (accessed 15 April 2011).

DfE (Department for Education) (2012a) *The Statutory Framework for the Early Years Foundation Stage. Setting the Standards for Learning, Development and Care for Children from Birth to Five,* www.education.gov.uk/ publications/ standard/AllPublications/Page1/DFE-00023-2012 (accessed 15 April 2012).

DfE (Department for Education) (2012b) *Foundations for Quality. The Independent Review of Early Education and Childcare Qualifications. Final Report (The Nutbrown Review)* , www.education.gov.uk/nutbrownreview (accessed 15 July 2012).

DfEE (Department for Education and Employment) (2001) *Code of Practice for the Identification and Assessment of Special Educational Needs* (revised) , London: DfEE.

Dockett, S. and Meckley, A. (2007) 'What young children say about play at school: United States and Australia comparisons', in D.J. Sluss and O.S. Jarrett (eds) , *Investigating Play in the 21st Century. Play and Culture Studies, Volume 7,* Lanham, MD: University Press of America, pp. 88–113.

Dowling, M. (2010) *Young Children's Personal, Social and Emotional Development* (3rd edn) , London: Sage.

Dowling, M. (2012) *Young Children's Thinking,* London: Sage.

Dunn, J. (2004) *Children's Friendships: The Beginnings of Intimacy,* Oxford: Blackwell Publishing.

du Pré, H. and du Pré, P. (1997) *A Genius in the Family: An Intimate Memoir of Jacqueline du Pré,* London: Vintage.

Durand, T.M. (2010) 'Celebrating diversity in early care and education settings: moving beyond the margins', *Early Child Development and Care,* 180 (7) : 835–848. doi: 10.1080/03004430802466226.

Edmiston, B. (2008) *Forming Ethical Identities in Play,* Abingdon: Routledge.

Edwards, S. (2007) 'From developmental-constructivism to socio-cultural theory and practice: an expansive analysis of teachers' professional learning in early childhood education', *Journal of Early Childhood Research*, 5（1）: 83–106.

Edwards, S. (2010) 'Numberjacks are on their way! A cultural historical reflection on contemporary society and the early childhood curriculum', *Pedagogy, Culture & Society*, 18（3）: 261–272. doi: 10.1080/14681366.2010.504649.

Edwards, S. (2011) 'Lessons from "a really useful engine" ™ using Thomas the Tank Engine ™ to examine the relationship between play as a leading activity, imagination and reality in children's contemporary play worlds', *Cambridge Journal of Education*, 41（2）: 195–210.

Edwards, S. and Nuttall, J. (2009) *Professional Learning in Early Childhood Settings*, Rotterdam: Sense Publishers.

Engdahl, I. (2011) 'Toddler interaction during play in the Swedish preschool', *Early Child Development and Care*, 181（10）: 1421–439.

Factor, J. (2009) '"It's only play if you get to choose": children's perceptions of play and adult intentions', in C. Dell Clarke (ed.), *Transactions at Play. Play and Culture Studies, Volume 9*, Lanham, MD: University Press of America, pp. 129–146.

File, N., Mueller, J. and Wisneski, D. (eds) (2012) *Curriculum in Early Childhood Education: Reexamined, Rediscovered, Renewed*, New York: Routledge.

Fisher, J. (2013) *Starting from the Child?* (4th edn), Maidenhead: Open University Press.

Fisher, J. and Wood, E. (2012) 'Changing educational practice in the early years through practitioner-led action research: an adult–child interaction project', *International Journal of Early Years Education*, 20(2), 114–129. doi: 10.1080/09669760.2012.715400.

Fleer, M. (2010) *Early Learning and Development: Cultural-historical Concepts in Play*, Cambridge: Cambridge University Press.

Fromberg, D. (1987) 'Play', in P. Monighan-Nourot, B. Scales, J. VanHoorn and M. Almy（eds）, *Looking at Children's Play*, New York: Teachers College Press.

Fromberg, D.P. and Bergen, D.（2006）*Play from Birth to Twelve: Contexts, Perspectives, and Meanings*（2nd edn）, New York: Routledge.

Frost, J.L., Wortham, S.C. and Reifel, R.S.（2005）*Play and Child Development,* Upper Saddle River, NJ: Prentice-Hall.

Garvey, C.（1991）*Play*（2nd edn）, London: Fontana.

Genishi, C. and Goodwin, A. Lin（2008）*Diversities in Early Childhood Education: Rethinking and Doing*, New York: Routledge.

González, N., Moll, L.C., and Amanti, C.（eds）（2005）*Funds of Knowledge: Theorizing Practices in Households, Communities, and Classrooms*, Mahwah, NJ: Lawrence Erlbaum.

Goodley, D. and Runswick-Cole, K.（2012）'Reading Rosie: the postmodern disabled child', *Journal of Educational and Child Psychology,* 29（2）: 53–66.

Gopnik, A., Meltzoff, A.N. and Kuhl, P.K.（1999）*The Scientist in the Crib: Minds, Brains, and How Children Learn*, New York: William Morrow and Company.

Grieshaber, S. and McArdle, F.（2010）*The Trouble with Play*, Maidenhead: Open University Press.

Guttiérez, K.D. and Rogoff, B.（2003）'Cultural ways of learning: individual traits or repertoires of practice', *Educational Researcher,* 32（5）: 19–25.

Hall, E.（2010）'Identity in young children's drawings: power, agency, control, and transformation', in P. Broadhead, J. Howard and E. Wood（eds）, *Play and Learning in the Early Years: From Research to Practice*, London: Sage, pp. 95–112.

Hedges, H.（2010）'Whose goals and interests?', in L. Brooker and S. Edwards（eds）, *Engaging Play*, Maidenhead: McGrawHill/Open University Press, pp. 25–38.

Hedges, H.（2011a）'Rethinking SpongeBob and Ninja Turtles: popular culture as funds of knowledge for curriculum co-construction', *Australasian*

Journal of Early Childhood, 36（1），25–29.

Hedges, H.（2011b）'Connecting "snippets of knowledge": teachers' understandings of the concept of working theories', *Early Years: An International Journal of Research and Practice*, 31（3），271–284.

Hedges, H. and Cullen, J.（2011）'Participatory learning theories: a framework for early childhood pedagogy', *Early Child Development and Care*, 82（7）: 921–940. doi: 10.1080/03004430.2011.597504.

Hedges, H., Cullen, J. and Jordan, B.（2011）'Early years curriculum: funds of knowledge as a conceptual framework for children's interests', *Journal of Curriculum Studies*, 43（2）: 185–205. doi: 10.1080/00220272.2010.511275.

Henricks, T.S.（2006）*Play Reconsidered: Sociological Perspectives on Human Expression,* Urbana, IL: University of Illinois Press.

Henricks, T.S.（2009）'Play and the rhetorics of time: progress, regression, and the meanings of the present', in D. Kuschner（ed.）, From Children to Red Hatters®: *Diverse Images and Issues of Play. Play and Culture Studies*, Volume 8, Lanham, MD: University Press of America, pp. 14–38.

Henricks, T.S.（2010）'Play as ascending meaning revisited: four types of assertive play', in E.E. Nwokah（ed.）, *Play as Engagement and Communication. Play and Culture Studies, Volume 10*, Lanham, MD: University Press of America, pp. 189–216.

Henricks, T.S.（2011）'Play as deconstruction', in C. Lobman and B.E. O'Neill（eds）, *Play and Performance: Play and Culture Studies, Volume 11*, Lanham, MD: University Press of America, pp. 201–236.

Holland, P.（2003）*We Don't Play with Guns Here: War, Weapon and Superhero Play in the Early Years,* Maidenhead: Open University Press.

Holzman, L.（2009）*Vygotsky at Work and Play*, East Sussex: Routledge.

Howard, J.（2010）'Making the most of play in the early years: the importance of children's perceptions', in P. Broadhead, J. Howard and E. Wood（2010）（eds）, *Play and Learning in the Early Years: From Research to Practice*, London: Sage.

Hughes, F.P. (2010) *Children, Play, and Development* (4th edn) , Thousand Oaks, CA: Sage.

Hutt, S.J., Tyler, C., Hutt, C. and Christopherson, H. (1989) *Play, Exploration and Learning*, London: Routledge.

Hyder, T. (2005) *War, Conflict and Play*, Maidenhead: Open University Press.

Jarvis, P. (2007) 'Monsters, magic and Mr Psycho: a biocultural approach to rough and tumble play in the early years of primary school', *Early Years*, 27(2): 171–188.

Jarvis, P. (2010) ' "Born to play" : the biocultural roots of rough and tumble play, and its impact upon young children's learning and development', in P. Broadhead, J. Howard and E. Wood (2010) (eds) , *Play and Learning in the Early Years: From Research to Practice*, London: Sage, pp. 61–77.

Johansson, E. and Emilson, A. (2010) 'Toddlers' life in Swedish preschool', *International Journal of Early Childhood*, 42(2): 165–179.

Johnson, J.E., Christie, J.F. and Wardle, F. (2005) *Play, Development, and Early Education,* New York: Pearson/Allyn and Bacon.

Jones, E. and Reynolds, G. (1992) *The Play's the Thing: Teachers' Roles in Children's Play*, New York: Teachers College Press.

Kangas, S., Määttä, K. and Uusiautti, S. (2012) 'Ethnographic research on autistic children's play', *International Journal of Play*, 1(1): 37–50.

Kapasi, H. and Gleave, J. (2009) *Because It's Freedom: Children's Views on their Time to Play*, Play England/Inspire, www.playday.org.uk.

Kelly-Byrne, D. (1989) *A Child's Play Life: An Ethnographic Study*, New York: Teachers College Press.

Knight, S. (ed.) (2011a) *Forest School for All*, London: Sage.

Knight, S. (2011b) *Risk and Adventure in Outdoor Play: Learning from Forest Schools*, London: Sage.

König, A. (2009) 'Observed classroom interaction processes between pre-school teachers and children: results of a video study during free-play time in

German pre-schools', *Educational and Child Psychology*, 26 (2): 53–65.

Kuschner, D. (ed.) (2009) *From Children to Red Hatters®: Diverse Images and Issues of Play. Play and Culture Studies, Volume 8*, Lanham, MD: University Press of America.

Levinson, M.P. (2005) 'The role of play in the formation and maintenance of cultural identity: gypsy children in home and school contexts', *Journal of Contemporary Ethnography*, 34 (5) : 499–532. doi: 10.1177/0891241605279018.

Lifter, K., Mason, E.J. and Barton, E.E. (2011) 'Children's play: where we have been and where we could go', *Journal of Early Intervention*, 33 (4) : 281–297.

Lillemyr, O.F. (2009) *Taking Play Seriously: Children and Play in Early Childhood Education – An Exciting Challenge*, Charlotte NC: Information Age Publishing.

Little, H. (2010) 'Relationship between parents' beliefs and their responses to risk-taking behaviour during outdoor play', *Journal of Early Childhood Research*, 8 (3) : 313–330.

Little, H. and Wyver, S. (2010) 'Individual differences in children's risk perceptions and appraisals in outdoor learning environments', *International Journal of Early Years Education*, 18 (4) : 297–313.

Löfdahl, A. (2006) 'Children's play and peer-cultures in preschool', *Journal of Early Childhood Research*, 4 (10) : 77–88.

Lowenstein, A.E. (2011) 'Early care and education as educational panacea: what do we really know about its effectiveness?', *Educational Policy*, 25 (92) : 93–114. doi: 10.1177/0895904810387790.

Macintyre, C. (2001) *Enhancing Learning Through Play: A Developmental Perspective in Early Years Settings*, London: David Fulton.

MacLure, M., Jones, L., Holmes, R. and MacRae, C. (2012) 'Becoming a problem: behaviour and reputation in the early years classroom', *British Educational Research Journal*, 38 (3) : 447–471. doi: 10.1080/01411926.2011.552709.

MacNaughton, G. (2009) 'Exploring critical constructivist perspectives on children's learning', in A. Anning, J. Cullen and M. Fleer (eds) , *Early Childhood Education: Society and Culture* (2nd edn) , London: Sage, pp. 53–63.

Malaguzzi, L. (1993) 'For an education based on relationships', *Young Children*, November, 9–13.

Markström, A. (2010) 'Talking about children's resistance to the institutional order and teachers in preschool', *Journal of Early Childhood Research*, 8 (3) : 303–314.

Marsh, J. (2004) 'The techno-literacy practices of young children', *Journal of Early Childhood Research*, 2 (1) : 51–66.

Marsh, J. (ed.) (2005) *Popular Culture, New Media and Digital Literacy in Early Childhood*, London: RoutledgeFalmer.

Marsh, J. (2010) 'Young children's play in online virtual worlds', *Journal of Early Childhood Research*, 8 (1) : 23–29. doi: 10.1177/1476718X09345406.

Marsh, J. (2012) 'Purposes for literacy in children's use of the online virtual world Club Penguin', *Journal of Research in Reading*. doi: 10.1111/j.1467-9817.2012.01530.x.

Marsh, J. and Millard, E. (2000) *Literacy and Popular Culture: Using Children's Culture in the Classroom*, London: Paul Chapman.

Martlew, J., Stephen, C. and Ellis, J. (2011) 'Play in the primary school classroom? The experience of teachers supporting children's learning through a new pedagogy', *Early Years: an International Journal of Research and Development*, 31 (1) : 71–83. doi: 10.1080/09575146.2010.529425.

Meade, A. and Cubey, P. (2008) *Thinking Children, Learning About Schemas*, Maidenhead: Open University Press.

Meadows, S. (2006) *The Child As Thinker*, London: Routledge.

Meadows, S. (2010) *The Child as Social Person*, London: Routledge.

Meckley, A. (1994) 'Disappearing pegs in the road: discovering meaning in young children's social play', paper presented to the American Educational Research Association Conference, 6 April.

Meckley, A. (2002) 'Observing children's play: mindful methods', paper presented to the International Toy Research Association, London, 12 August.

Moll, L., Amanti, C., Neff, D. and González, N. (1992) 'Funds of knowledge for teaching: using a qualitative approach to connect homes and classrooms', Theory into Practice, 31 (2) : 132–141. doi: 10.1080/00405849209543534.

Moore, D. (2010) 'Only children can make secret places: children's secret business of place', unpublished MEd thesis, Monash University, Victoria, Australia.

Naerland, T. and Martinsen, H. (2011) 'Child–child interactions and positive social focus among preschool children', *Early Child Development and Care*, 181 (3) : 361–370. doi: 10.1080/03004430903387701.

New Zealand Ministry of Education (1996) *Te Whāriki. He whāriki matauranga mā ngā mokopuna o Aotearoa: Early Childhood Curriculum*, Wellington: Learning Media Ltd. Available from www.educate.ece.govt.nz/learning/curriculumAndLearning/TeWhariki.aspx.

New Zealand Ministry of Education (2007) *New Zealand Curriculum Framework for Primary Education*, Wellington: Learning Media Ltd.

Newton, E. and Jenvey, V. (2011) 'Play and theory of mind: associations with social competence in young children', *Early Child Development and Care*, 181 (6) : 761–773. doi: 10.1080/03004430.2010.486898.

Norwich, B. and Kelly, N. (2004) 'Pupils' views on inclusion: moderate learning difficulties and bullying in mainstream and special schools', *British Educational Research Journal*, 30 (1) : 43–65.

Nutbrown, C. (2011) *Threads of Thinking: Young Children Learning and the Role of Early Education* (4th edn) , London: Sage.

Nutbrown, C. and Clough, P. (2013) *Inclusion in the Early Years*, London: Sage.

Nuttall, J. (ed.) (2013) *Weaving Te Whāriki, Ten Years On* (2nd edn) , Rotterdam: Sense Publishers.

O'Brien, L.M. (2010) 'Let the wild rumpus begin! The radical possibilities of play for young children with disabilities', in L. Brooker and S. Edwards (eds) ,

Engaging Play, Maidenhead: Open University Press, pp. 182–194.

Palaiologou, I. (2012) *Child Observation for the Early Years*, London: Sage.

Parker, C. (2001) '"She's back!" The impact of my visit to Reggio Emilia on a group of 3- and 4-year-olds', in L. Abbott and C. Nutbrown (eds), *Experiencing Reggio Emilia: Implications for Preschool Provision*, Buckingham: Open University Press, pp. 80–92.

Parnell, W. (2011) 'Revealing the experience of children and teachers even in their absence: documenting in the early childhood studio', *Journal of Early Childhood Research*, 9 (3) : 291–307.

Pearce, G. and Bailey, R.P. (2011) 'Football pitches and Barbie dolls: young children's perceptions of their school playground', *Early Child Development and Care*, 181 (10) : 1361–1379.

Pellegrini, A.D. (1991) *Applied Child Study: A Developmental Approach*, Hillsdale, NJ: Lawrence Erlbaum.

Pellegrini, A.D. and Blatchford, P. (2000) *The Child at School: Interactions with Peers and Teachers*, London: Arnold.

Piaget, J. (1962) *Play, Dreams and Imitation in Childhood*, New York: Norton.

Pramling Samuelsson, I. and Fleer, M. (2009) *Play and Learning in Early Childhood Settings: International Perspectives*, New York: Springer.

Rinaldi, C. (2006) *In Dialogue with Reggio Emilia: Listening, Researching and Learning*, New York: Routledge.

Roberts-Holmes, G. (2012) '"It's the bread and butter of our practice" : experiencing the Early Years Foundation Stage', *International Journal of Early Years Education*, 20 (1) : 31–42.

Rogers, S. and Evans, J. (2008) *Inside Role-play in Early Childhood Education: Researching Young Children's Perspectives*, Abingdon: Routledge.

Rogoff, B. (2003) *The Cultural Nature of Human Development*, Oxford: Oxford University Press.

Rutanen, M. (2007) 'Two-year-old children as co-constructors of culture',

European Early Childhood Education Research Journal, 15（1）: 59–69.

Ryan, S.（2005）'Freedom to choose: examining children's experiences in choice time', in N. Yelland（ed.）, *Critical Issues in Early Childhood*, Maidenhead: Open University Press, pp. 99–114.

Sandberg, A. and Ärlemalm-Hagsér, E.（2011）'The Swedish National Curriculum: play and learning with fundamental values in focus', *Australasian Journal of Early Childhood*, 36（1）: 44–50.

Saracho, O.（1991）'The role of play in the early childhood curriculum', in B. Spodek and O. Saracho（eds）, *Issues in Early Childhood Curriculum*, New York: Teachers College Press.

Saracho, O.（2010）'Children's play in the visual arts and literature', *Early Child Development and Care,* 180（7）: 947–956. doi: 10.1080/03004430802556356.

Saracho, O.（2012）*An Integrated Play-based Curriculum for Young Children*, New York: Routledge.

Sawyer, R.K.（2003）'Levels of analysis in pretend play discourse: metacommunication in conversational routines', in D.E. Lytle（ed.）, *Play and Educational Theory and Practice. Play and Culture Studies, Volume 5*, Westport, CT: Praeger, pp. 137–157.

Sayeed, Z. and Guerin, E.（2000）*Early Years Play: A Happy Medium for Assessment and Intervention*, London: David Fulton.

Sendak, M.（1963）*Where the Wild Things Are*, London: Red Fox Books.

Sherwood, A.S. and Reifel, S.（2010）'The multiple meanings of play: exploring preservice teachers' beliefs about a central element of early childhood education', *Journal of Early Childhood Teacher Education*, 31（4）: 322–343.

Singh, A. and Gupta, D.（2012）'Contexts of childhood and play: exploring parental perceptions', *Childhood*, 19（2）: 235–250.

Siraj-Blatchford, I.（2009）'Conceptualising progression in the pedagogy of play and sustained shared thinking in early childhood education: a Vygotskian perspective', *Educational and Child Psychology*, 26（20）: 77–89.

Siraj-Blatchford, I. and Sylva, K. (2004) 'Researching pedagogy in English pre-schools', *British Educational Research Journal*, 30 (5) : 713–730.

Siraj-Blatchford, I., Sylva, K., Muttock, S., Gilden, R. and Bell, D. (2002) *Researching Effective Pedagogy in the Early Years*, Research Report No. 356, DfES, London: HMSO.

Skånfors, L., Löfdahl, A. and Hägglund, S. (2009) 'Hidden spaces and places in the preschool: withdrawal strategies in preschool children's peer cultures', *Journal of Early Childhood Research*, 7 (1) : 94–109. doi: 10.1177/1476718X08098356.

Smidt, S. (2006) *The Developing Child in the 21st Century: A Global Perspective on Child Development*, Abingdon: Routledge.

Smilansky, S. (1990) 'Sociodramatic play: its relevance to behaviour and achievement in school', in E. Klugman and S. Smilansky (eds) , *Children's Play and Learning: Perspectives and Policy Implications*, New York: Teachers College Press.

Smith, P.K. (2010) *Children and Play*, Oxford: Wiley-Blackwell.

Stephen, C. (2010) 'Pedagogy: the silent partner in early years learning', *Early Years: An International Journal of Research and Development*, 30 (1) : 15–28. doi: 10.1080/09575140903402881.

Sutton-Smith, B. (1997) *The Ambiguity of Play*, Cambridge, MA: Harvard University Press.

Sutton-Smith, B. (2001) *The Ambiguity of Play* (2nd edn) , Cambridge, MA: Harvard University Press.

Sylva, K., Melhuish, E., Sammons, P., Siraj-Blatchford, I. and Taggart, B. (2010) *Early Childhood Matters: Evidence from the Effective Pre-school and Primary Education Project*, London: Routledge.

Thornton, L. and Brunton, P. (2007) *Bringing the Reggio Approach to Your Early Years Practice*, Abingdon: Routledge.

Tovey, H. (2008) *Playing Outdoors: Spaces and Places, Risk and Challenge*, Maidenhead: Open University Press.

Tovey, H. (2010) 'Playing on the edge: perceptions of risk and danger in outdoor play', in P. Broadhead, J. Howard and E. Wood (2010) (eds) , *Play and Learning in the Early Years: From Research to Practice*, London: Sage, pp. 79–94.

Vallberg Roth, A. and Månsson, A. (2011) 'Individual development plans from a critical didactic perspective: focusing on Montessori- and Reggio Emilia-profiled pre schools in Sweden', *Journal of Early Childhood Research*, 9 (3) : 247–261.

Vygotsky, L.S. (1978) *Mind in Society* (translated and edited by M. Cole, V. John-Steiner, S. Scribner and E. Souberman) , Cambridge, MA: Harvard University Press.

Walsh, G., Sproule, L., McGuinness, C. and Trew, K. (2011) 'Playful structure: a novel image of early years pedagogy for primary school classrooms', *Early Years: An International Journal of Research and Development*, 31 (2) : 107–119.

White, E.J. (2009) 'A Bakhtinian homecoming: operationalizing dialogism in the context of an early childhood education centre in Wellington, New Zealand', *Journal of Early Childhood Research*, 7 (3) : 299–323. doi: 10.1177/1476718X09336972.

Whitebread, D. (2010) 'Play, metacognition and self-regulation', in P. Broadhead, J. Howard and E. Wood (eds) , *Play and Learning in the Early Years: From Research to Practice,* London: Sage, pp. 161–176.

Wilson, R. (2012) *Nature and Young Children: Encouraging Creative Play and Learning in Natural Environments* (2nd edn) , Abingdon: Routledge.

Wisneski, D. and Reifel, S. (2012) 'The place of play in early childhood curriculum', in N. File, J. Mueller and D. Basler Wisneski (eds) , *Curriculum in Early Childhood Education: Re-examined, Rediscovered, Renewed,* New York: Routledge, pp. 175–187.

Wohlwend, K.E. (2009) 'Early adopters: playing new literacies in pretending new technologies in print-centric classrooms', *Journal of Early Childhood Literacy*, 9 (2) : 117–140. doi: 10.1177/1468798409105583.

Wohlwend, K.E. (2011) *Playing Their Way into Literacies: Reading, Writing, and Belonging in the Early Childhood Classroom,* Language & Literacy Series, New York: Teachers College Press.

Wolfe, S. and Flewitt, R. (2010) 'New technologies, new multimodal literacy practices and young children's metacognitive development', *Cambridge Journal of Education,* 40 (4) : 387–399. doi: 10.1080/0305764X.2010.526589.

Wood, E. (2010a) 'Reconceptualising the play–pedagogy relationship: from control to complexity', in L. Brooker and S. Edwards (eds) , *Engaging Play,* Maidenhead: Open University Press, pp. 11–24.

Wood, E. (2010b) 'Developing integrated approaches to play and learning', in P. Broadhead, J. Howard and E. Wood (eds), *Play and Learning in the Early Years: From Research to Practice,* London: Sage, pp. 9–26.

Wood, E. (2010c) 'Listening to young children: multiple voices, meanings and understandings', in A. Paige-Smith and A. Craft (eds), *Developing Reflective Practice in the Early Years* (2nd edn), Maidenhead: Open University Press.

Wood, E. (2013) 'Free play and free choice in early childhood education: troubling the discourse', *International Journal of Early Years Education,* in press.

Wood, E. and Cook, J. (2009) 'Gendered discourses and practices in role play activities: a case study of young children in the English Foundation Stage', *Educational and Child Psychology,* 26 (2) : 19–30.

Wood, E. and Hall, E. (2011) 'Drawings as spaces for intellectual play', *International Journal of Early Years Education,* 267–281. doi: 10.1080/09669760.2011.642253.

Worthington, M. (2010) 'Play as a complex landscape', in P. Broadhead, J. Howard and E. Wood (eds) , *Play and Learning in the Early Years: From Research to Practice,* London: Sage, pp. 127–144.

Worthington, M. and Carruthers, E. (2003) *Children's Mathematics: Making Marks, Making Meaning,* London: Paul Chapman.

Yelland, N. (ed.) (2010) *Contemporary Perspectives on Early Childhood Education,* Maidenhead: Open University Press.

术语索引 _____

abstract thinking,036,122,130 抽象思维

accommodation,031 顺应

active learners,031,060,061,081 主动学习者

adult-child ratios,084 师幼比

adult play,023-025 成人的游戏

adults' roles in children's play, 122-125 成人在儿童游戏中的角色；参见第 125-147 页

affective skills and processes,099-101 情感技能和过程

affordance concept,104-106 "可供性" 概念

   in outdoor spaces,151-152,159 户外环境

agency of children,014-015,037 儿童的主体性

assessment of children's learning in play,167-187 对儿童游戏中的学习的评价

   documentation of,175-176 档案袋评价

   for dramatic and socio-dramatic play,180 针对表演游戏和社会性—戏剧游戏的评价

   forms of,169-170 评价的形式

   principles and purposes of,168-169 评价的原则和目的

   process of,170-172 评价的过程

   techniques and strategies for,174-178 评价的技巧和策略

assimilation,031 同化

attitudes to childhood,001-004 对童年的态度

auditing of early childhood provision,186-187 审查早期教育服务

autistic spectrum disorder （ASD),052,097-098 自闭症

autonomy for children,002,005-006 儿童的自主性

behaviour management,063,067 行为管理

child-centredness,002-003,072,078 儿童中心

childhood,different views of,001-003 关于童年的不同观点

'child's play',017 孩子的游戏

clapping games,162 拍手游戏

co-construction of learning,078-080,096,101-102,127,137 学习的共同建构

cognitive skills and processes,099-100 认知技能和过程

cognitive structures,030-031 认知结构

communication,repertoires of,131-132 沟通的技能

computer play,022,118,125 电脑游戏

constructive play,013,030,039,042-044,140 建构游戏

constructivist theories of learning,030 建构主义学习理论

co-players,adults acting as,138-139,142 成人作为游戏的合作者

creativity of children,032-033,041 儿童的创造性

credit-based assessment,174 基于儿童强项的评价

cultural differences,052,153-154,157,172 文化差异

curriculum,definition of,090-091 课程，对课程的定义

curriculum coordinator role,201 课程协调员的角色

curriculum-led play,061-062 以课程为主导的游戏

curriculum models,073-085,186 课程模式

dancing,163-164 舞蹈

'dark side' of play,010,044-045 游戏的"阴暗面"

'designer versions' of the curriculum,073-075,085-086 课程的设计者版本

developmental stages in childhood,030-031 童年期的不同发展阶段

developmentally appropriate practice （DAP),074,080-081 发展适宜性实践

diagnostic assessment,169 诊断性评价

direct instruction,140 直接教学模式

diversity,social and cultural,137;*see also* cultural differences 社会和文化的多样性，参见"文化差异"

documentation of children's learning,176-178 儿童学习档案袋

dramatic and socio-dramatic play,033,034-042,048,052,108,118,123 表演游戏和社会性—戏剧游戏

assessment of,180 对表演游戏和社会性—戏剧游戏的评价

dressing-up clothes,164 装扮服装

early learning goals,066 早期学习目标

Early Years Foundation Stage（EYFS）,059-063,069,071,076,080,091,124,126,170《早期基础阶段教育纲要》(EYFS)

Profile,186-187（EYFS）框架

educational play,002,004,011,017-021,029,053,057-063,068-073 教育性游戏

Effective Provision of Preschool Education（EPPE）study,063-069,124 有效学前教育项目（EPPE）研究

effectiveness,educational,063-064,067,071-073,089 教育的有效性

Elm Primary School,161-162 榆树小学

emergence,concept of,094 生成性概念

empathy,development of,036 同理心的发展

English national policy on curriculum content and play,059-060 英国国家政策文本中有关课程和游戏的内容

epistemic play,032-033 认知游戏

equilibration,031 平衡

ethical practice,130,172,177,185-187 伦理实践

ethnographic studies,015,039,046,096-098,132 民族志研究

evaluative assessment,170 评估性评价

executive play,022 执行游戏

family involvement in learning,076 家庭参与到儿童的学习中

fighting as part of play,044-045,137-138 打斗作为游戏中的一部分

Forest Schools,150,164-165 森林学校

formative assessment,169 形成性评价

free play,018-019,048,059,092-093,123,131 自由游戏

'funds of knowledge' concept,090-091,097,103,171,201-203 "知识储备"
　　的概念

games,playing of,118,159-160,163 规则游戏

gender distinctions and discrimination,045-046,048-049,136,153-154,160-162
　　性别差异和性别歧视

'golden time',063,171 黄金时间

government policy frameworks for early childhood education,057-058,
　　071-073,084-085,168,186,206 早期教育的政策框架

High/Scope curriculum,080-085 高瞻课程

'hundred languages' principle,078 "一百种语言" 的原则

ideological tradition underpinning early childhood education,001-005,017-018
　　早期教育的意识形态传统

individual play plans(IPPs),173,184-185 个人游戏计划

infants' play,032 婴儿游戏

informative assessment,170 信息性评价

Integrated Curriculum and Pedagogical Approaches model,089,092-097,
　　151,167,185,189 整合课程与教学法的实践模式

interventionist teaching,031 干预式教学

ipsative assessment,169 自比评价

Juxtaposition Model,121,126-127,151 并置模式

Key Stage IV,021,068,092 第一个关键阶段

Key Stage IV,021,068,164 第二个关键阶段

Knowledge,construction of,030-031 知识的建构

Knowledge bases for teaching and learning,190 教与学的理论基础

learning 学习

    areas of（in High/Scope approach）,081 高瞻课程的各个领域

    constructivist theories of,030 建构主义理论

    linked to play,099-100 与游戏相联系

learning goals and outcomes,004,061-067,071,089,092,125-127,
    147-148,185 学习目标和成果

'learning leads development' principle,095,101-103,106 "学习促进发展"
    原则

lifelong playing and learning,021-023 终身游戏和学习

ludic play,032-033 嬉戏游戏

media panics,019,021,186 媒体恐慌

mediated learning experiences（MLE）,191 中介学习经验

metacognitive skills,008,036,083,099-100,112,176 元认知

metacommunication,039,130 元交际

mind-reading skills,036 读心技能

mythic play,046-047 神话游戏

National Curriculum,018-019 国家课程

neoliberal policies,058 新自由主义政策

Northern Irish policy on curriculum content and play,059-060 北爱尔兰在
    课程内容和游戏方面的政策

observation-based assessment,175-176 基于观察的评价

observation of children,128-130,147 对儿童的观察

open-ended activities,127,130,151-152 结果开放的活动

original sin,concept of,002 "原罪"的概念

outdoor environments, play and learning in,012-013,020,044,048,050,149-166 在户外环境中游戏和学习

participant observations and non-participant observations,129-130 参与式观察和非参与式观察

pedagogical framing and pedagogical strategies,125-148 教学设计和教学策略

pedagogical interactions and pedagogical skills,138-170 教学互动和教学能力

pedagogy 教学法

    effectiveness of,063-065 教学法的有效性

    linked with play,122-123 把教学与游戏连接起来

peer influence on children,036-037,048-049,052,123 同伴对儿童的影响

peer play,096 同伴游戏

physical-active play,020-021 体育游戏

plan-do-review（PDR）approach,006-007,081-085,194 "计划—工作—回顾"的方法

play 游戏

    adult-led or child-initiated,VI,065-069,093-097,126,144,147-148 成人主导或儿童自发的游戏

    adults' roles in,122-124 成人在游戏中的作用

    characteristics of,008-013,207-210 游戏的特点

    children's invention of,008 儿童的发明

    definitions of,005-017,053-054 游戏的定义

    development of,190-206 游戏的发展

    dispositions in,008,011 儿童在游戏中表现出的心智倾向

    as distinct from 'work',007,014-015,053,064-065,092-096,103 游戏与"工作"相区别

driving forces for,33 游戏的驱动力

educators' mistrust of,025,053-054 教育者对游戏的怀疑

exclusion from,135-136 对游戏的排斥

forms of,022-023,029-030 游戏的形式

functional approach to,007 功能性视角

historical development of,020 游戏的历史发展

integration into the curriculum,073 融入课程

as a leading activity,069-070 游戏是主导活动

as a learned social practice,122-124 游戏作为习得性的社会实践

linked with pedagogy,122-125 游戏与教学法相联系

management of,018-019 游戏的管理

as a means of learning,008-010,099-101 把游戏作为学习的方法

multi-modal qualities of,036 游戏的多元表征模式特征

philosophers' view of,019 哲学家的观点

preferred modes of,118 偏爱的游戏模式

problems with,053 游戏面临的问题

and progression,068-071 游戏与学段的衔接

psychological view of,003-004,013-014 心理学关于游戏的观点

purpose of,005,028-029 游戏的目的

'quality' of,019 游戏的质量

role in the Early Years Foundation Stage,060-063 游戏在《早期基础阶
段教育纲要》中的角色

status of,017-018,021-022 游戏的地位

structural approach to,007 游戏的结构化视角

taking place in the mind,013-014 游戏产生于儿童的内心

variability of,049-052 游戏的变化

see also educational play 参见"教育性游戏"

play-based assessment,177,185 基于游戏的评价

play boxes,164-165 游戏箱

Play Councils,150 游戏委员会

play cultures,123,165 游戏文化

play memories,203 游戏记忆

play repertories,123-124,137 游戏技能

play skills and knowledge,032,040,117,173-174 游戏技能和知识

play worlds and play lives,023-025,049-051 游戏世界和游戏生活

playfulness,005-017,023-025,072-073,094,103,104,122-127 游戏性

politics of education,067,186 教育中的政治

popular culture,020-021,024,041,045-046,050,097,107-108,111,118,163 流行文化

Portage programme,190 波蒂奇项目

'potential spaces' concept,091 "潜在空间" 概念

pretence involved in play,008-009 游戏中的假装

Progressive movement,003-004,031 进步主义运动

'pure play',012,092 纯粹的游戏

purposeful play,017-019,065,124 有目的的游戏

Reception classes,003,068,123 学前班

recursive learning,095,128 递归学习

Reggio Emilia approach,077-080,086,093,106,176 瑞吉欧教育法

Researching Effective Pedagogy in the Early Years（REPEY）study,069,124 关于早期教育有效教学的研究

review time,007,082-085 回顾时间

role models,051-052 角色示范

role-play,013,022-023,110-111,144 角色游戏

Romantic views of childhood,002-003 关于童年的浪漫主义观点

rough-and-tumble（R&T）play,044-049,052,137 追逐打闹游戏
    benefits of,048 追逐打闹游戏的益处

safety of children,135-138 儿童的安全

scaffolding,concept of,106-107 "支架"的概念

schema theory,031-032 图式理论

'school readiness',058,062,069,076,092 入学准备

Scottish policy on curriculum content and play,059-060 苏格兰在课程内容
　　和游戏方面的政策

social cognition,051-052 社会认知

Social Play Continuum(SPC),070-071 社会游戏连续体

special educational needs(SEC),085-086,090,097-098,118,122-124,130-
　　131,136-138,173,184-185 特殊教育需求

　　code of practice on,184 特殊教育需求的准则

'strings' games,162-163 翻花绳游戏

structured play,013,058,062,064,075,092-093,123 结构化游戏

summative assessment,169-170 总结性评价

superhero play,044-048,137 超级英雄游戏

　　benefits of,047 超级英雄游戏的益处

sustained shared thinking(SST),124-125,132 保持共同思考

Te Whariki curriculum,073-077,094,176 特·沃里奇课程

teachers 教师

　　role of,031,079 教师的角色

　　their theories about play,018-019 教师关于游戏的理论

technological play,022 技术游戏

theory of mind,036-037 心智理论

thinking critically,060-061 批判性思维

'toxic childhood' discourse,019-021 《有毒的童年》的话语

United Nations Convention on the Rights of the Child,205-206 联合国儿童
　　权利公约

violence in play,019,046-047 游戏中的暴力

virtual-reality games,022-023 虚拟现实游戏

Welsh policy on curriculum content and play,059-064 威尔士在课程内容
和游戏方面的政策
working theories developed by children,008,094-095,101-102,108,114,124
    儿童自己发展的暂定理论

zone of proximal development(ZPD),095,124-125 最近发展区
zones for potential development,098,101,124,137,152 潜在发展区

译后记

我有幸主持本书的翻译工作，在此要特别感谢教育科学出版社的信任与支持，尤其是责任编辑孙冬梅提供的诸多指导性建议，译稿才得以顺利出版。本书涉及游戏的诸多理论和政策话语，从不同层面分析了游戏与游戏的复杂性，翻译难度颇大。为了便于读者理解，译者为全书撰写了"译者序"，并针对部分关键术语和重点词汇添加了"译者注"。这样一份艰巨而有意义的工作离不开翻译团队的共同努力，具体的分工如下：

第1—3章：李敏谊、杨智君、郭宴欢；第4、5章：郭宴欢、张语麟、杨智君、秦国浩；第6、7章：张语麟、秦国浩、杨智君、李青颖、许婧怡；第8章：秦国浩、杨智君、郭宴欢。最后全书由李敏谊和杨智君进行统稿和修订。

在这样一个强有力的团队的通力合作下，本书经过多次修改和校对，几易其稿，终于有机会与广大读者见面。值此译著出版之际，再次感谢翻译团队的所有成员一直以来的努力和付出。由于水平有限，书中难免有翻译不妥和疏漏之处，恳请各位读者批评指正。

文责自负，甘苦自知。"嘤其鸣矣，求其友声。"

李敏谊

2017年7月于北京师范大学

出版人 李 东

策划编辑 孙冬梅

责任编辑 孙冬梅

版式设计 宗沅书装 杨玲玲

责任校对 贾静芳

责任印制 叶小峰

图书在版编目（CIP）数据

游戏、学习与早期教育课程／（英）伊丽莎白·伍德
(Elizabeth Wood) 著；李敏谊等译 .—北京：教育科学
出版社，2018.5(2023.4 重印)

书名原文：Play,Learning and the Early
Childhood Curriculum,3rd Edition

ISBN 978-7-5191-1189-2

I. ①游… II. ①伊… ②李… III. ①游戏课—学前
教育—教学参考资料 IV. ① G613.7

中国版本图书馆 CIP 数据核字（2017）第 233217 号

北京市版权局著作权合同登记 图字：01-2016-1376 号

游戏、学习与早期教育课程

YOUXI XUEXI YU ZAOQI JIAOYU KECHENG

出版发行	教育科学出版社				
社　　址	北京·朝阳区安慧北里安园甲 9 号		市场部电话	010-64989009	
邮　　编	100101		编辑部电话	010-64989395	
传　　真	010-64891796		网　　址	http://www.esph.com.cn	
经　　销	各地新华书店				
制　　作	宗沅书装				
印　　刷	保定市中画美凯印刷有限公司				
开　　本	720 毫米 ×1020 毫米　1/16		版　　次	2018 年 5 月第 1 版	
印　　张	16.75		印　　次	2023 年 4 月第 3 次印刷	
字　　数	238 千		定　　价	49.00 元	